税务新规详解
及税务实操大全

王桦宇 / 主编

| 双色图文版 |

台海出版社

主　　编　王桦宇

副主编　雒　毅　李曙衢　唐高翔

编　　委　伊　鹏　黄　祖　李东升　张继聪
罗　勇　吴宏浩　齐志军　朱晓丽
董珊珊　刘静颐　徐香怡

前言

SHUIWU XINGUI XIANGJIE JI SHUIWU SHICAO DAQUAN

美国著名政治家富兰克林曾经说过："人的一生中只有两件事情是不可避免的，一是死亡，二是纳税。"这句在西方家喻户晓的名言，在我国可能很多人还没听过。

其实，纳税跟我们的生活是息息相关的。

随着"大众创业，万众创新"的提出，很多人走上了创业之路，无论是投资办厂，还是开店做买卖，税不可避免地进入我们的生活。虽然请个会计就能帮你打理好这一块儿，可是作为公司的"总舵手"，自己还是要简单了解一下，这样在做决策时，才能在把握全局的时候做到心中有数。

公司管理层了解税法不是为了报税（这是会计人员的工作），而是运用财务工具进行商业决策，进而创造价值。通过运用财务工具，对以往数据进行分析，预测未来，从而规划未来的经营策略。

在企业经营和管理中，有两件非常重要的事情：一件就是不断增加新客户，另一件就是不断降低成本。

在开发市场中，公司需要不断地做各种决策，在竞争日益激烈的今天，一旦决策失误可能就会导致全盘皆输。掌握和运用财务知识，能够得到对决策有用的信息，能够让你对未来业务做准确的规划，最终让你做出正确的选择。

而合理降低成本，能让你的企业在竞争中多一分胜算。多了解国家的政策法规，多为自己争取一些"优惠"，就给你的企业多上一份保险。

对公司财务多一分了解，也能提前做好预算，从而提高企业的运营质量和效率。

目前对于普通人来说，如果你的工资每个月超过了国家规定的起征额，就需要缴纳个人所得税了；如果你还有其他额外收入，你也需要缴纳税款；如果你卖房、出租房子或者出租了其他设备，也是需要纳税的；即使你没卖东西，你只是买了东西，比如买车，也要纳税……

那么普通民众需要纳哪些税？怎么计算自己需要缴纳多少税款？该怎么缴纳？在哪里缴纳？这些本书都会给你一一解答。

本书分为三大部分，第一部分是纳税常识，主要通过生活中我们经常遇见的简单事例，对税法中的税种进行了简单的介绍，方便大家根据自己的需要进行查看；第二

部分主要讲解了税务风控、税务稽查与合理避税，里面含有一些经典案例，让大家更加深入地了解税法，避免踏进雷区；第三部分是税法详解与税务实操，这部分主要是针对每种税目的详细介绍，包括概念、纳税对象、税率、计算方法以及如何缴纳，都进行了详细的介绍，看完这一部分，你就能轻松算出自己平时所缴纳的税款了。

为了方便读者了解到最新的税法法律法规并且理解应用，比如近 2~3 年新出的税法法律法规，本书在第三部分相应的章节进行了详细的解说。

本书通过生动有趣的案例、插图及表格，让原本晦涩难懂的税务知识变得简单易懂。如果你对税法知识一窍不通，没关系，本书正好做你的启蒙教材；如果你对税法一知半解，那么本书会让你透彻地掌握税法知识；如果你已经对税法知识有所了解，那么你可以跳过第一部分，直接看第二、第三部分。

税法是国家法律的组成部分，是国家取得财政收入的法定方式之一，是国家进行宏观调控和收入分配的重要工具之一，是会计实操中的重要环节。如果没有税法，会计核算就是没有得到认可的账本，其将无法准确反映出会计信息。如果税法你没有掌握到位，将会造成真金白银的损失，希望本书的税法知识能够为你的财产保驾护航。

2018 年 9 月 7 日，十三届全国人大常委会召开立法工作会议，并在会上传达了经中央批准的十三届全国人大常委会立法规划。按照立法规划，在 2018~2023 年的本届全国人大常委会任期内，需要通过包括《个人所得税法》修订、《增值税法》《消费税法》《房地产税法》《关税法》《城市维护建设税法》《城市维护建设税法》《耕地占用税法》《车辆购置税法》《契税法》《印花税法》的立法以及《税收征收管理法》修订等 12 部税法的立法修改工作，其中有 10 部税法是属于落实税收法定原则的初次立法。2019 年，关于税收改革的新政相继落地，实施后的新税收政策改变了很多原有的税率、税基，这些在给企业带来更多实惠的同时也给我们财务税务人员带来了更多需要学习的东西。2020 年，新冠疫情的袭击，给各行各业都造成了重大的影响。为此，我国政府相关部门也出台了很多应急性的相关政策，这些政策对税收和企业有怎样的影响，企业如何去学习和使用这些政策，这也是值得我们思考的。未来的一段时间的税收立法将更加完善，希望读者们能更多掌握最新税法知识，对实际工作和企业、个人的财富保障有所助益。

>> 目录

SHUIWU XINGUI XIANGJIE JI SHUIWU SHICAO DAQUAN

Part1 纳税常识

第 1 章 税的种类

第 2 章 国地税合并与征管改革

Part2
税务风控、税务稽查与合理避税

第 3 章
税务稽查与税务风控

第 4 章
合理避税

Part3
税法详解与税务实操

第 5 章
增值税

第 6 章
消费税

第 7 章
企业所得税

第 8 章
个人所得税

第 9 章
关税

第 10 章 资源税和环保税

第 11 章 土地使用税和土地增值税

第 12 章 房地产相关税

第 13 章 车船税和车辆购置税

第 14 章 印花税和契税

第 15 章 其他税

纳税常识

第 1 章

税的种类

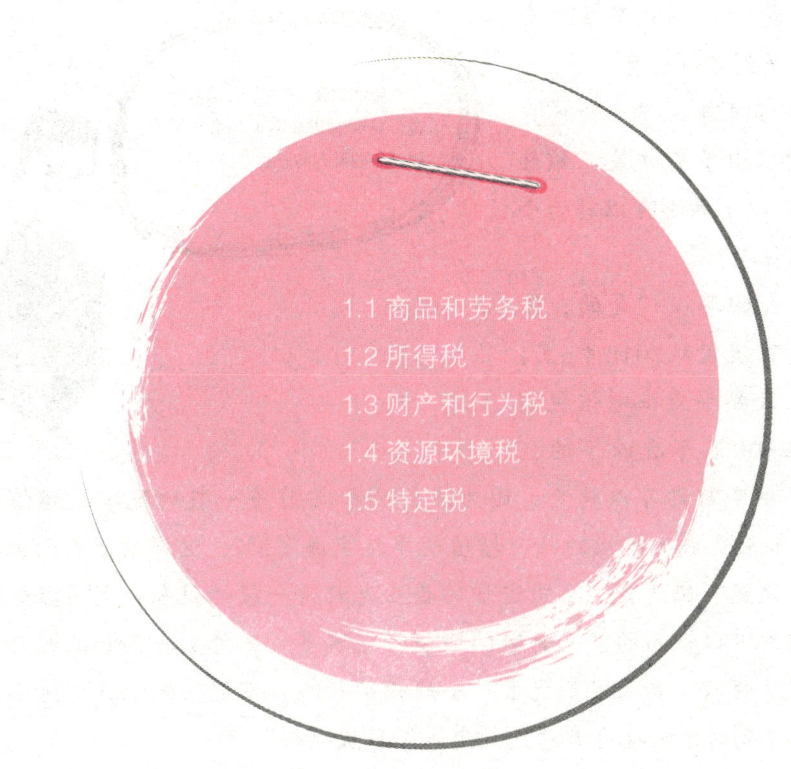

1.1 商品和劳务税

1.1.1 增值税

公司张总一大早就把会计小王叫到了办公室。

张总问道："王会计，听说国家出了新政策，销售额500万以下的都可以转为小规模纳税人？"

小王回答："是的，张总，国家规定从2018年5月1日起，只要年应征增值税销售额在500万元及以下的，在今年年底前都可以转变。因为我们公司之前是一般纳税人，增值税率是13%，如果变成小规模的话，增值税率就变成了3%，这样的话表面上看是省了不少税钱。但是我们公司进货的企业也都是一般纳税人，大多数的增值税基本都是可以抵扣的，平时缴的增值税也不多；另外买我们产品的企业也都是一般纳税人，如果我们变成了小规模纳税人，不能给他们提供进项发票的话，恐怕到时他们也会有意见，先等等再说吧。"

张总有些了然："嗯，要是变成小规模的话，一些大的企业就不好合作了，看来增值税也不是少了就好啊。"

增值税是一种流转税，它是以商品（含应税劳务）在流转过程中产生的增值额作为计税依据而征收的。增值税是对销售货物或者销售服务、无形资产、不动产以及进口货物的单位和个人就其产生的增值额征收的一个税种。

增值税是我国主要的税种之一，目前占我国全部税收的 60% 以上。我国的增值税是中央和地方共享，其税收的 50% 划入中央财政收入，剩下的 50% 归地方。不过进口商品的增值税是由海关负责征收，并且全部税收归中央财政收入。

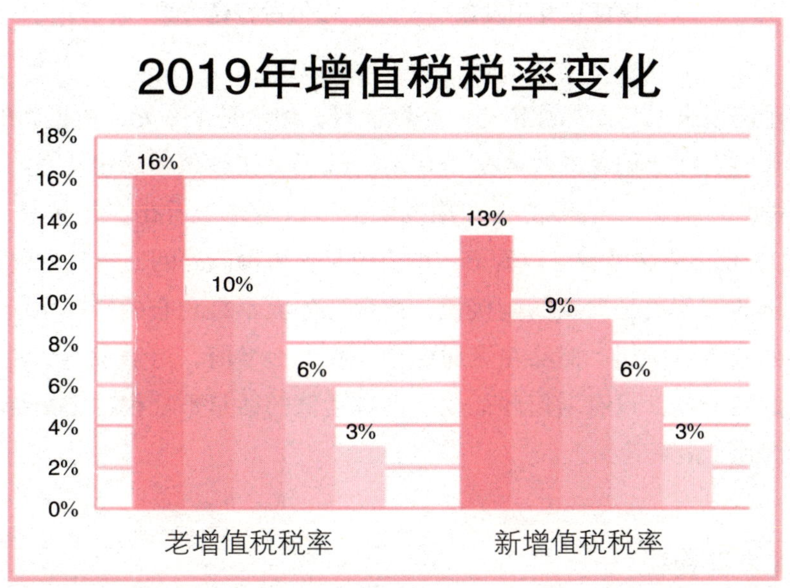

根据财政部和国家税务总局的通知，对于一般纳税人，从 2019 年 4 月 1 日起，制造业等行业的增值税税率由 16% 降至 13%；交通运输、建筑、基础电信服务等行业及农产品等货物的增值税税率由 10% 降至 9%；对于小规模纳税人其增值税税率为 3%，如果月度销售额度不超过 3 万，季度不超过 9 万的，可以免收增值税和其他附加税。

我国的增值税属于价外税，所谓的价外税意思是销售价款中不包含的税。现在我国的价外税也只有增值税一种，其他的税都为价内税，价内税是指在销售价款中已经包含的税，比如说营业税、消费税等。

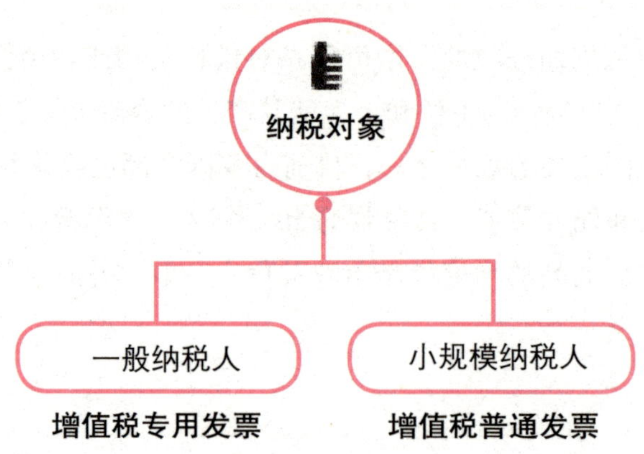

举个例子来说，比如你销售了一箱饮料，售价是113元，根据新的税法，你在记账时实际上记录的收入是100元，13元直接计入应缴税金——增值税（销项税金）。在开具的增值税专用发票上可以清楚地看出，售价是100元，税金是13元，从这里就可以看出，增值税是在售价以外的，也就是价外税。

我国的增值税是典型的间接税，纳税义务人不是税收的实际承担人，是由最终的消费者负担。商品在流通中会一次次地增值，增值税的计税依据就是每次的增值额，只有增值才征税，没有增值的话是不征税的，最终这些税收都转嫁到了消费者头上。

1.1.2 消费税

“徐姐，新成品油的发票怎么开啊？”负责出纳的小陈问道，“哎，我没有操作过，你过来帮帮我吧。”小徐指点道：“你先进到新系统中，然后到成品油发票开具模块中再开，看看商品名称和编码选得对不对，还要把单位选上，这次数量一定要写上，不能再偷懒不写了。”

小陈一边操作一边问道：“徐姐你们报税是不是也变了啊？”“嗯，也变了，我们要填新的成品油消费税申报表了，还有一堆附表。”

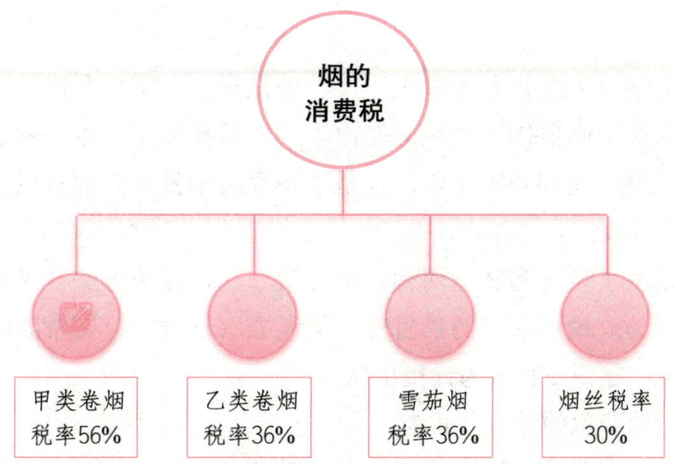

消费税，是以特定消费品的流转额作为征税对象的各种税收的统称，也是属于流转税的范畴。在对货物普遍征收增值税的基础上，另外对一小部分消费品再次征收一道消费税。消费税是在 1994 年税改中新设置的一个税种，设置的目的是调节产品的结构，引导正确的消费方向，从而保证国家的财政收入。

目前我国消费税的征收范围主要包括：烟、酒、鞭炮、焰火、化妆品、成品油、贵重首饰及珠宝玉石、高尔夫球及球具、高档手表、游艇、木制一次性筷子、实木地板、摩托车、小汽车、电池、涂料等税目，有的税目还进一步划分若干子目。

像以烟叶为原料加工生产的产品，都属于本税目的征收范围，在这个税目下面又设置甲类卷烟、乙类卷烟、雪茄烟、烟丝四个子目。甲类卷烟是指不含增值税，调拨价格在每标准条（200 支）70 元及以上的，它的从价税率为 56%；乙类卷烟的从价税率为 36%；雪茄烟的从价税率为 36%。

与增值税价外税不同，消费税实行的是价内税，并且只在应税消费品的生产、委托加工和进口环节缴纳，在以后的批发、零售等环节，不用再缴纳消费税（卷烟除外），不过消费税最终也是由消费者承担。

比如卷烟批发企业 A 在 2019 年 2 月批发销售卷烟 500 箱，其中批发给另一卷烟厂 250 箱，零食专卖 200 箱，个体烟摊 50 箱，每箱不含税批发价是 13000 元，批发环节的消费税税率是 11% 加 0.005 元 / 支，卷烟一箱为 250 标准条，一个标准条为 200 支卷烟，则 A 企业 2 月应该缴纳的消费税 =13000 ×（200+50）× 11%+0.005 × 50000=357750 元。

消费税的纳税人是在我国境内生产、委托加工、零售和进口应税消费品的单位和个人，按照通知，在我国境内生产、委托加工、零售和进口应税消费品的外商投资企业和外国企业，也是消费税的纳税人。消费税的纳税时间与增值税基本一致。

消费税采取了从价和从量两种计税方法。从价计税方法征税的应税消费品，计税依据为应税消费品的销售额。从量方法计税时，通常以每单位应税消费品的重量、容积或数量为计税依据。

从价计税消费税的计算公式为：

应纳税额 = 应税消费品销售额 × 适用税率

从量计税消费税的计算公式为：

应纳税额 = 应税消费品销售数量 × 适用税额标准

对于自产自用的消费品，用于连续生产的消费品不纳税，用于其他方面的要纳税；对于那些委托加工的应税消费品将由受托方交货时代扣代缴消费税进口应税消费品，按照组成计税价格计算纳税；零售金银首饰的纳税人在计税时，应将含税的销售额换算为不含增值税税额的销售额；对于生产、批发、零售单位用于馈赠、赞助、集资、广告、样品、职工福利、奖励等方面或未分别核算销售的按照组成计税价格计算纳税。

对于增值税和消费税，有人总是分不清，它们两者是既有区别又有联系的，二者的相同之处在于，都对货物进行征税，都属于流转税，都具有转嫁人，同时消费税纳税人也是增值税纳税人。对于二者的不同之处，附下面的表格进行比较说明。

增值税与消费税的区别	增值税	消费税
征收范围	1. 销售或进口的货物；2. 提供加工、修理、修配劳务；3. 提供应税劳务	1. 生产应税劳务消费品；2. 委托加工应税消费品；3. 进口应税消费品；4. 零售应税消费品；5. 批发应税消费品

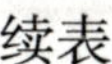

续表

增值税与消费税的区别	增值税	消费税
纳税环节	多环节征收，同一货物在生产、批发、零售、进口等环节都征收	纳税环节单一，一般只征收一次，只有卷烟除外。卷烟在生产环节和批发环节两个环节征收消费税
计税依据	具有单一性，计税方法只有从价定率计税	具有多样性，计税方法有从价定率、从量定额、复合计税
与价格的关系	增值税属于价外税	消费税属于价内税
税收收入	进口环节海关代收的增值税全部属于中央，其他环节的增值税收入由中央和地方共享	消费税的全部收入属于中央

1.1.3 关税

小林在大学的操场上听到几个学生正在热烈地讨论着什么："这中美的贸易战越来越激烈了，中国要对美国的大豆征收25%的关税！""估计这次能击中特朗普的要害，据说特朗普支持率最高的地区就是产大豆的。""不过我们国家也有降关税的，从5月起将会取消抗癌药品的进口关税，这真是利国利民的好事啊。”

关税是指一个国家的海关，根据该国的法律法规，对通过其关境的进出口货物所征收的一种税收。在不同国家，关税一般属于国家最高行政机关指定税率的高级税种，对于那些对外贸易发达的国家，关税将是国家税收乃至国家财政收入的主要来源，比如1805年，美国联邦政府的财政收入90%~95%来自关税，不过现在比重已经越来越小。

通过关税可以有效保护本国产业和市场，提高本国商品的竞争力，还能调节进出口贸易的结构，对于国内可以大量生产的产品，可以规定较高的进口关税，用来削弱进口商品的竞争能力；对于非必需品或者奢侈品规定较高的关税，可以达到限制这些商品贸易的目的；对于本国不能生产的必需品，制定较低的关税或者免税，可以鼓励进口。

关税的征税基础是关税完税价格。进口货物的关税完税价格，是以海关审定的成交价值为基础的到岸价格；出口货物的完税价格，是以该货物销售与境外的离岸价格减去出口税后，经过海关审查确定的价格。

需要缴纳关税数额的计算公式为：

应纳税额 = 关税完税价格 × 适用税率。

海关征税的依据是海关税则（也称关税税则）。海关税则一般包括两部分：一是海关征收关税的规章、条例和说明；二是关税税率表。关税税率表由税则号、商品名称、海关税率等栏目组成。

根据不同的标准，关税有多种分类方法。按征收对象，关税可以分为进口关税、出口关税和过境关税三类；按征收目的，关税可分为财政关税和保护关税两种；按征税计征标准，可分为从价关税、从量关税、混合关税、滑准关税四种；按货物国别来源而区别对待的原则来分，可分为最惠国关税、协定关税、特惠关税和普通关税四种。

通常关税的缴纳方式有以下五种：

关税的种类	定义	应纳税额
从价关税	按进出口货物的价格为标准计征关税。这里的价格不是指成交价格，而是指进出口商品的完税价格	应税进出口货物数量 × 单位完税价格 × 适用税率
从量关税	依据商品的数量、重量、容量、长度和面积等计量单位为标准来征收关税。它的特点是不因商品价格的涨落而改变税额，计算比较简单	应税进口货物数量 × 关税单位税额
混合关税	对进口商品既征从量关税又征从价关税的一种办法。一般以从量为主，再加征从价关税	应税进口货物数量 × 关税单位税额 + 应税进口货物数量 × 单位完税价格 × 适用税率
滑准关税	关税的税率随着进口商品价格的变动而反方向变动的一种税率形式，即价格越高，税率越低，税率为比例税率	T1.2 × P × 汇率
特别关税	为了应对个别国家对我国出口货物的歧视，海关对该国进口货物征收的特别关税	特别关税 = 关税完税价格 × 特别关税税率

（1）按进（出）口货物正式进（出）口的通关手续申报的海关逐票计算应征关税并填发关税缴款书；

（2）由纳税人凭以向海关或指定的银行办理税款交付或转账入库手续后，

海关（凭银行回执联）办理结关放行手续；

（3）征税手续在前，结关放行手续在后，有利于税款及时入库，防止拖欠税款。因此，各国海关都以这种方式作为基本纳税方式。

对于关税税款的计算，可以根据下表进行计算：

下面我们来举个例子来说明怎么计算进口关税的：

国内 B 公司从香港购入日本某品牌轿车 10 辆，成交价格总计为 FOB 香港 120000 美元，支付运费 5000 美元，支付保险 800 美元，该轿车的气缸容量为 2000cc，当时的外汇折算价格为 1 美元 =6.8396 元人民币，适用最惠国税率 25%。那么从价关税的计算方法就是：

第一步：确认货物的完税价格，完税价格共计为 125800 美元（120000 美元 +5000 美元 +800 美元）；

第二步：根据汇率将外币折算为人民币 860421.68 元（125800×6.8396 元）；

第三步：根据从价关税的公式计算应纳税额为完税价格 × 法定进口关税税率，也就是 215105.42 元（860421.68 元 ×25%）。

1.2 所得税

1.2.1 企业所得税

"张总，这是公司2019年的审计报告，我准备报年报了，您过目一下。"刘会计说道。张总听完拿起审计报告看了起来，看了一会儿后问道："我记得原来公司的所得税不是要缴25%吗？怎么今年的减少了？"

刘会计笑道："这是国家对小微企业的优惠政策啊，原来优惠对象是年度应纳税所得额小于等于50万元，现在调到了300万元，我们的是40万元，并且员工也少于300人，资产总额也少于3000万元，正好享受到这次国家的优惠扶持。除了所得减按25%计入应纳所得税额，并且按20%的税率缴纳所得税啊，相当于现在的所得税率只有5%了呢。我们今年所得税只需交2万元，比原来的10万元优惠了8万元，真的是不少啊。"

张总也开心地笑道："这几年生意难做，还好有国家的支持，剩下的这笔钱，我们好好利用起来去开发市场吧。"

企业所得税是对我国内资企业和经营单位的生产经营所得和其他所得征收的一种税。它是按年计算，但是为了保证税款及时、均衡地入库，采取按月份或者季度预缴，年终进行汇算清缴的方式。

按月份或季度预缴税款的纳税人，应在月份或季度终了后15日内向主管税务机关进行纳税申报并预缴税款。其中，第四季度的税款也应于季度终了后15日内先进行预缴，然后在年度终了后45日内进行年度申报，税务机关在5个月内进行汇算清缴，多退少补。

它的征税对象是纳税人取得的所得，这些所得包括销售货物得到的、提供劳务得到的、转让财产得到的、股息红利得到的、利息、租金、特许权使用费、接受捐赠得到的和其他所得。

如果是居民企业，那么应当就其来源于中国境内、境外的所得缴纳企业所得税。

企业所得税的纳税人包括以下六类：国有企业；集体企业；私营企业；联营企业；股份制企业；有生产经营所得和其他所得的其他组织。对于个人独资企业、合伙企业不使用本法，这两类企业征收个人所得税即可，避免重复征税。

<table>
<tr><td rowspan="2">小型微利企业：是指从事国家非限制和禁止行业，并符合右侧条件的企业。</td><td>工业企业：
年度应纳税所得额≤300万元，从业人数≤300人，资产总额≤5000万元</td></tr>
<tr><td>其他企业：
年度应纳税所得额≤300万元，从业人数≤300人，资产总额≤5000万元</td></tr>
</table>

我国的企业所得税的税率是25%，企业应纳所得税额＝当期应纳税所得额 × 适用税率，应纳税所得额＝收入总额－准予扣除项目金额。

不过对于企业所得税，国家出台了新的规定，从2019年1月1日到2021年12月31日，对年应纳税所得额不超过300万元的小型微利企业，按应纳税所得额分为两段计算，一是对年应纳税所得额不超过100万元的部分，减按25%计入应纳税所得额，并按20%的税率计算缴纳企业所得税，实际税负为5%；二是对年应纳税所得额超过100万元但不超过300万元的部分，减按50%计入应纳税所得额，并按20%的税率计算缴纳企业所得税，实际税负10%。

对于国家重点扶持的高新技术企业，减按15%的税率征收企业所得税。

根据《企业所得税法》第二十八条，以境内、境外全部生产经营活动有关的指标申请并经过认定的高新技术企业，其来源与境外的所得税也可享受高新技术企业所得税的优惠政策。

企业所得税法定扣除项目主要包括以下几个方面：

（1）利息支出可以扣除。

（2）计税工资可以扣除。

（3）职工福利费、工会经费和职工教育经费方面按工资薪金总额的 14%、2%、2.5% 准予扣除。

（4）在年度会计利润的 12% 以内的捐赠可以扣除。

（5）纳税人发生的与生产、经营业务有关的业务招待费，根据纳税人提供确实记录或单据，在一定限度内准予扣除。企业发生的业务招待费按照发生额的 60% 扣除，但最高不得超过当年销售营业收入的 5‰。

（6）纳税人购买国债利息收入，不计入应纳税所得额。

（7）纳税人发生的年度亏损，可以用下一年度的所得弥补，下一纳税年度的所得不足弥补的，可以逐年延续弥补，但最长不得超过 5 年。

在计算应纳税所得额时，像资本性支出，无形资产受让、开发支出，资产减值准备、违法经营的罚款和没收财产的损失，税收滞纳金、罚款等支出，还有自然灾害或者意外事故等不得扣除。

1.2.2 个人所得税

国务院总理李克强在 2018 年 3 月的政府报告中指出，2018 年将“提高个人所得税起征点，增加子女教育、大病医疗等专项费用扣除，合理减负，鼓励人民群众通过劳动增加收入、迈向富裕”。此言一出，立即获得了经久不息的掌声，网络上大家也是一片叫好声，大家千呼万唤的提高个税起征点终于被提上日程。

2018 年 6 月，全国人大常委会审议《个人所得税法修正案草案》，对现行《个人所得税法》进行了相应的修改。在全国人大常委会完成《个人所得税法》修改工作后，我国自然人税收征管体系将会重构。综合征收、新的专项扣除、年度纳税申报、居民纳税的认定、新的反避税征收等制度会成为新的《个人所得税法》的重要组成部分。

2018 年 8 月 31 日，十三届全国人大常委会第五次会议 31 日表决通过了《关于修改个人所得税法的决定》(以下简称《决定》)，标志着《个人所得税法》完成第七次大修。综合征收、新的专项扣除、年度纳税申报、居民纳税的认定、新的反避税征收等制度成为新的《个人所得税法》的重要组成部分。

个人所得税是国家对本国公民、居住在本国境内的个人所得和境外个人来源于本国的所得征收的一种所得税，但是并不是每位居民都需要缴纳个人所得税，个人所得税有一个起征点，没有达到起征点的居民是可以不用缴纳个人所得税的。自 2019 年 1 月 1 日起，我国的个人所得税免征额调整为 5000 元，并另外新增子女教育、继续教育、大病医疗、住房贷款利息或者住房租金、赡养老人等专项附加扣除。

同时,《决定》还规定，自 2018 年 10 月 1 日至 2018 年 12 月 31 日，纳税人的工资、薪金所得，先行以每月收入额减除费用 5000 元以及专项扣除和依法确定的其他扣除后的余额为应纳税所得额并适用新税率一（综合所得）；个体工商户的生产、经营所得，对企事业单位的承包经营、承租经营所得，先行依照新税率表二（经营所得）计算缴纳税款。

在中国境内有住所，或者无住所而一个纳税年度内在中国境内居住累计满 183 天的个人，为居民个人。居民个人从中国境内和境外取得的所得，应当承担无限纳税义务。在中国境内无住所又不居住，或者无住所而一个纳税年度内在中国境内居住累计不满 183 天的个人，为非居民个人。非居民个人从中国境内取得的所得，依照本法缴纳个人所得税。其中，纳税年度是指公历 1 月 1 日起至 12 月 31 日止。

根据新修订的《个人所得税法》，个人所得税的征税对象删除了原条文中争议较大的“其他所得”项目，而主要包括以下几个方面：

（1）工资、薪金所得；

（2）劳务报酬所得；

（3）稿酬所得；

（4）特许权使用费所得；

（5）经营所得；

（6）利息、股息、红利所得；

（7）财产租赁所得；

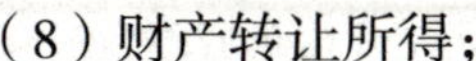

（8）财产转让所得；

（9）偶然所得。

我国的个人所得税是根据不同的征税对象，分别规定了不同的税率，可以对照下表看看自己需要缴纳多少的个人所得税。

税率表一：综合所得适用个人所得税累进税率表

级数	全年应纳税所得额	税率（%）
1	不超过 36000 元的	3
2	超过 36000 元至 144000 元的部分	10
3	超过 144000 元至 300000 元的部分	20
4	超过 300000 元至 420000 元的部分	25
5	超过 420000 元至 660000 元的部分	30
6	超过 660000 元至 960000 元的部分	35
7	超过 960000 元的部分	45

注：

1. 本表所称综合所得包括：工资、薪金所得；劳务报酬所得；稿酬所得；特许权使用费所得。

2. 本表所称全年应纳税所得额是指，居民个人取得综合所得以每一纳税年度收入额减除费用6万元以及专项扣除、专项附加扣除和依法确定的其他扣除后的余额。

3. 专项扣除包括居民个人按照国家规定的范围和标准缴纳的基本养老保险、基本医疗保险、失业保险等社会保险费和住房公积金等；专项附加扣除包括子女教育、大病医疗、住房贷款利息和住房租金等支出。

税率表二：经营所得适用

级数	全年应纳税所得额	税率（%）
1	不超过30000元的	5
2	超过30000元至90000元的部分	10
3	超过90000元至300000元的部分	20
4	超过300000元至500000元的部分	30
5	超过500000元的部分	35

注：

本表所称全年应纳税所得额是指，以每一纳税年度的收入总额减除成本、费用以及损失后的余额。

个人所得税的计算公式为：

工资个税的计算公式为：应纳税额 =（工资薪金所得 –“五险一金”– 专项附加扣除 – 扣除数）× 适用税率 – 速算扣除数

纳税人个人取得综合所得按年计算个人所得税，有扣缴义务人的，由扣缴义务人按月或者按次预扣预缴税款；纳税人取得综合所得需要办理汇算清

缴的，应当在取得所得的次年 3 月 1 日至 6 月 30 日内办理汇算清缴；纳税人从中国境外取得所得的，应当在取得所得的次年 3 月 1 日至 6 月 30 日内申报纳税。

1.3 财产和行为税

1.3.1 房地产税

随着房价的持续走高，大家对征收房地产税的呼声越来越高，2018 年 3 月全国“两会”期间，全国人大发言人张业遂表示，房地产税已经在内部征求意见了。

税务官说：“财产行为税是指纳税人拥有的财产数量或者财产价值为征税对象，或是为了实现某种特定的目的，以纳税人的某些特定行为，为征税对象的税种。”

广义的房地产税，不仅仅包括房产税，还有其他的税种，它是一个综合性的概念，指一切与房地产经济运动过程有直接关系的税都属于房地产税。

国家为了调节收入分配、筹集财政收入，所以征收房地产税。这个税收归属地方，地方政府用这些收入来提供教育、治安和其他一些公共基础设施的支出。

房地产税有流转环节和保有环节两大税目，在房地产领域，从开发建设、买卖、持有三个环节，都有相关的税种，这些税种被统称为房地产税。比如流转环节的印花税、契税，保有环节的城镇土地使用税等。

目前我国的房地产税包括房地产业增值税、企业所得税、个人所得税、房产税、城镇土地使用税、印花税、土地增值税、契税、耕地占用税等。

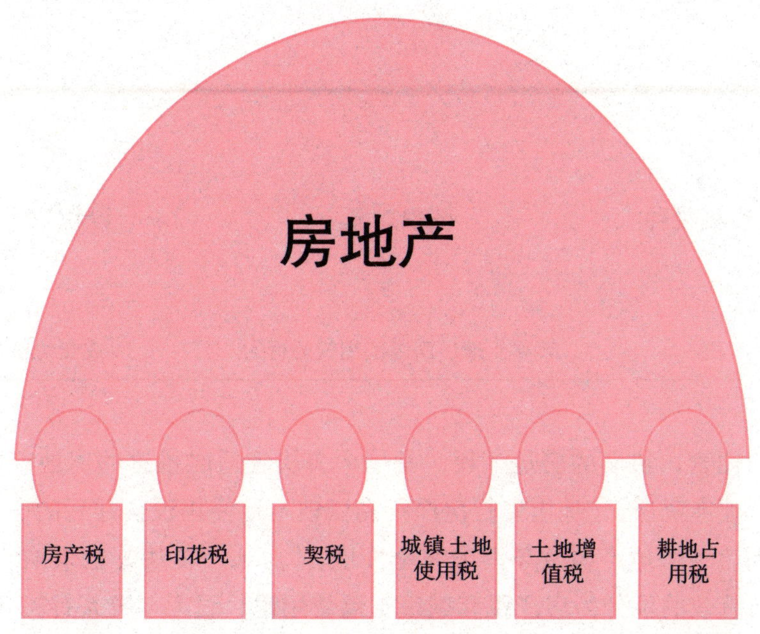

我国的房地产业直接以房地产为征收对象的税种共计有六种，分别是：房产税（试点征收）、城镇土地使用税、土地增值税、耕地占用税和契税。

对于房地产业税种及计税依据，整理到以下表格，方便大家了解。

房地产税税种	征税对象	计税依据
房产税	房屋	房屋计税价值或产权的出租收入
城镇土地使用税	土地	实际占用的土地面积
土地增值税	土地和土地上的建筑物	增值额
耕地占用税	纳税人实际占用的耕地面积	规定税额，一次征收

续表

房地产税税种	征税对象	计税依据
契税	转移土地、房屋使用权的行为	成交价格

一般而言，狭义的房地产税，是指中央决定适时推进的房地产税改革，制定《房地产税法》，是指现行房产税和城镇土地使用税合并后的一个税种。就目前而言，房地产税改革尚未完全推进，《房地产税法》也未纳入立法议程。目前有效的税种为房产税和城镇土地使用税。跟大多数人有关的主要是房产税，这里着重介绍一下。我们知道房产税的征税对象是房产，所谓房产就是指有屋面和围护结构，可以给人遮风避雨，让人们在其中居住、生产、学习、工作、娱乐或存贮物资的场所。但是对那些独立于房屋的建筑物之外的，如围墙、暖房、水塔、烟囱、室外游泳池等不属于房产。

对于房地产开发企业所开发的商品房在出售之前，不过只是一种产品，所以在售出之前，是不征收房产税的；但是对于那些在售出之前，房地产开发企业已使用或出租、出借的商品房需要征收房产税。

对于房产税的计算方法，有从价计征和从租计征两种。

1. 从价计征：从价计征是按照房产的原值减去一定比例后的余值计征，计算公式为：

应纳税额 = 应税房产原值 ×（1– 扣除比例）× 年税率 1.2%。

2. 从租计征：从租计征是按照房产的租金收入来计征的，计算公式为：

应纳税额 = 租金收入 ×12%。

个人出租住房的房产税计算公式为：应纳税额 = 房产租金收入 ×4%。

比如小薛私人房产的原值是 75 万元，房产税率是 1.2%，当地规定房产税可以扣除的比例是 30%，那么当年度小薛应该缴纳的房产税 =750000 元 ×（1–30%）×1.2%=6300 元。

缴纳税款的时间是：将原有房产用于生产经营的，从生产经营之月起，缴纳房产税，其余用途的均从次月起缴纳。

1.3.2 车船税

刚买了新车的小黄，在交保险的时候，看到一个名为“车船税”的收费，很是不解，他疑惑地向保险人员问道：“我记得我已经交过车辆购置税了，怎么还要交车船税，这两个不是一样的吗？”

保险人员解释说，这是两个不一样的税，车辆购置税是在买车的时候一次性缴纳的，是国家税务部门征收的；而车船税是每年都得缴纳的，由当地税务部门征收的。

车船税是指以车船为征税对象，向车辆船舶的所有者或者管理人所征收的一种税款。这里的车船指那些在我国境内，依法到公安、交通、农业、渔业、军事等管理部门办理登记的车辆、船舶。

车船税是由当地的税务局征收，其具体适用税额由省、自治区、直辖市人民政府在规定的子税目税额幅度内确定。

车船税的征收对象为车辆和船舶，车辆包括机动车辆和非机动车辆。机动车辆，是指用燃油、电力等为动力来运行的车辆，比如汽车、拖拉机、无轨电车等；非机动车辆，是指依靠人力、畜力等运行的车辆，比如三轮车、自行车、畜力驾驶车等。

船舶，主要包括机动船舶和非机动船舶。机动船舶，是指利用燃料等能源为动力来行驶的船舶，比如客轮、货船、气垫船等；非机动船舶，是指依靠人力或者其他力量运行的船舶，如木船、帆船、舢板等。

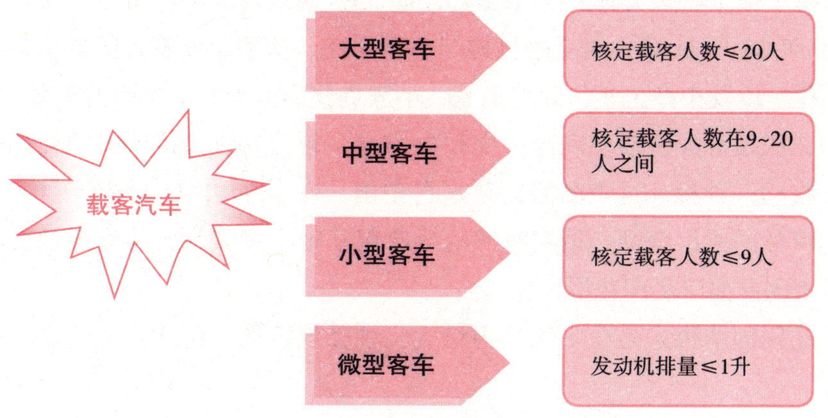

不过对于以下的车船实行免征车船税：非机动车船（非机动驳船除外）；捕捞、养殖用的渔船；拖拉机；军队和武警专用的车船；警用车船；已经按规定缴纳船舶吨税的船舶；依照有关法律及条约给予免税的外国驻华使馆、领事馆和国际组织驻华机构及其有关人员的车船。

此外，省、自治区、直辖市的人民政府根据当地的情况进行减税、免税。

我国车船税实行的是定额税率，这种税率计算简便，适合从量计征。在《车船税税目税额表》中，载客汽车划分为大型客车、中型客车、小型客车和微型客车 4 个子税目。

2017 年 7 月 1 日后，各类车辆税额上限普遍上涨了：

大型客车每年税额标准：480 元至 660 元；

中型客车每年税额标准：420 元至 660 元；

小型客车每年税额标准：360 元至 660 元；

微型客车每年税额标准：60 元至 480 元。

车船税纳税义务发生时间为取得车船所有权或者管理权的当月。车船税按年申报，分月计算，并且实行一次性缴纳。对于购新车船没满一年的，当年应该缴纳的税额从纳税义务发生的当月起按月计算，计算公式为：应纳税额 =（年应纳税额 /12）× 应纳税月份数。

1.3.3 印花税

2017 年 10 月，财政部和国家税务总局联合发布了《财政部、税务总局关于支持小微企业融资有关税收政策的通知》，通知规定：自 2018 年 1 月 1 日至 2020 年 12 月 31 日，对金融机构与小型企业、微型企业签订的借款合同免征印花税，以及小型企业、微型企业、小额贷款的范围做了具体的定义。

印花税是对经济活动和经济交往中书立、领受具有法律效力的凭证的行为所征收的一种税。这个名字还是来自中国，在 1889 年（光绪十五年），总理海军事务的大臣奕劻，请当时的清政府用某种图案表示已经完税的税收制度，后来因此而取名印花税。

印花税的纳税人是在中国境内设立、领受规定的经济凭证的企业、行政单位、事业单位、军事单位、社会团体、其他单位、个体工商户和其他个人。具体有立合同人、立据人、立账簿人、领受人和使用人，且每种合同的税率与纳税人都并非相同。具体的规定可看下面的表格：

名称	范围	税率	纳税人
购销合同	包括供应、预购、采购、购销、结合及协作、调剂等合同	购销金额的 0.03%	立合同人
建筑安装工程承揽合同	包括建筑、安装工程承包合同	承包金额 0.03%	立合同人
技术合同	包括技术开发、转让、咨询、服务等合同	所载金额 0.03% 贴花	立合同人
借款合同	银行及其他金融组织和借款人	按借款金额 0.005% 贴花	立合同人
财产租赁合同	包括租赁房屋、船舶、飞机、机动车辆、机械、器具、设备等合同	按租赁金额 0.1% 贴花。税额不足 1 元，按 1 元贴花	立合同人
仓储保管合同	包括仓储、保管合同	仓储保管费用 0.1% 贴花	立合同人

续表

名称	范围	税率	纳税人
财产保险合同	包括财产、责任、保证、信用等保险合同	保险费收入 0.1% 贴花	立合同人
营业账簿	生产、经营用账册	实收资本和资本公积的合计金额 0.05% 贴花	立账簿人
货物运输合同	包括民用航空运输、铁路运输、海上运输、内河运输、公路运输和联运合同	运输费用 0.05% 贴花	立合同人
产权转移书据	包括财产所有权和版权、商标专用权、专利权、专有技术使用权等	所载金额 0.05% 贴花	立据人
加工承揽合同	包括加工、定做、修缮、修理、印刷广告、测绘、测试等合同	加工或承揽收入 0.05% 贴花	立合同人
建设工程勘察设计合同	包括勘察、设计合同	收取费用 0.05% 贴花	立合同人
权利、许可证照	包括政府部门发给的房屋产权证、工商营业执照、商标注册证	按件贴花 5 元	领受人

对于印花税的申报如果是单位应按季进行申报，于每季度终了后 10 日内向所在地地方税务局报送印花税纳税申报表或监督代售报告表。对于只办理税务注册登记的机关、团体、部队、学校等印花税纳税单位，可在次年 1 月底前到当地税务机关申报上年税款。

关于印花税的纳税期限是在印花税应税凭证书立、领受时贴花完税的。对实行印花税汇总缴纳的单位，缴款期限最长不得超过一个月。

印花税的缴纳方法有纳税人根据规定自行计算应纳税额，购买并一次贴足印花税票（以下简称贴花）的缴纳办法；也可委托代征，税务机关委托经由发放或者办理应税凭证的单位代为征收印花税税款。

根据不同征税项目，印花税实行从价计征和从量计征两种方式。其计税方法是以应纳税凭证所记载的金额、费用、收入额和凭证的件数为计税依据，按照适用税率或者税额标准计算应纳税额。其计算公式为：

应纳数额 = 应纳税凭证记载的金额（费用、收入额）× 适用税率

应纳税额 = 应纳税凭证的件数 × 适用税额标准

另外，在会计记账中，根据《财政部关于印发〈增值税会计处理规定〉的通知》（财会〔2016〕22 号文）的规定，在营改增后，原来在“管理费用”科目中的印花税，要调整到“税金及附加”的科目中。

1.3.4 契税

一大早小林就接到了售房处的电话：“现在国家对契税实行新规定了，你的房子相当于省了好几万呢。”仔细打听，小林终于明白了，原来是二套房子的契税由原来的3%降到了1%，小林想买的房子是80多平方米，总价200万，以前需要缴纳契税6万元，现在新的政策出台后只需要缴纳2万元了。

2016 年 2 月 17 日，财政部等三部委发布《关于调整房地产交易环节契税、营业税优惠政策的通知》（财税〔2016〕23 号），从 2016 年 2 月 22 日起，将首套房面积为 90 平方米及以下的减按 1% 税率征收契税；面积为 90 平方米以上的，从 3% 减按 1.5% 的税率征收契税；二套房契税则从 3% 降为 1%~2%

不等。不过，二套房优惠政策，北上广深四地暂不实施。这将给不少买房人带来不少优惠。

契税是指不动产（土地、房屋）的产权发生转移变动时，向新业主（产权承受人）按所订契约的一定比例征收的一次性税收。契税的纳税义务人是指在我国境内转移土地、房屋权属，承受的单位和个人。契税的征收单位是地方税务局，现在契税已成为地方财政收入的一个固定来源。

征收契税的一个附随目的是保障不动产所有人的合法权益。通过征税，契税征收机关以政府的名义给新业主发放契证，这个契证是产权的合法凭证，政府在这里起到了承担保证产权的责任。所以，契税又带有规费性质，跟其他税收相比，这是契税的主要特点。在缴清契税款后，收税机关才会出具纳税的相关证明，房地产登记部门才给发放产权证书。

契税里面所涉及的契约，包括土地使用权转移，比如国有土地使用权出让或转让，房屋所有权转移，应该称为土地、房屋权属转移，如房屋买卖、赠送、交换等。除了买卖、赠送、交换外，房屋所有权转移的方式还有很多种。

契税的征收对象是境内转移的土地、房屋权属。具体包括下面的几项内容：

（1）国有土地使用权的出让，其契税是由承受方缴纳。

（2）土地使用者通过出售、赠与、交换或者其他的方式将土地的使用权转移给其他单位或者个人，除了土地的增值税，其他的由承受方缴纳契税。

（3）房屋买卖，还有以下几种特殊行为也视同买卖房屋：

①以房产抵债或实物交换房屋时，按房屋现值由产权承受人缴纳契税。

②以房产作投资或股权转让时，如果是用自有房产入股，投入本人独资经营的企业，则免征契税。

③买房拆料或翻建新房时，需缴纳契税。

（4）发生房屋赠与时，赠与方是不用缴纳土地增值税的，但承受方需缴纳契税。

（5）对于承受国有土地使用权所应支付的土地出让金，要计征契税。不得因减免土地出让金而减免契税。

各类土地、房屋权属转移，方式都不相同，契税的定价方式也各不相同，

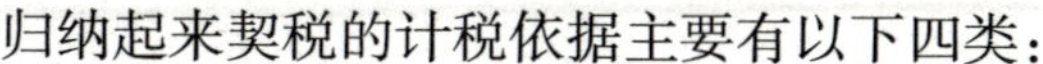

归纳起来契税的计税依据主要有以下四类：

（1）按成交价格计算。税务机关根据双方形成合同的成交价格，直接计税。

（2）根据市场价格计算。因为土地、房屋价格，不会是一成不变的，在发生土地使用权赠送、房屋赠送时，要根据市场的价格作为定价依据，而不是土地或房屋的原值。

（3）依据土地、房屋交换差价定税。如果 A 房价为 30 万元，B 房价为 40 万元，则 A、B 交换时，契税的计税依据是二者差额，即 10 万元，如果发生等额交换时，差额为零，那么就免缴契税。

（4）按照土地收益定价。这种情况很少遇到。

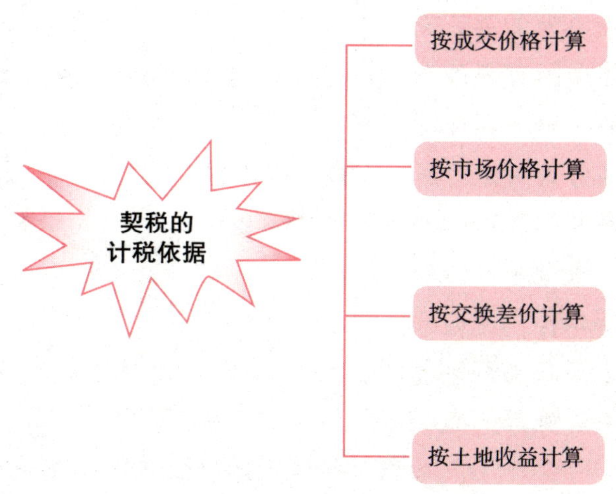

在纳税人签订完土地、房屋权属转移合同的当天，抑或在纳税人取得其他具有土地、房屋权属转移合同性质凭证的 10 日内，需向土地、房屋所在地的契税征收机关去办理相关纳税申报，并在契税征收机关核定的期限内缴纳税款。

1.4 资源环境税

1.4.1 资源税

资源税是以各种应税自然资源为课税对象、为了调节资源级差收入并体现国有资源有偿使用而征收的一种税。资源税在理论上可区分为对绝对矿租课征的一般资源税和对级差矿租课征的级差资源税，体现在税收政策上就叫作"普遍征收，级差调节"，即所有开采者开采的所有应税资源都应缴纳资源税；同时，开采中、优等资源的纳税人还要相应多缴纳一部分资源税。

级差资源税是国家对开发和利用自然资源的单位和个人，由于资源条件的差别所取得的级差收入课征的一种税。

一般资源税就是国家对国有资源，如我国宪法规定的城市土地、矿藏、水流、森林、山岭、草原、荒地、滩涂等，根据国家的需要，对使用某种自然资源的单位和个人，为取得应税资源的使用权而征收的一种税。

1984 年，我国为了逐步建立和健全我国的资源税体系，开始征收资源税。鉴于当时存在的一些客观原因，资源税税目只有煤炭、石油和天然气三种，后来又扩大到对铁矿石征税。

自然资源是人类生存不可或缺的资源，它是生产资料或生活资料的天然来源，其包括范围很广，如矿产资源、土地资源、水资源、动植物资源等。我国的资源税征税范围较窄，仅选择了部分级差收入差异较大，资源较为普遍，易于征收管理的矿产品和盐列为征税范围。

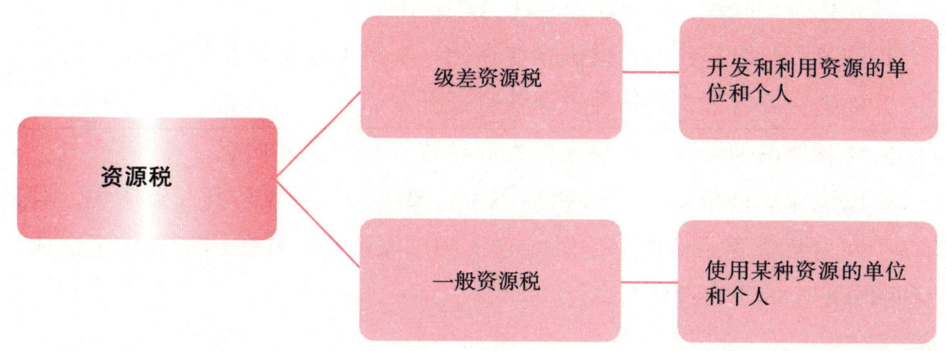

随着我国经济的快速发展，对自然资源的合理利用和有效保护将越来越重要，因此，资源税的征税范围应逐步扩大。资源税征税范围包括矿产品和盐两大类，具体征收项目如下图：

征收项目	征收内容
原油	开采的天然原油征税，人造石油不征税。
天然气	开采的天然气和与原油同时开采的天然气征税。
煤炭	包括原煤和以未税原煤加工的洗选煤。
其他非金属矿	石墨、硅藻土、高岭土、萤石、石灰石、硫铁矿、磷矿、氯化钾、硫酸钾、井矿盐、湖盐、提取地下卤水晒制的盐、煤层（成）气。
金属矿	铁矿、金矿、铜矿、铝土矿、铅锌矿、镍矿、锡矿及其他金属矿产品等。
海盐	固体盐、液体盐。

不管采掘或生产单位是否属于独立核算，资源税均规定在采掘或生产地源泉控制征收，这样不仅照顾了采掘地的利益，又防止了税款的流失。这与其他税种由独立核算的单位统一缴纳不同。

国家征收资源税，主要出于以下几个目的：

1. 调节资源级差收入，促进企业在同一水平上竞争是非常有利的。

2. 加强资源管理，能够促进企业合理开发、利用。

3. 与其他税种配合，能够充分发挥税收杠杆的整体功能。

4. 以国家矿产资源的开采和利用为对象所课征的税。开征资源税，其目的在于使自然资源条件优越的级差收入归国家所有，排除因资源优劣造成企业利润分配上的不合理状况。

1.4.2 土地使用税

土地使用税，又称“城镇土地使用税”，是对使用国有土地的单位和个人，按使用的土地面积定额征收的税。以土地面积为课税对象，向土地使用人课征，属于以有偿占用为特点的行为税类型。土地使用税只在县以上城市开征，非开征地区城镇使用土地则不征税。土地使用税采用有幅度的差别税额，例如大、中、小城市和县城每平方米土地年税额多少不同。

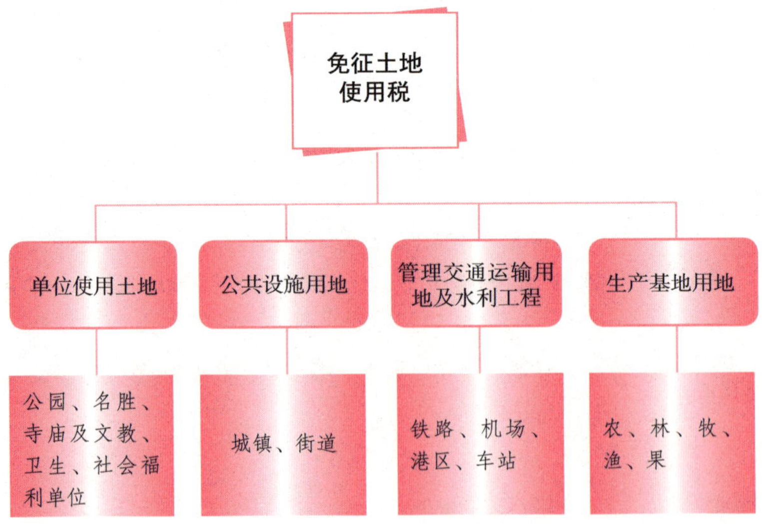

为了防止长期征地而不使用和限制多占土地，可在规定税额的 2~5 倍范围内加成征税。对于公园、名胜、寺庙及文教、卫生、社会福利等单位使用的土地，城镇、街道等公共设施用地，铁路、机场、港区、车站等管理交通运输用地及水利工程，农、林、牧、渔、果生产基地用地，以及个人非营业建房用地等，均免征土地使用税。为了鼓励利用荒地、滩涂等土地，对经过批准整治的土地和改造的荒废土地，给予 10 年期限的免税。

土地使用税采用定额税率，即采用有幅度的差别税额，按大、中、小城市和县城、建制镇、工矿区分别规定每平方米土地使用税年应纳税额。具体标准如下：

使用范围	每平方米土地使用税年应纳税额
大城市	1.5 元至 30 元
中等城市	1.2 元至 24 元
小城市	0.9 元至 18 元
县城、建制镇、工矿区	0.6 元至 12 元

大、中、小城市以公安部门登记在册的非农业正式户口人数为依据，按照国务院颁布的《城市规划条例》中规定的标准划分。人口在 50 万以上者为大城市；人口在 20 万至 50 万之间者为中等城市；人口在 20 万以下者为小城市。

各省、自治区、直辖市人民政府可根据市政建设情况和经济繁荣程度在规定税额幅度内，确定所辖地区的适用税额幅度。经济落后地区，土地使用税的适用税额标准可适当降低，但降低额不得超过上述规定最低税额的 30%。经济发达地区的适用税额标准可以适当提高，但须报财政部批准。

2018 年 1 月 26 日，直辖市深圳发布《深圳市地方税务局关于调整房产税和城镇土地使用税纳税期限的公告》（深圳市地方税务局公告〔2018 年〕1 号，以下简称《公告》）。《公告》于今年 2 月 1 日起施行，有效期 5 年。

《公告》显示，深圳将房产税（从价计征）和城镇土地使用税纳税期限统一调整为一年申报一次，降低纳税人的资金成本。调整前，深圳房产税（从价计征）和城镇土地使用税纳税期限分别为一年申报四次和一年申报两次。

此前，纳税人缴纳房产税（从价计征）纳税期限从 1 月 1 日至 15 日、4 月 1 日至 15 日、7 月 1 日至 15 日、10 月 1 日至 15 日，城镇土地使用税的纳税期限从 1 月 1 日至 15 日、7 月 1 日至 15 日，统一调整为税款所属期当年的 10 月 1 日至 12 月 31 日。

城镇土地使用税的缴纳金额是根据实际使用土地的面积，按税法规定的单位税额来确定的，缴纳金额的计算公式如下：

应纳城镇土地使用税额 = 应税土地的实际占用面积 × 适用单位税额。

市民王先生，在福田区华强北有一套 300 平方米的商铺，该商铺所在的写字楼的容积率为 5。那么，根据现有的征税标准土地等级划分，李先生的该处物业所属的土地等级为一级，每平方米年税额为 30 元。则李先生所需缴纳的 2017 年度的土地使用税应该为 300（房屋建筑面积）÷ 5（容积率）× 30（年税额）÷ 12（12 个月）× 2（11、12 两个月份），即 300 元。而此后该处每年需缴纳土地使用税则固定为：300（房屋建筑面积）÷ 5（容积率）× 30（年税额），为 1800 元。

目前土地使用税只在镇及镇以上城市开征，因此其全称为城镇土地使用税。开征土地使用税的目的是保护土地资源，使土地资源能够被良好地利用，其具体作用包括以下几方面：

（1）能够促进土地资源的合理配置和节约使用，提高土地使用效益；

（2）能够调节不同地区因土地资源的差异而形成的级差收入；

（3）为企业和个人之间竞争创造公平的环境。

1.4.3 土地增值税

土地增值税是指转让国有土地使用权、地上的建筑物及其附着物并取得收入的单位和个人，以转让所取得的收入包括货币收入、实物收入和其他收入减除法定扣除项目金额后的增值额为计税依据向国家缴纳的一种税赋，不包括以继承、赠与方式无偿转让房地产的行为。

纳税人为转让国有土地使用权及地上建筑物和其他附着物产权，并取得收入的单位和个人。征税对象是指有偿转让国有土地使用权及地上建筑物和其他附着物产权所取得的增值额。

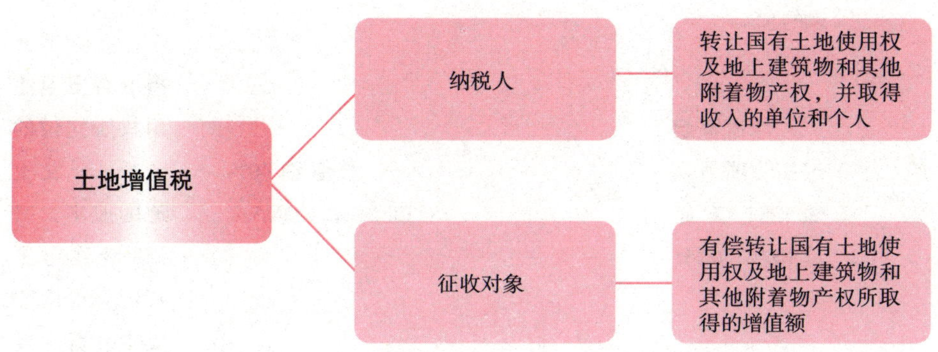

土地价格增值额是指转让房地产取得的收入减除规定的房地产开发成本、费用等支出后的余额。土地增值税实行四级超率累进税率。土地增值税实际上就是反房地产暴利税，是指房地产经营企业等单位和个人，有偿转让国有土地使用权以及在房屋销售过程中获得的收入，扣除开发成本等支出后的增值部分，要按一定比例向国家缴纳的一种税费。

当前中国的土地增值税实行四级超率累进税率，对土地增值率高的多征，增值率低的少征，无增值的不征，例如增值额大于 20% 未超过 50% 的部分，税率为 30%，增值额超过 200% 的部分，则要按 60% 的税率进行征税。据专家测算，房地产项目毛利率只要达到 34.63% 以上，都需缴纳土地增值税。

土地增值税是以转让房地产取得的收入，减除法定扣除项目金额后的增值额作为计税依据，并按照四级超率累进税率进行征收。（下表是土地增值税税率一览表）

档次	级距	税率	速算扣除系数	税额计算公式	说明
1	增值额未超过扣除项目金额的50%	30%	0%	增值额30%	扣除项目指取得土地使用权所支付的金额；开发土地的成本、费用；新建房屋及配套设施的成本、费用或旧房屋及建筑物的评估价格；与转让房地产有关的税金；财政部规定的其他扣除项目
2	增值额超过扣除项目金额50%，未超过100%的部分	40%	5%	增值额40%~扣除项目金额5%	
3	增值额超过扣除项目金额100%，未超过200%的部分	50%	15%	增值额50%~扣除项目金额15%	
4	增值额超过扣除项目金额200%的部分	60%	35%	增值额60%~扣除项目金额35%	

与其他税种相比，土地增值税具有以下四个特点：

（1）以转让房地产的增值额为计税依据

土地增值税的增值额是以征税对象的全部销售收入额扣除与其相关的成本、费用、税金及其他项目金额后的余额，与增值税的增值额有所不同。

（2）征税面比较广

凡在我国境内转让房地产并取得收入的单位和个人，除税法规定免税的

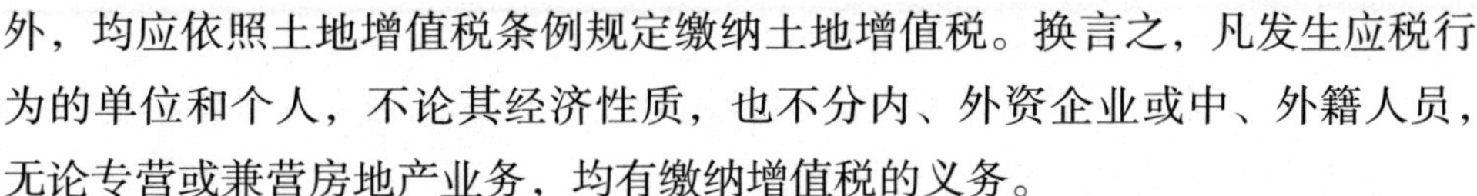

外，均应依照土地增值税条例规定缴纳土地增值税。换言之，凡发生应税行为的单位和个人，不论其经济性质，也不分内、外资企业或中、外籍人员，无论专营或兼营房地产业务，均有缴纳增值税的义务。

（3）实行超率累进税率

土地增值税的税率是以转让房地产增值率的高低为依据来确认的，按照累进原则设计，实行分级计税，增值率高的，税率高，多纳税；增值率低的，税率低，少纳税。

（4）实行按次征收

土地增值税在房地产发生转让的环节，实行按次征收，每发生一次转让行为，就应根据每次取得的增值额征一次税。

1.4.4 环境保护税

2016 年 12 月 25 日，十二届全国人大常委会第 25 次会议通过《环境保护税法》，并于同日由主席令第 61 号发布，并自 2018 年 1 月 1 日起施行。也即，自 2018 年 1 月 1 日起，符合税法规定的纳税人，要新缴纳一个环保税了。说起环保税，最先提出这个税种的是英国的经济学家庇古，他的观点得到了西方发达国家的普遍认可。

环境保护税是我国历史上首个以环境保护为目的的税种，新税种的到来，让已经存在十多年的“排污费”成为历史。《环境保护税法》也是我国第一部体现“绿色税制”的法律，终结了“排污费”，是我国“费改税”进程中重要的里程碑。

环境保护税的纳税人是在我国领域和我国管辖的其他海域，直接向环境排放应税污染物的企业事业单位和其他生产经营者。从中我们看出环境保护税不仅适用于陆地，还适用于海域；并且只对应税污染物征收环境保护税，对应税污染物以外排放的其他污染物不征收环境保护税；一般自然人不属于环境保护税的纳税人范畴。

环境保护税是属于行为税，只对“直接向环境排放应税污染物”的行为征税，对间接向环境排放污染物的行为，不缴纳环境保护税，《环境保护税法》明确了不缴纳环境保护税的情形有：

（1）企业事业单位和其他生产经营者向依法设立的污水集中处理、生活垃圾集中处理场所排放应税污染物的；

（2）企业事业单位和其他生产经营者在符合国家和地方环境保护标准的设施、场所贮存或者处置固体废物的。

并且条例明确规定，“依法对畜禽养殖废弃物进行综合利用和无害化处理的，不属于直接向环境排放污染物，不缴纳环境保护税”。

应税污染物主要包括：大气污染物、水污染物、固体废物和噪声。就海域而言，应税污染物为大气污染物、水污染物和固体废物。需要注意的是，这里的固体废物，并不仅限于固态的，还包括半固态和液态的废物。

环境保护税的税额，是按照《环境保护税税目税额表》执行。其中固体废物和噪声的税额为固定值，具体见下面环境保护税税目税额表：

税目		计税单位	税额（单位：）
大气污染物		每污染当量	1.2 元至 12 元
水污染物		每污染当量	1.4 元至 14 元
固体废物	煤矸石	每吨	5 元
	尾矿	每吨	15 元
	危险废物	每吨	1000 元
	冶炼渣、粉煤灰、炉渣、其他固体废物（含半固态、液态废物）	每吨	25 元
噪声	工业噪声	超标 1~3 分贝	每月 350 元
		超标 4~6 分贝	每月 700 元
		超标 7~9 分贝	每月 1400 元
		超标 10~12 分贝	每月 2800 元
		超标 13~15 分贝	每月 5600 元
		超标 16 分贝以上	每月 11200 元

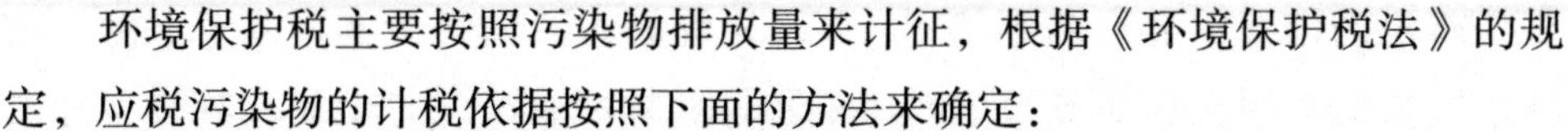

环境保护税主要按照污染物排放量来计征，根据《环境保护税法》的规定，应税污染物的计税依据按照下面的方法来确定：

（1）应税大气污染物按照污染物排放量折合的污染当量数确定；

（2）应税水污染物按照污染物排放量折合的污染当量数确定；

（3）应税固体废物按照固体废物的排放量确定；

（4）应税噪声按照超过国家规定标准的分贝数确定。

对于应税污染物排放值的计算，《环境保护税法》第十条规定：应税大气污染物、水污染物、固体废物的排放量和噪声的分贝数，按照下列方法和顺序计算：

（1）纳税人安装使用符合国家规定和监测规范的污染物自动监测设备的，按照污染物自动监测数据计算；

（2）纳税人未安装使用污染物自动监测设备的，按照监测机构出具的符合国家有关规定和监测规范的监测数据计算；

（3）因排放污染物种类多等原因不具备监测条件的，按照国务院环境保护主管部门规定的排污系数、物料衡算方法计算；

（4）不能按照本条第一项至第三项规定的方法计算的，按照省、自治区、直辖市人民政府生态环境主管部门规定的抽样测算的方法核定计算。

计算应税污染物的数量较为复杂，现举例说明。

某地A企业2020年1月份产生煤矸石200吨，其中符合国家、地方环境保护标准和资源综合利用标准的煤矸石100吨，还在符合国家和地方环境保护标准的设施中贮存了50吨，那么A企业1月煤矸石应缴纳的环境保护税的应纳税额=（200－100－50）吨×5元/吨=250（元）。

《环境保护税法》规定了五项暂予免税情况：

（1）农业生产（不包括规模化养殖）排放应税污染物的；

（2）机动车、铁路机车、非道路移动机械、船舶和航空器等流动污染源排放应税污染物的；

（3）依法设立的城乡污水集中处理、生活垃圾集中处理场所排放相应应税污染物，不超过国家和地方规定的排放标准的；

（4）纳税人综合利用的固体废物，符合国家和地方环境保护标准的；

（5）国务院批准免税的其他情形。

减税的情况主要有两种情形：纳税人排放应税大气污染物或者水污染物的浓度值低于国家和地方规定的污染物排放标准百分之三十的，减按百分之七十五征收环境保护税；纳税人排放应税大气污染物或者水污染物的浓度值低于国家和地方规定的污染物排放标准百分之五十的，减按百分之五十征收环境保护税。

当前环境保护税采取的是核定征收，纳税人应填写《环境保护税基础信息采集表》和《环境保护税纳税申报表（B类）》，向主管税务机关如实办理纳税申报。首次申报或基础信息发生变化时，纳税人需要先填写《环境保护税基础信息采集表》表头信息；非首次申报或基础信息未发生变化的，可直接填写《环境保护税纳税申报表（B类）》。

1.5 特定税

1.5.1 城市维护建设税

新手会计小孟有点发蒙，自己公司是小微企业，并且当月销售额没有满10万元，根据相关规定增值税免了，但是城建税是不是也要免征呢？带着这个疑问，她去询问主管自己公司的地税局专管员王姐。王姐告诉她，城建税是根据增值税、消费税的税额为计税依据的，增值税免征了，城建税肯定也免征了。

城市维护建设税简称为“城建税”，是我国为了加强城市的维护建设，扩大和稳定城市建设维护的资金来源而征收的一个税种。它是以纳税人实际缴纳的增值税、消费税的税额为计税依据，是一种附加税。

跟其他税种相比，城建税的税款是专款专用，具有受益税的性质，这个税款主要是用来保证，当地城市的公共事业和公共设施的维护和建设。并且根据城市的规模来设计税率，城镇的规模越大，需要的建设与维护资金就会越多，所以城建税根据所在地的不同，税率也会不同。纳税人所在地为城市市区的，税率为 7%；纳税人所在地为县城和镇的，税率为 5%；纳税人所在地不在城市市区、县城或建制镇的，税率为 1%。

城建税税率为7%	城建税税率为5%	城建税税率为1%
• 纳税人所在地为城市市区的	• 纳税人所在地为县城、建制镇的	• 纳税人所在地不在城市市区、县城或建制镇的

只要是缴纳增值税和消费税的单位和个人，都必须同时缴纳城建税，对于外商投资企业、外国企业及外籍个人也一样征收城建税。

城建税的计算公式为：应纳税额 =（实际缴纳增值税 + 消费税）× 适用税率。

举个例子，比如地处市区的某一般纳税人企业，这个月销售货物的增值税为 50000 元，抵扣的增值税为 40000 元，同时缴纳的消费税为 10000 元，那么本月该企业需要缴纳的城建税 =（50000–40000+10000）×7%=1400 元。

一般情况下，城建税是不能单独减免的，但是因为城建税是根据纳税人实际缴纳的增值税和消费税为计税依据的，所以在减免增值税和消费税时，城建税也会跟着减免。

根据相关规定，城建税应该跟增值税和消费税同时缴纳，它的纳税期限和纳税地点也与那两个税种保持一样。假如，在 A 市的某企业，某月在 B 市承包了一个工程，根据规定 A 企业在 B 市的工程结算收入，应该在 B 市缴纳增值税，所以与之相对应的城建税也需要在 B 市缴纳。

对于以 1 日、3 日、5 日、10 日、15 日为一期缴纳的纳税人，在预缴增值税和消费税的同时，也预缴相应的城建税。企业应该在月度终了，申报“二税”的同时，申报城建税。在缴纳当月全部“二税”税款时，按照申报的税额缴纳城建税。

对于那些违反了“二税”条例的，税务部门在追缴应纳税款，加收滞纳金、罚款时，还应该追收对应的城建税，并且加收滞纳金和罚款。

1.5.2 车辆购置税

车辆购置税是由车辆购置附加费演变而来的，对在境内购置规定车辆的

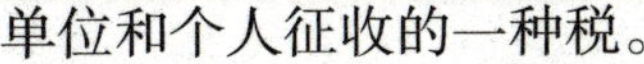

单位和个人征收的一种税。

国家通过开征车辆购置税，能够参与国民收入的再分配，从而能更好地为国家的发展筹集更多的资金。同时可以利用车辆购置税，筹集交通基础设施建设和维护的资金，促进交通基础设施建设事业的健康发展。

车辆购置税的征收对象是汽车、摩托车、电车、挂车、农用运输车。具体规定如下表：

应征车辆	具体对象	注释
汽车	各类汽车	
摩托车	轻便摩托车	最高设计车速不大于 50km/h，发动机气缸总排量不大于 50 的两个或三个车轮的机动车
	二轮摩托车	最高设计车速大于 50km/h，或发动机气缸总排量大于 50 的两个车轮的机动车
	三轮摩托车	最高设计车速大于 50km/h，发动机气缸总排量大于 50，空车质量不大于 400kg 的三个车轮的机动车
电车	无轨电车	以电能为动力，由专用输电电缆供电的轮式公共车辆
	有轨电车	以电能为动力，在轨道上行驶的公共车辆

续表

应征车辆	具体对象	注释
挂车	全挂车	无动力设备，独立承载，由牵引车辆牵引行驶的车辆
	半挂车	无动力设备，与牵引车共同承载，由牵引车辆牵引行驶的车辆
农用运输车	三轮农用运输车	柴油发动机，功率不大于7.4kW，载重量不大于500kg，最高车速不大于40km/h的三个车轮的机动车
	四轮农用运输车	柴油发动机，功率不大于28kW，载重量不大于1500kg，最高车速不大于50km/h的四个车轮的机动车

纳税人在办理车辆购置税的纳税申报时，要如实填写《车辆购置税纳税申报表》，同时还需要提供车主身份证明、车辆价格证明、车辆合格证明及税务机关要求的其他资料的原件和复印件。

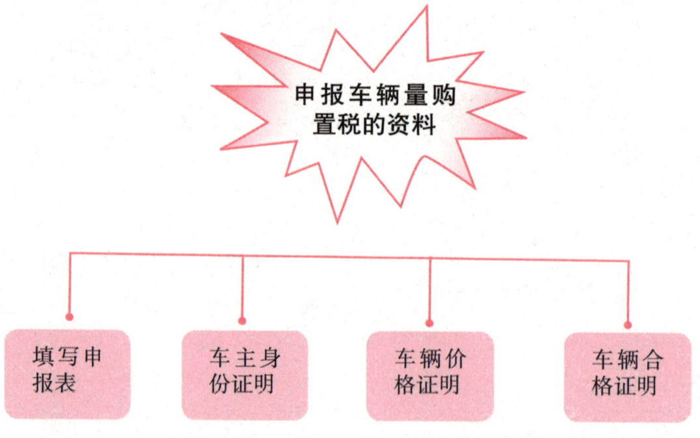

车辆购置税实行的是从价定率的方法，计算公式为：应纳税额 = 计税价格 × 税率。

因为我国的机动车销售专用发票中显示的购车价均含有增值税税款，所以如果消费者购买的是国产车，在计算车辆购置税的税额时，要先去除购车价中 16% 的增值税，即车辆购置税的计税价格 = 发票价 ÷1.16，然后再按相应的税率计算车辆购置税。

如果，W 先生购买了一辆价值 20 万的国产小轿车，税率是 10%，他应该缴纳的车辆购置税是 200000 元 ÷1.13×10%=17699.12 元。

如果消费者购买的是进口私车，计税价格的计算公式为：计税价格 = 关税完税价格 + 关税 + 消费税。

根据《财政部 税务总局 工业和信息化部 科技部关于免征新能源汽车车辆购置税的公告》（2017 年第 172 号），从 2018 年 1 月 1 日至 2020 年 12 月 31 日，对满足下面条件的新能源汽车免征车辆购置税：

1. 需要获得在我国境内销售的纯电动汽车、插电式（含增程式）混合动力汽车、燃料电池汽车的许可。

2. 需要符合新能源汽车产品技术的要求。

3. 需要通过新能源汽车专项检测，并且达到新能源汽车产品专项检验标准。

4. 需要新能源汽车的生产企业或进口企业对其产品质量保证、产品一致性、售后服务、安全监测、动力电池回收利用等方面符合相关要求。

对于车辆购置税的纳税地点，如果购置了应税车辆，那么应该向车辆登记注册地的主管国税机关申报纳税；如果购置了不需要办理车辆登记注册手续的应税车辆，应当向纳税人所在地的主管税务机关申报纳税。

1.5.3 烟叶税

大家都知道吸烟有害健康，但是却不能控制。于是有人就建议通过提高烟叶税的税率来提高成品烟的价格，从而达到控烟的目的。但是烟叶税与烟草消费税不同，烟叶税的纳税人不是普通的消费者，也不是烟农，而是烟草公司，烟叶税是地方税种，提高税率后，反而让地方政府与烟草企业成为利益共同体，促进烟草的发展，并且即便提高烟草税对普通烟民的影响也很低。征收烟叶税，其主要的功能在于取得充裕稳定的财政收入。

烟叶税是指在我国境内收购晾晒烟叶、烤烟叶的单位征收的一种税。我国通过征收烟叶税，实现了烟叶税制的转变，完善了烟草税制的体系，保证了地方财政收入的稳定，指引烟叶种植和烟草行业的健康发展。

烟叶税的纳税人是在我国境内收购烟叶的单位，纳税对象指烟叶，即指晾晒烟叶、烤烟叶。目前烟叶税实行的是比例税率，烟叶税的征收单位是地方税务机关。

烟叶税计税依据是根据纳税人收购烟叶的收购金额和规定的税率计算的，其中收购金额 = 收购价款 ×（1+10%），10% 是价外补贴，目前统一暂按烟叶收购价款的 10% 计，税率为 20%。

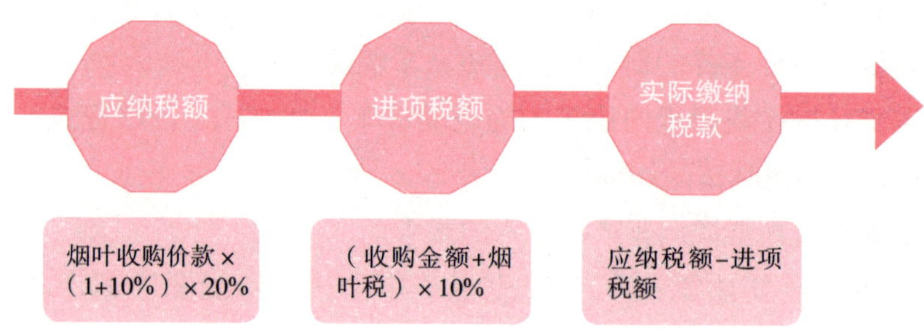

烟叶税的计算公式是：应纳税额 = 烟叶收购价格 × 税率，即

应纳税额 = 烟叶收购价款 ×（1+10%）× 20%。

不过对于收购烟叶还有可抵扣的进项税额：

烟叶进项税额 =（收购金额 + 烟叶税）× 10%= 收购价款 ×（1+10%）×（1+20%）× 10%，

所以实际缴纳的烟草税 = 应纳税额 – 烟叶税进项税额。

例如，一般纳税人的某烟草公司，7 月收购烟叶 10000 斤，烟叶的收购价款为 3 元 / 斤（不含价外补贴 10%），那么 7 月份实际缴纳的烟叶税是多少呢？

应纳税额 =10000 斤 × 3 元 / 斤 ×（1+10%）× 20%=6600（元）

可以抵扣的进项税额 =10000 斤 × 3 元 / 斤 ×（1+10%）×（1+20%）× 13%=5148（元）

则 7 月实际缴纳的烟叶税 =6600 元 –5148 元 =1452（元）。

在纳税人收购烟叶的当天，烟叶税的纳税义务就发生了，也指纳税人向烟叶销售者付讫收购烟叶款项或者开具收购烟叶凭据的当天，并在纳税义务发生之日起的 30 日内进行申报。不过具体纳税期限则由主管地的税务机关具体核定。

烟叶税的纳税地指纳税人收购烟叶的地方，应当向烟叶收购地的主管地税机关申报纳税，这里的主管税务机关是指烟叶收购地的县级地方税务局或者其指定的税务分局、所。

原《中华人民共和国烟叶税暂行条例》是于 2006 年 4 月 28 日起施行的。现行《中华人民共和国烟叶税法》是于 2018 年 7 月 1 日起施行。法律的全文如下：

“第一条　在中华人民共和国境内，依照《中华人民共和国烟草专卖法》的规定收购烟叶的单位为烟叶税的纳税人。纳税人应当依照本法规定缴纳烟叶税。

“第二条　本法所称烟叶，是指烤烟叶、晾晒烟叶。

“第三条　烟叶税的计税依据为纳税人收购烟叶实际支付的价款总额。

“第四条　烟叶税的税率为百分之二十。

“第五条　烟叶税的应纳税额按照纳税人收购烟叶实际支付的价款总额乘以税率计算。

“第六条　烟叶税由税务机关依照本法和《中华人民共和国税收征收管理法》的有关规定征收管理。

“第七条　纳税人应当向烟叶收购地的主管税务机关申报缴纳烟叶税。

“第八条　烟叶税的纳税义务发生时间为纳税人收购烟叶的当日。

“第九条　烟叶税按月计征，纳税人应当于纳税义务发生月终了之日起十五日内申报并缴纳税款。

“第十条　本法自 2018 年 7 月 1 日起施行。2006 年 4 月 28 日国务院公布的《中华人民共和国烟叶税暂行条例》同时废止。”

1.5.4 船舶吨税

船舶吨税也称“吨税”，是海关对外国籍船舶航行进出本国港口时，按船舶净吨位征收的税。船舶吨税是海关代表国家的交通管理部门，在设关口岸对进出我国国境的船舶所征收的用于航道设施建设的一种使用税。

在有的国家，船舶吨税也称“灯塔税”，这个叫法主要是因为，外国的船舶在本国港口行驶时，使用了港口内的设施和助航设备，如灯塔、航标等。船舶税专项用于海上航标的维护、建设和管理。

船舶税的纳税人是拥有或租有进出中国港口的国际航行船舶的单位和个人。其征收对象是行驶在中国港口的中外船舶，具体包括：在中国港口行驶的外国籍船舶；外商租用的中国籍船舶；中外合营的海运企业自有或租用的中、外籍船舶；中国租用（包括国外华商所有的和租用的）航行国外及兼营国内沿海贸易的外国籍船舶。

对于应纳船舶税的船舶经特准行驶于我国未设海关港口的，则由当地税务局代征。

船舶税的计税方法是根据船舶的净吨位和适用税率来计算的。其船舶税税目税率表如下：

<table>
<tr><th rowspan="3">税目</th><th colspan="6">税率（元/净吨）</th><th rowspan="3">备注</th></tr>
<tr><th colspan="3">普通税率（按执照期限划分）</th><th colspan="3">优惠税率（按执照期限划分）</th></tr>
<tr><th>1年</th><th>90日</th><th>30日</th><th>1年</th><th>90日</th><th>30日</th></tr>
<tr><td>净吨≤2000</td><td>12.6</td><td>4.2</td><td>2.1</td><td>9.0</td><td>3.0</td><td>1.5</td><td rowspan="4">1. 拖船按照发动机功率每千瓦折合净吨位0.67吨。
2. 无法提供净吨位证明文件的游艇，按照发动机功率每千瓦折合净吨位0.05吨。
3. 拖船和非机动驳船分别按相同净吨位船舶税率的50%计征税款。</td></tr>
<tr><td>2000<净吨≤10000</td><td>24.0</td><td>8.0</td><td>4.0</td><td>17.4</td><td>5.8</td><td>2.9</td></tr>
<tr><td>10000<净吨≤50000</td><td>27.6</td><td>9.2</td><td>4.6</td><td>19.8</td><td>6.6</td><td>3.3</td></tr>
<tr><td>50000<净吨</td><td>31.8</td><td>10.6</td><td>5.3</td><td>22.8</td><td>7.6</td><td>3.8</td></tr>
</table>

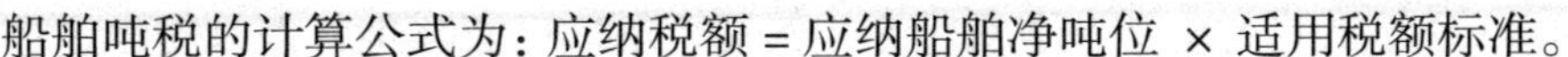

船舶吨税的计算公式为：应纳税额 = 应纳船舶净吨位 × 适用税额标准。

例如：某应税船舶净吨位为 10 万吨，适用税额标准为 7.6 元，则该船舶的应纳吨税税额为：应纳税额 =10 万吨 ×7.6 元 / 吨 =76（万元）。

对于下面的船舶吨税实行免征：

（1）应纳税额在人民币 50 元以下的船舶；

（2）自境外以购买、受赠、继承等方式取得船舶所有权的初次进口到港的空载船舶；

（3）吨税执照期满后 24 小时内不上下客货的船舶；

（4）非机动船舶（不包括非机动驳船）；

（5）捕捞、养殖渔船；

（6）避难、防疫隔离、修理、终止运营或者拆解，并不上下客货的船舶；

（7）军队、武装警察部队专用或者征用的船舶；

（8）警用船舶；

（9）依照法律规定应当予以免税的外国驻华使领馆、国际组织驻华代表机构及其相关人员的船舶；

（10）国务院规定的其他船舶。

对于应该缴纳船舶吨税的纳税人，应该自海关填发吨税缴款凭证之日起 15 日内向指定银行缴清税款。对于逾期未缴清税款的，自滞纳税款之日起，按日加收滞纳税款 0.5‰的滞纳金。

对于少征或者漏征税款的，应当自应税船舶应当缴纳税款之日起 1 年内，补缴税款。但如果是应税船舶违反相关规定，造成少征或者漏征税款的，海关可以从应纳税款之日起 3 年内追征税款，并需补缴 0.5‰的滞纳金。

应税船舶如果不按照规定申报纳税、领取吨税执照或者不按规定交验吨税执照及其他证明文件的，由海关责令限期改正，并处 2000 元以上 3 万元以下的罚款；不缴或者少缴应纳税款的，处于不缴或者少缴税款 50% 以上 5 倍以下的罚款，但最低不得少于 2000 元。

1.5.5 耕地占用税

某地税务局在一次税务检查中发现，A 公司在 2018 年通过招标获得的

25000 平方米的土地是占用的耕地，其契税虽然已经缴纳，但是耕地占用税还没缴纳，于是进行了税务处理，计算出了耕地占用税 =25000 平方米 ×20 元/平方米 =500000 元，责令其限期缴纳。

耕地占用税是对占用耕地建房或从事其他非农业建设的单位和个人征收的税，是由地方税务机关负责征收。其目的是合理利用土地资源，加强土地管理，保护农用耕地，实行了耕地占用税，希望通过此税来减少占用耕地。

因为我国地域辽阔，各地之间耕地质量差别大，人均占有耕地的面积也相差悬殊，所以耕地占用税采取地区差别定额税率，根据不同地区的人均占有耕地的数量和经济发展程度，制定差别税额。各省、自治区、直辖市耕地占用税平均税额规定如下表：

地区	每平方米平均税额（单位：元）
上海	45
北京	40
天津	35
江苏、浙江、福建、广东	30
辽宁、湖北、湖南	25
河北、安徽、江西、山东、河南、重庆、四川	22.5
广西、海南、贵州、云南、山西	20
山西、吉林、黑龙江	17.5
内蒙古、西藏、甘肃、青海、宁夏、新疆	12.5

与土地使用税按年计征不同，耕地占用税是一次性征收的，在纳税人获准占用耕地的环节征收。

征收的税款按规定应该用于建设发展农业专项基金，主要用来以下项目的支出：

（1）提高耕地质量，改造中低产田，兴建排涝、改碱、荒滩治理等项目的支出；

（2）扩大耕地数量，开垦宜耕荒地、滩涂、撂荒地、闲弃地等所需的支出；

（3）兴建和整修小型农田水利工程、灌区渠道、打井配套等项目的支出；

（4）实施保护耕地的生物措施，营造农田防护林，水上涵养保持等项目支出的补助；

（5）繁育推广优良品种，采取先进农业科技措施的支出；

（6）实施开垦和整治宜农耕地工程等项目的支出；

（7）经当地人民政府批准，由银行贷款开发农用土地资源项目的贴息支出。

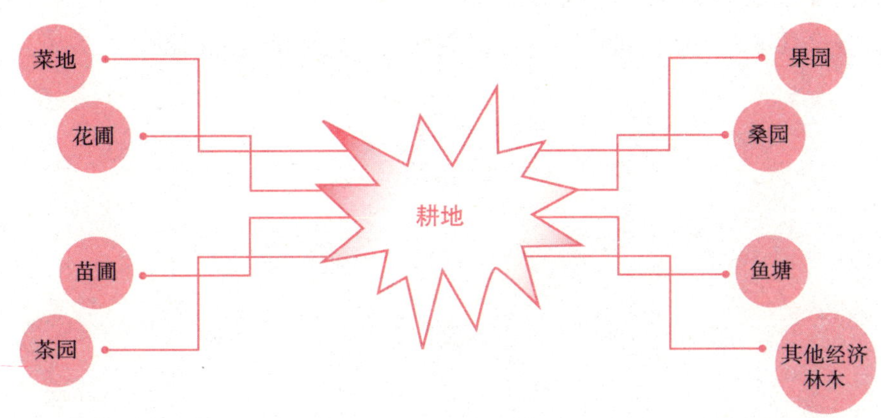

对于占用耕地建房或者从事非农业建设的单位或者个人，都应当缴纳耕地占用税。这里的耕地指种植农业作物的土地，包括菜地、园地。其中，园地包括花圃、苗圃、茶园、果园、桑园和其他种植经济林木的土地。

对于占用鱼塘及其他农用土地建房或从事其他非农业建设的，视同为占用耕地，需缴纳耕地占用税。此外，在占用之前三年内属于上述范围的耕地或农用土地，也视为耕地。

耕地占用税的计算公式：应纳税额 = 实际占用耕地面积（平方米）× 适

用定额税率。

为了有效防止偷税、欠税情况的发生，耕地占用税实行预缴制。用地的单位或个人，在非农业建设申报用地之前，就要落实耕地占用税的资金；等到审批用地时，土地管理部门会根据用地计划及征收机关开具的预缴税款凭证、验资证明或免税证明，办理用地手续；对纳税人预缴的税款，实行多退少补。

其中对于军事设施所占耕地及学校、幼儿园、养老院、医院所占有耕地实行免征耕地占用税。

对于以下几种减征耕地占用税：

（1）铁路线路、公路线路、飞机场跑道、停机坪、港口、航道占用耕地，减按每平方米 2 元的税额征收耕地占用税。

（2）农村居民占用耕地新建住宅，按照当地适用税额减半征收耕地占用税。

（3）农村烈士家属、残疾军人、鳏寡孤独以及革命老根据地、少数民族聚居区和边远贫困山区生活困难的农村居民，经所在地乡（镇）人民政府审核，报经县级人民政府批准后，可以免征或者减征耕地占用税。

第 2 章

国地税合并与征管改革

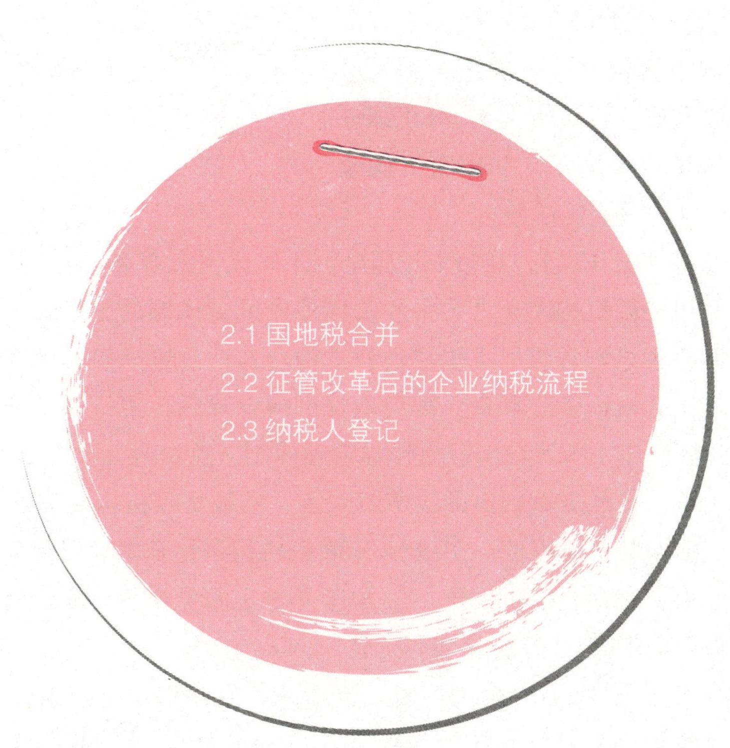

2.1 国地税合并

党的十九大对深化机构和行政体制改革作出重要部署，要求统筹考虑各类机构设置，科学配置党政部门及内设机构权力、明确职责。党的十九届三中全会通过了《中共中央关于深化党和国家机构改革的决定》和《深化党和国家机构改革方案》。深化国务院机构改革是《深化党和国家机构改革方案》的一项重要任务。

2018年3月13日，在第十三届全国人民代表大会第一次会议上，国务委员王勇对国务院机构改革方案中涉及国地税征管体制的改革做了说明。新的征管体制将省级和省级以下国税地税机构合并，具体承担所辖区域内的各项税收、非税收入征管等职责。国税地税机构合并后，实行以国家税务总局为主与省（区、市）人民政府双重领导管理体制。这宣告分设了24年的国税地税成为历史。按照方案给出的改革时间表，省级党政机构改革方案要在2018年9月底前报党中央审批，在2018年底前机构调整基本到位。省以下党政机构改革，由省级党委统一领导，在2018年底前报党中央备案。所有地方机构改革任务在2019年3月底前基本完成。

2018年6月15日，全国各省（自治区、直辖市）级以及计划单列市国税局、地税局合并且统一挂牌，截至2018年7月20日，我国省市县乡四级新税务机构挂牌全部完成，这标志着国税地税征管体制改革迈出阶段性关键一步。县级税务局的命名规则为“国家税务总局××县税务局”“国家税务总局××市××区税务局”，和省、市局一致，均在名称中嵌入了“国家税务总局”。

2.2 征管改革后的企业纳税流程

国地税征管体制改革后，省级和省级以下国税地税机构合并，具体承担所辖区域内的各项税收、非税收入征管等职责。国税地税机构合并后，实行以国家税务总局为主与省（区、市）人民政府双重领导管理体制。

从前，企业在进行税收申报时，都需要前往当地的税务机关进行办理。传统的申报方式费时费力，还需要大量的人力、物力。如今，国家为了简化流程，提高申报效率，专门推出了网上申报系统。随着各省税务局挂牌，原国税电子税务局、地税电子税务局也合并为统一的网上税务局，并正式上线。企业办税可以直接进入或者通过国家税务总局网站→纳税服务→网上办税→选择企业所在地进入当地的办税系统。下面，具体讲解一下新征管体制下申报流程及时间：

（一）税务申报流程

（1）企业纳税人需要在纳税申报期内登录税务局网站，选择网上电子申报并输入纳税人识别号以及口令进入网上申报系统；

（2）企业纳税人检查企业相关信息，确认无误后进行填写申报税务数据，填写数据需要提前进行税务结算，完成填写后提交纳税申报表，税务部门将对提交的纳税申报进行审核，确认无误后将申报成功的信息返回给纳税人；

（3）企业纳税人在收到申报成功的信息后，可以立即在网上进行税款缴纳，系统会自动提示纳税人缴纳税款是否成功，若缴纳失败则需要检查缴纳账户余额是否大于或等于当月应缴税额。

（二）申报时间

以2019年为例，根据《税收征收管理法实施细则》第一百零九条和《国务院办公厅关于2019年部分节假日安排的通知》规定，现将实行每月或者每季度期满后15日内申报纳税的各税种2019年度具体申报纳税期限明确如下，请遵照执行，并及时告知纳税人。

（1）1月、3月、5月、7月、8月、11月申报纳税期限分别截至当月15日；

（2）2月15~21日放假7天，2月申报纳税期限顺延至2月22日；

（3）4月5~7日放假3天，4月申报纳税期限顺延至4月18日；

（4）6月7日为端午节，6月申报纳税期限顺延至7月19日；

（5）9月15日为星期六，9月申报纳税期限顺延至9月18日；

（6）10月1~7日放假7天，10月申报纳税期限顺延至10月24日；

（7）12月15日为星期六，12月申报纳税期限顺延至12月16日。

目前，我国把税务申报的纳税人分为两类：一类是一般纳税人，另一类是小规模纳税人。这两类纳税人的认定方式，主要是通过不含税的年收入额来进行的。当小规模纳税人的年营业额达到限定时，就必须认定为一般纳税人。

这两类纳税人的税收征收率也有所不同，一般纳税人较于小规模纳税人，可以通过增值税抵扣的形式进行减免。所以相对而言，小规模纳税人和一般纳税人都有各自的优势。

（三）"金税三期"系统

对于新开的公司来说，金税三期（首个全国统一的国地税征管应用系统）的上线，无疑给广大跑税务的财务人员带去了很大的便利。但是，企业经常会因为一些细节问题被弄得焦头烂额、不知所措。

就比如此次更新后的新税种：工会经费以及个人所得税都在网上申报，也就是说，不管你的公司曾经有没有个人所得税的缴纳，在此次更新之后，

就都是要有的了。

所以，为了保证公司的税务申报能够不出问题，给出以下方法，帮助新办公司查询并确认下自己的税种：

（1）登录“金税三期”，主界面查看申报状态。有不少小公司都会发现，在以前此界面是没有个人所得税的，但自从“金税三期”优化后，个人所得税就都存在了。一些新公司还会多出“工会经费”或其他税种。

（2）查看状态时，先检查一下税务机关给自己核定的税种信息有哪些，以防遗漏。在主界面点击“统计查询”下面的“税费种信息查询”，点进去就能查到公司的税费信息。

（3）一些新公司除了检查上述信息外，还需仔细检查核定的税费种类是否正常。

举个例子，比如说公司是 9 月份开办的，至年底不足两个季度。此时，可以将 9 月份和第四季度一起申报。那么，在申报的时候就会出现 9 月份按月申报、10~12 月份按季申报的现象，这种情况其实是小规模纳税人按季跨期所造成的。

（四）网上报税要求

1. 网上申报纳税的企业每月申报期都必须填写《通用纳税申报表》。

表中包括本申报期纳税人应当申报的全部税种信息，如税种名称、税目名称、税款所属时期、税率以及税种是否代扣、委托等。网上报税将各税种以一定形式统一在一张综合表中，并由系统根据各个税种设定计算公式。《通用纳税申报表》中需要纳税人填写的数据是计税依据和允许扣除项目，其他数据项目可由系统根据内定的公式自动计算出来，纳税人也可以修改。

2. 网上报税需填写报送的其他纳税申报表如企业所得税申报表、企业所得税汇算清缴申报表。其中，企业所得税申报表是季度报表，必须与《通用纳税申报表》一并提交，且数字相符，申报才算成功。

3. 网上报税还需报送作为财务分析依据的财务报表，以验证报表的平衡及勾稽关系。

4. 采用网上报税的业户必须定期向主管税务机关报送纸质申报资料：①《通用纳税申报表》；②《资产负债表》；③《损益表》；④其他需报送的资料；

纳税人在向税务机关报送纸质资料时，要求必须在每份资料的纳税人名称处加盖单位公章。按照上述列出的需报送资料的顺序定期向办税服务厅报送。

5. 网上报税需要办理网上报税手续才能使用，即要签订纳税人、税务机关、纳税专户开户银行三方协议，由税务局分配办理网上报税业务的登录密码。

接下来就是申报数据验证。进行网上申报的纳税人，最重要的工作就是正确填写报表里的数据信息，网上报税系统将提供一系列方法，切实帮助用户更好地完成网上申报流程。此外，系统本身还设计了自动计算税额的程序。比如在《通用纳税申报表》中，只需要输入计税依据金额，以及允许扣除金额即可，系统会帮助纳税人自动算出应纳税额。这切实减少了纳税人的工作量，也减少了纳税人出错的概率。

需要注意的是，纳税人提交数据应谨慎，因为数据一旦提交就不可更改，而且会自动从银行扣除税款。为此，系统在提交前会给纳税人再次提示，请纳税人确认是否确定要提交。

在纳税人指定查询期间后，纳税人的申报记录在这段时间内就会显示出来。对于《通用纳税申报表》《损益表》《资产负债表》和其他财务报表可以查看具体的申报信息，但不能更改。要求纳税人在提交成功后，通过查询功能查询并确认其申报情况。

（五）改革过渡期税费征管业务的衔接

根据国税地税征管体制改革工作部署，各级新税务机构挂牌至“三定”规定到位前的改革过渡期，原国税、地税机关按原有职责协同办理税费征管业务，统一以新机构名称对外执法和服务。税务总局日前发布通知，明确了过渡期有关税收征管工作，其中，税费征管工作将这样衔接。

1. 表证单书及印章使用。新税务机构挂牌后，税务业务印章根据工作需要按规定刻制，税务行政处罚事项可以适用税务业务专用章。各类证书、文书、表单等启用新的名称、局轨、字轨和编号。

2. 纳税人户籍管理。新税务机构要统筹做好税务登记，实现税务登记事项“一窗办理”，内部信息共享共用。

3. 欠税公告。新税务机构发布欠税公告前，应当按户对纳税人所有税种欠税信息进行归集确认后，根据《欠税公告办法（试行）》（国家税务总局令第 9 号）对纳税人欠税情况予以公告。

4. 风险统筹。新税务机构要加强风险任务扎口关管理，统筹风险管理任务安排，有序开展风险任务的推送和应对工作。要按照税务总局规范税务机关进户执法、减少税务检查的工作要求，统筹开展进户执法，避免对同一纳税人多头检查和重复检查。

5. 税务稽查未结案件处理。原国税、地税稽查机构分别对同一被查对象立案检查且均未送达决定性文书的，由新的税务稽查机构进行案件合并及后续处理。其他各自立案检查的未结案件，新的税务稽查机构原则上按照原检查范围继续办理，与原检查范围所列税种直接相关的税费要一并处理。

6. 执法标准。按规定应当由原国税、地税机关分别进行行政处罚的同意税收违法行为，新税务机关不得给予两次及以上罚款的行政处罚。对于原国税、地税机关税收政策执行口径、适用行政处罚裁量标准，对同一个体工商户征收方式、定额核定依据不一致的，新税务机构应按照依法合规、有利于纳税人和有利于优化服务强化管理的原则统一明确执行标准，统一执法尺度。

7. 委托代征。原国税、地税机关与第三方签订的委托代征协议在有效期内继续有效，需要调整的由新税务机构按规定与代征单位签订委托代征协议。原国税、地税机关相互委托代征的事项，内部操作按照原工作流程办理，税务票证、发票、税控设备领用方式不变。

8. 重点税源网上申报管理。重点税源监控报表网上申报对象和工作流程保持不变。新税务机构要将原国税、地税网上税务局中重点税源网上申报系统入口统一为一个入口，同时明确内部报表审核和咨询服务的职责分工和人员安排，做好重点税源监控报表管理的衔接工作。

9. 会统核算。过渡期间，新税务机构按原国税、地税机关会计主体进行核算并生成报表，但应以新税务回购统一对外提供数据。各省新税务机构向税务总局报送报表时，同时报送原国税、地税和新税务机构报表。

10. 税务代保管资金账户变更。新税务机构挂牌后，应按照税务总局、财政部、中国人民银行联合印发的《税务代保管资金账户管理办法》（国税发〔2015〕181 号文件印发）及时办理账户变更等手续。

11. 发票、税收票证管理。新税务机构挂牌后各省税务机关印制发票、税收票证的，应当启用新的发票监制章和税收票证样式。新的发票监制章有各省税务机关在启用前对外公告，新的税收票证样式由税务总局统一明确。

2.3 纳税人登记

2.3.1 一般纳税人

根据《财政部国家税务总局关于全面推开营业税改征增值税试点的通知》（财税〔2016〕36 号）附件 2 第一条第（七）项规定，该纳税人可以选择按简易办法计算缴纳增值税。

举个例子：2018 年 3 月，江苏一家建筑公司通过清包工方式提供建筑服务，并开具增值税专用发票，实现建筑服务收入 6 万元。与此同时，开具增值税普通发票，实现建筑服务收入 8 万元。这位纳税人选择可按照简易办法计算缴纳增值税，征收率 3%，没有支付分包款。

那么，什么是一般纳税人呢？一般纳税人是指年应征增值税销售额，超过财政部规定的小规模纳税人标准的企业和企业性单位。

对于一般纳税人的认定标准，主要通过规模和会计核算程度两个方面，也就是我们常说的定量标准和定性标准。

我们先来看规模上的标准：

2018 年 5 月 1 日起，增值税一般纳税人标准为年应征增值税销售额 500 万元以上。年应税销售额没有达到规定标准但符合资格条件的，也可登记成为增值税一般纳税人。

一般纳税人的资格条件为：能够按照国家统一的会计制度规定设置账簿，根据合法、有效凭证核算，能够准确提供税务资料。

其中，应税服务年销售额是指纳税人在连续不超过12个月的经营期内，提供交通运输和现代服务累计应征增值税销售额，含免税、减税销售额。

我们再来看纳税人性质和会计核算程度方面的标准：

（1）年应税销售额超过小规模纳税人标准的其他个人（自然人）按小规模纳税人纳税；非企业性单位和不经常发生应税行为的企业可自行选择是否按小规模纳税人纳税。

（2）年应税销售额未超过标准以及新开业的纳税人，有固定的经营场所，会计核算健全，能准确提供销项税额、进项税额的可认定为一般纳税人。

同时，一般纳税人还需符合以下条件：有固定的生产经营场所；能够按照国家统一的会计制度规定设置账簿，根据合法、有效凭证核算，能够提供准确税务资料。

一般纳税人应纳税额计算公式：应纳税额 = 销项税额 – 进项税额。

其中，销项税额 = 销售额 × 适用税率。

公式中的税率如下：

当纳税人销售或者进口下列货物的时候，税率都为9%：粮食、食用植物油、自来水、暖气、冷气、热水、煤气、石油液化气、天然气、沼气、居民用煤炭制品、图书、报纸、杂志、饲料、化肥、农药、农机、农膜、农业产品以及国务院规定的其他货物；

纳税人出口货物，税率为零，但是，国务院另有规定的除外；

当纳税人提供加工、修理、修配劳务时，税率为13%；

纳税人兼营不同税率的货物或者应税劳务，应当分别核算不同税率货物或者应税劳务的销售额；

未分别核算销售额的，从高适用税率。

举个例子：某钢铁公司向某机械公司出售一批钢材，出厂价格为 1000 万元人民币（不含税），增值税适用税率为 13%，按照上述公式及税率的计算方法，该钢铁公司应当向机械公司收取的销项税额的计算方法为：

销项税额 =1000（万元）×13%=130（万元）

当然，一般纳税人也不是随便哪个公司都能成为的，比如下图的纳税人就不能办理一般纳税人资格认定：

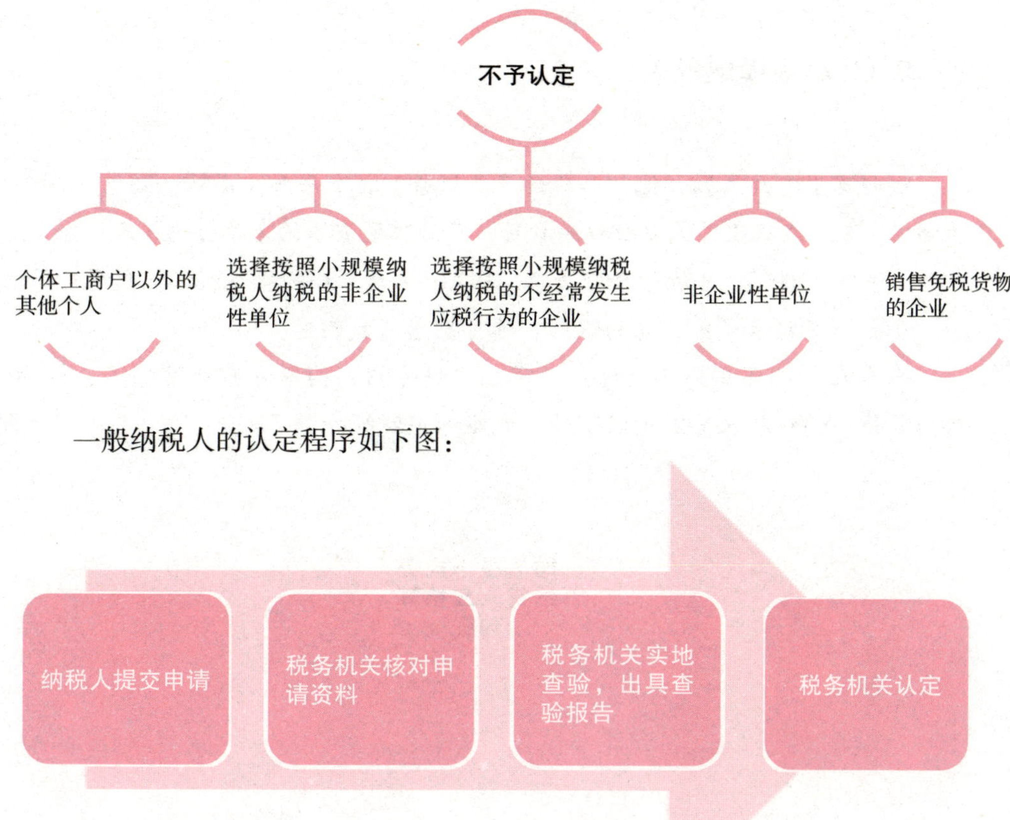

一般纳税人的认定程序如下图：

在纳税人向主管税务机关填报《增值税一般纳税人申请认定表》时，一定注意提供下列资料：

（1）《税务登记证》副本；

（2）财务负责人和办税人员的身份证明及其复印件；

（3）会计人员的从业资格证明或者与中介机构签订的代理记账协议及其

复印件；

（4）经营场所产权证明或者租赁协议，或者其他可使用场地证明及其复印件；

（5）国家税务总局规定的其他有关资料。

值得注意的是，除国家税务总局另有规定的外，纳税人一旦被认定为一般纳税人后，就不能转为小规模纳税人。

2.3.2 小规模纳税人

小赵家里有片果园，他打算延伸产业链条，把水果加工成罐头销售。2019年初，小赵正在家里算需要缴税的款目，正好隔壁果园的老李打电话来：

“喂？小赵啊，告诉你个好消息，从2019年起，小规模纳税人能免税！”

小赵一听就乐了：“真的假的？你可别忽悠我啊！”

老李在电话那头兴奋地说：“哪儿忽悠你啊，国家发布新规定了，以季度为单位，销售收入30万元以下的，免缴增值税呢。”

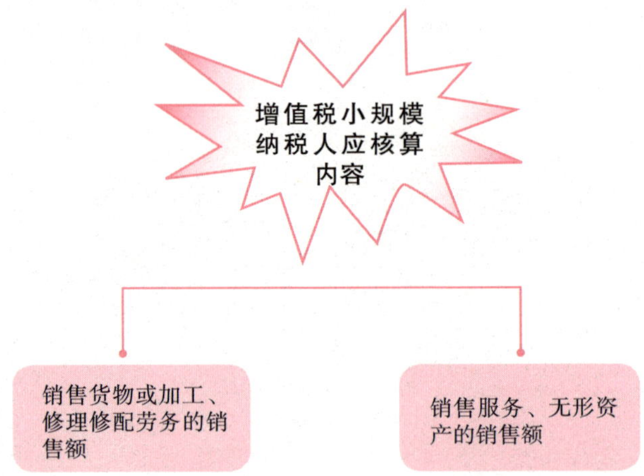

在上述例子中，小赵和老李都属于小规模纳税人。那么，什么是小规模纳税人呢？具体来说，就是指年销售额在规定标准以下，并且会计核算不健全，不能按规定报送有关税务资料的增值税纳税人。这里所说的“会计核算不健全”是指不能正确核算增值税的销项税额、进项税额和应纳税额。

增值税小规模纳税人应分别核算销售货物或者加工、修理修配劳务的销售额和销售服务、无形资产的销售额。

也就是说，如果小赵这个月的销售额不超过 10 万元（按季纳税 30 万元），销售服务、无形资产月销售额不超过 10 万元（按季纳税 30 万元），从 2019 年 1 月 1 日起，可分别享受“小微企业暂免征收增值税优惠政策”。

很多人问了，究竟什么样的规模，才算是“小规模”呢?

根据《增值税暂行条例》及其《增值税暂行条例实施细则》的规定，我国对于“小规模”的认定标准如下:

2018 年 5 月 1 日起，增值税小规模纳税人标准为年应征增值税销售额 500 万元及以下。

此外，对于部分小规模纳税人会计核算健全，且可以提供准确税务资料的，能够向主管税务机关申请一般纳税人资格认定，不作为小规模纳税人。

除国家税务总局另有规定外，纳税人一经认定为一般纳税人以后，不得转为小规模纳税人。

小规模纳税人的征收方式分为:查账征收、查定征收、定期定额征收。

（1）查账征收:税务机关按照纳税人提供的账表所反映的经营情况，依照适用税率计算缴纳税款的方式。这种方式一般适用于财务会计制度较为健全，能够认真履行纳税义务的纳税单位。

（2）查定征收:税务机关根据纳税人的从业人员、生产设备、采用原材料等因素，对其产制的应税产品查定核定产量、销售额并据以征收税款的方式。这种方式一般适用于账册不够健全，但是能够控制原材料或进销货的纳税单位。

（3）定期定额征收:税务机关通过典型调查、逐户确定营业额和所得额并据以征税的方式。这种方式一般适用于无完整考核依据的小型纳税单位。

小规模纳税人应纳税额计算方式如下:

小规模纳税人销售货物或者应税劳务，实行按照销售额和征收率计算应纳税额的简易办法，并不得抵扣进项税额。其应纳税额计算方式为:

应纳税额 = 销售额 × 征收率。

通常情况下，小规模纳税人适用 3% 的征收率，但营改增试点的部分特殊项目，适用 5% 的征收率。

比如小赵 2020 年 6 月的水果罐头销售额为 4 万元，征收率为 3%，则小赵在 6 月应缴纳的税额就是 40000（元）×3%=1200（元）。

小规模纳税人销售货物或应税劳务采用销售额和应纳税额合并定价方法的，按下列公式计算销售额：销售额 = 含税销售额 ÷（1+ 征收率）。

由于小规模纳税人在销售货物或应税劳务的时候，一般只能开具普通发票，取得的销售收入都是含税销售额。所以，我们在计算应纳税额时，必须把含税销售额换算成不含税的销售额后，才能计算应纳税额。

税务风控、税务稽查与合理避税

第3章 税务稽查与税务风控

3.1 税务稽查

3.1.1 税务部门稽查程序

H市房地产开发公司新开发了一栋20层的楼，并且以10亿元的价格团购给了某酒店。之后，房地产公司又改变了原有的规划，把大楼改建成了21层。为逃避税款，房地产公司决定，多出来的一层由酒店支付500万元，聘请其他建筑公司建造。

然而，税务稽查局发现了这件事。经过一番调查，税务稽查局判定房地产公司没有在原定10亿元价款上，向酒店收取第21层的费用。这属于营业税相关条例里规定的"无偿赠与不动产"，应视同销售，向房地产公司征收营业税。

税务稽查局按照平均售价（10亿元除以20层）=5000万元的价款，向房地产公司征收增值税500万元。同时，第21层房产属于无偿赠与，涉及土地增值税，按税率30%计算，需缴纳1500万元。此外，按企业所得税法实施条例相应条款，若将货物财产劳务无偿赠与他人，需要视同销售。因此，调增应纳税所得额5000万元，需补税1250万元。

在这个例子中，我们不难看出税务稽查是税收征收管理工作的重要步骤和环节，也是税务机关代表国家依法对纳税人的纳税情况，进行一系列检查监督的一种形式。

税务稽查需要依据各种具备法律效力的税收法律、法规及各种政策规定。其稽查内容具体包括日常稽查、专项稽查和专案稽查。

税务稽查的基本任务：根据国家关于税收法律、法规、查处税收的违法行为；保障税收收入；维护税收秩序；促进依法纳税；保证税法的实施。

为了顺利完成税务稽查任务，税务稽查人员必须从事实出发，有理有据，通过国家发布的税收法律、法规、规章作为稽查的准则，同时依靠人民群众，加强与司法机关和其他有关部门的配合，共同完成税务稽查任务。

为了更好地完成税务稽查任务，税务部门的稽查程序将分为选案、检查、审理、执行四个环节进行：

（1）选案

税务机关根据公民举报、部门转办、互有交办、情报交换或通过网络分析，筛选出有嫌疑的，以及那些由征管分局移交过来的嫌疑对象，进行计算机或人工排列后，选出税务稽查重点户。

税务举报中心就设在稽查局，受理公民、法人以及其他社会组织对涉税案件的举报，并填写《举报案件摘要表》，有权根据《举报案件摘要表》直接填写《稽查人员下户检查批准书》，经审批后实施稽查。

（2）检查

税务稽查人员的检查工作，需要依据选案所确定的稽查对象，组织稽查人员进行检查。同时采取必要的方法、措施和手段，收集案件的证人、证言以及原始书证材料，整理成一份《税务稽查报告》，直接将案件移送审理的活动过程。

（3）审理

税务稽查审理，是税务稽查机构立案查处的各类税务违法案件在检查完毕的基础上，由专门组织或人员核准事实、审查鉴别证据、分析认定案件性质，制作《审理报告》和《税务处理决定书》或者《税务稽查结论》的活动过程。

（4）执行

执行人员将《税务处理决定书》送达被稽查的对象，并监督其执行。被稽查的对象如果拒不履行纳税义务，执行人员可填制《税收保全措施审批表》，报经县以上局局长批准后，依法对被稽查的对象采取税收强制措施，必要时将移送公安机关处理。

3.1.2 税务稽查要点

2020年4月，F市的税务局对某塑胶公司的增值税税负率低进行税务评估。

在评估过程中，税务局发现该塑胶公司在提供技术服务时，耗用了为生产而购入的原材料及配件。由于该塑胶公司的技术服务适用的税率为6%，而专用发票上注明的进项税额为13%，这才导致了该塑胶公司的增值税税负率较低。

税务局经查实，要求该公司把部分原料及配件做视同销售处理，按照规定的13%的税率补缴增值税，同时处以罚款。该塑胶公司涉案金额30多万元，罚款30多万元。

从例子中我们不难看出，国家将重点稽查一些企业的税务问题，而税务稽查的要点，主要有以下十个方向：

方向一，地税局将对增值税进行清算。

在“营改增”之后，增值税需要缴纳给国税。如何对“营改增”之前的营业税做个了断，是目前各地税务局都在思考的一个问题。

方向二，地税局对企业所得税进行清算。

国税与地税合并后，各地税务局都需要就“企业所得税”进行一次全方位了结和清算。

方向三，开展行业专项整治的稽查工作。

2019年度，国税总局选取了3 ~ 5个行业，把税务稽查的重点放在了房地产、建筑、住宿酒店业等领域，因为这几个行业是虚开发票的重灾区，因此国家必然会加强税务稽查力度。

方向四，采购方或劳务接受方，把一些税法规定不许抵扣的增值税专用发票进行抵扣。

这一点很常见，一些采购方会把没有供应商开具盖有发票专用章的销售清单，开具类似“材料一批”、汇总运输发票、办公用品和劳动保护用品之类的增值税专用发票，抵扣了进项的税金。

方向五，营改增前后政策的执行情况。

在建筑企业和房地产行业，会把“营改增”之前发生的采购行为等，到“营改增”之后获得供应商开具的增值税专用发票进行了抵扣。

方向六，全面“营改增”后的两虚（虚开虚抵）发票、对开发票等不一致发票。

根据《中华人民共和国发票管理办法》第二十二条的规定，以下三种开票行为是虚开发票行为：

（1）为他人、为自己开具与实际经营业务情况不符的发票；

（2）让他人为自己开具与实际经营业务情况不符的发票；

（3）介绍他人开具与实际经营业务情况不符的发票。

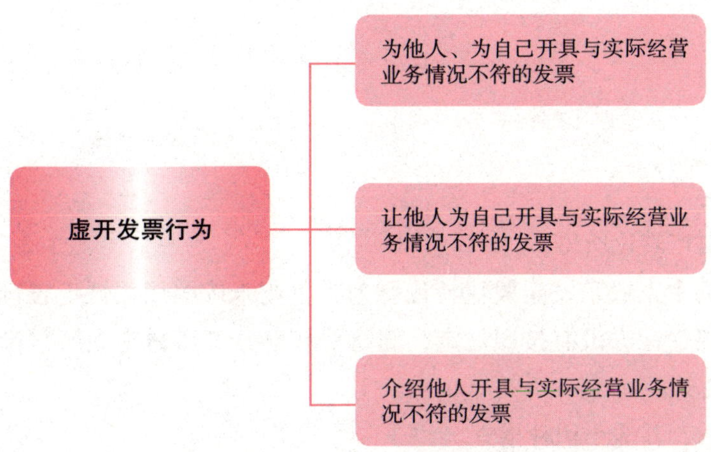

方向七，“金税三期”上线，个人所得税重大风险提前了解。

“金税三期”个人所得税扣缴系统可以获取更多税源信息，在对纳税信息进行有效整合的同时，加强个人所得税的征收管理。

税务局将对以下纳税疑点核实检查。

针对工资、薪金所得：

（1）一些进行零申报、小额申报及虚构纳税人的问题。

（2）个人所得税工资薪金所得和企业所得税的工资薪金支出、年金缴费基数、住房公积金缴费基数及社会保险费缴费基数不匹配的问题。

（3）企业社保缴费人数、登记在册的员工人数、实际个人所得税扣缴申报人数与住房公积金缴费人数不匹配等问题。

（4）股份支付、企业职工福利费、管理费用等财务指标与个人所得税扣缴情况不匹配。

（5）同一个企业的同一位纳税人，在一年之内多次使用"年终一次性奖金"的计税政策。

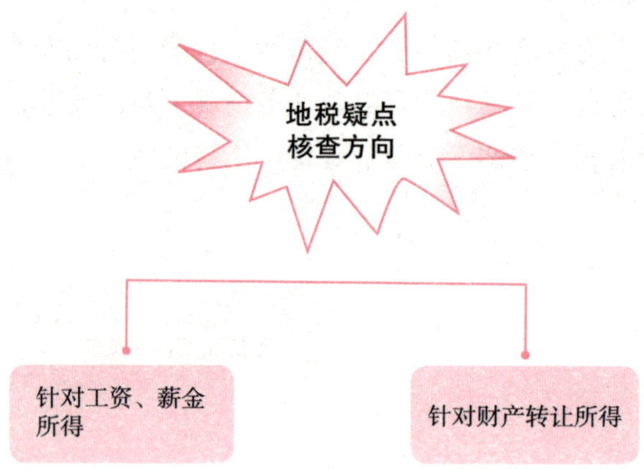

针对财产转让所得：

企业的个人股东发生股权转让行为，企业未按照相关规定履行相关报告义务，股权受让方没有按照规定，履行股权转让"所得个人所得税代扣代缴20%"的义务。

方向八，其他小税种稽查。

比如2017年5月份，深圳税务机关检查以贸易公司补缴印花税450万元。

方向九，骗取出口退税行为。

我国计划在2018年度查处100个骗税重点税源，并抽取部分交由省局查处。

方向十，高风险纳税人。

股权转让、企业重组、高新技术企业纳税人将成为重点稽查对象。

变为高风险纳税人的原因		
1. 盲目纳税：企业由于财务人员的工作疏忽，或缺乏必要的税务知识，导致忘缴或少缴税，或由于对税收优惠政策的无知无故多缴纳了税款。	2. 企业纳税筹划方案的失败：违反税收法律法规而少纳税；税法使用不当，盲目缴税，多纳税款，增加不必要的税务成本，而导致企业利润的流失。	3. 企业可能和"走逃企业"有增值税专用发票往来，取得了"异常凭证"

3.1.3 税务稽查处理方法

老张去泰安出差，老婆给他打电话，说税务稽查来了，叫他赶紧处理一下税务问题。老张人在外地，挂掉电话后，直接把手头上的少部分资料交到了当地税务局。

可让老张没有想到的是，他上交的资料全部被退回了。这是为什么呢？税务机关在收集了案源信息，并进行识别和判断后，又是如何处理这些案源的呢？

案源处理分为：退回或者补正、移交税务局相关部门、暂存待查、调查核实（包括协查）、立案检查五类处理方法。

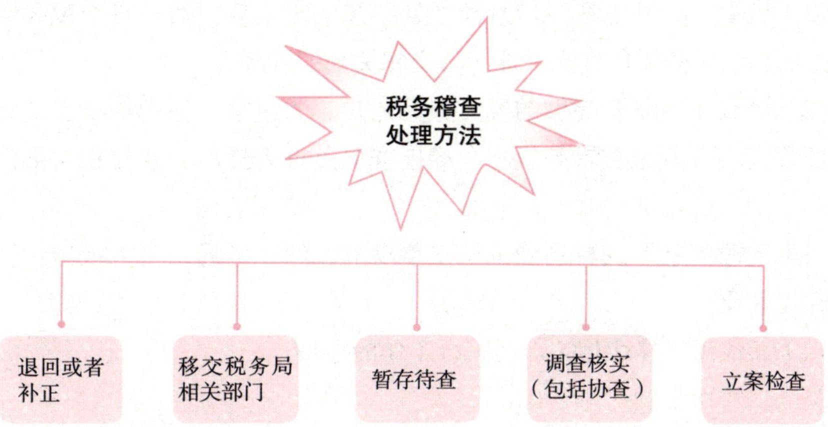

第一，退回或者补正：

（1）纳税人不属于管辖范围，为非正常或注销状态的，可以作退回处理；

（2）案源信息数据有误、未提供必要数据资料或者其他导致无法进一步处理的情形，可以作退回处理，或者要求补充资料；

（3）税收违法线索不清晰，或者资料不完整，要求补充资料不能补充资料的，可以作退回处理；

（4）其他需要退回信息来源部门，或者要求补充资料的情形。

例子中，老张的案源被退回，就是因为他不属于泰安当地税务局的管辖范围，且没有提供必要的数据资料。

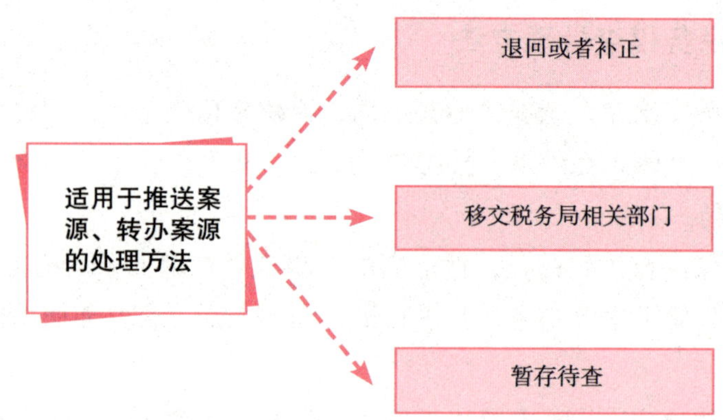

第二，移交税务局相关部门：

（1）检举、转办等案源信息涉及发票违法等事项，通过日常税务管理能够纠正的，经税务局负责人批准，移交相关部门处理；

（2）协查事项需要提供纳税人查无此户、非正常、注销等状态证明或者提取征管资料、鉴定发票等事项，经稽查局负责人批准，移交相关部门配合取证；

（3）案源信息涉及特别纳税调整事项的，经税务局负责人批准，移交反避税部门处理；

（4）其他需要移交相关部门配合工作的事项。

第三，暂存待查：

（1）纳税人状态为非正常或者注销的督办、交办案源信息，经督办、交办部门同意可以作暂存待查处理；

（2）纳税人状态为非正常、注销或者税收违法线索不清晰的检举按原信息，可以作暂存待查处理；

（3）纳税人走逃而无法开展检查的可以作暂存待查处理。

第四，调查核实（包括协查）：

（1）督办、交办的工作任务只涉及协助取证等事项，通过调查核实（包括协查）可以完成，经督办、交办部门同意的；

（2）检举案源信息线索较明确但缺少必要证明资料，举报受理部门认为需要通过调查核实（包括协查）确认的；

（3）协查案源信息不符合《税收违法案件发票协查管理办法（试行）》规定的直接立案条件的，应当根据协查要求及时安排调查核实（包括协查）的；

（4）其他特殊案源信息，存在一定疑点线索但缺少必要证明资料，需要通过进一步调查核实（包括协查）确认的。

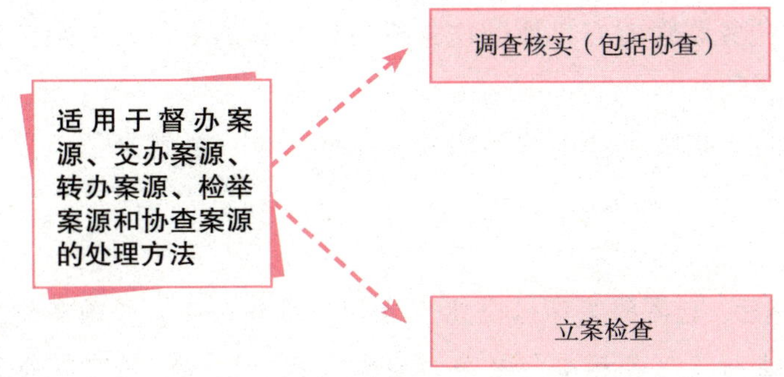

第五，立案检查：

（1）督办、交办事项明确要求立案检查的案源；

（2）案源部门接收并确认的高风险纳税人风险信息案源，以及按照稽查任务和计划要求安排和自选的案源；

（3）举报受理部门受理的检举内容详细、线索清楚的案源；

（4）协查部门接收的协查案源信息涉及的纳税人状态正常，且存在下列情形之一的案源：委托方已开具《已证实虚开通知单》并提供相关证据的；委托方提供的证据资料能够证明协查对象存在税收违法嫌疑的；协查证实协查对象存在税收违法行为的；

（5）转办案源涉及的纳税人状态正常，且税收违法线索清晰的案源；

（6）经过调查核实（包括协查）发现纳税人存在税收违法行为的案源；

（7）其他经过识别判断后应当立案的案源；

（8）上级稽查局要求立案检查的案源。

税务机关会根据不同的案源、纳税人状态、线索清晰程度以及税收风险等因素，对选取的案源进行不同方式的处理。

现如今，多样化的税务稽查处理方式，更能有效解决一些现实问题，迎合多元化市场形成的复杂案源，也让处理方式的可操作性大大增强。

纳税人在应对税收稽查时，应当按照自身情况，了解税务机关的稽查重点、处理方法，一边依据政策厘清思路，控制风险。

3.1.4 税务稽查常见问题

自从“金税三期”系统上线之后，它就凭借自身强大的数据分析能力，以及自动化税务监管能力，帮助税务机关用高效的手段，识别和查处纳税人的违规行为。

当然，税务机关不会不明不白地找企业麻烦，既然来了，肯定是因为发现了某些问题。

2019年3月，Q省的某环保企业作为行业龙头企业，遭遇了该省税务稽查局组织的重点行业税务稽查。税务稽查组经稽查发现，该环保企业把产品从仓库移送到展厅，账务处理为“借记销售费用——广告费，贷记产成品——环保产品”，稽查组判定，从业务性质和账务处理来看，应当作为视同销售处理。

于是，该环保企业依规补缴增值税13万元，企业所得税7.5万元，并缴罚款20.5万元。

不少公司被税务局预警后进行评估稽查，但结果常常是缴回抵扣的税款，同时还要受到漏缴税款 0.5 ~ 5 倍的罚款，同时还需要缴纳每日万分之五的税收滞纳金。

2020 年的税务稽查无疑将会更加严格，企业税务稽查的原因有哪些？国家在 2020 年的税务稽查重点有哪些？这些问题都是企业及财务人员需要了解的。下面，介绍一下税务稽查的常见问题：

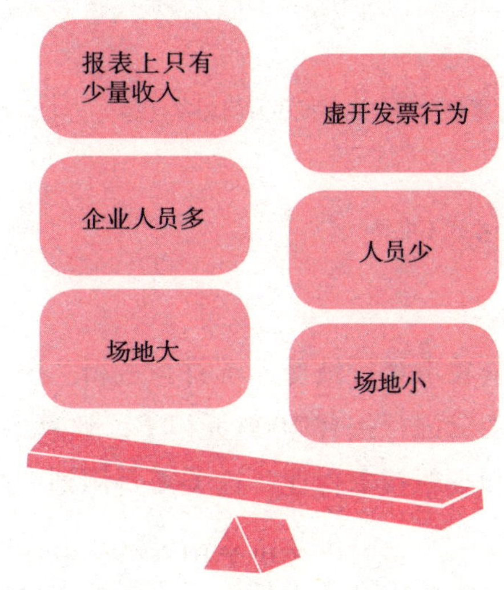

（1）公司员工人数、经营场地与报表的收入规模不符。也就是说，有的企业员工有很多，场地也很大，但是报表上却只有少量收入，这就不符合业务逻辑了；还有的企业员工少，场地也不大，但销售收入也有很多，这就可能有虚开发票行为；

（2）预收账款、存货金额长期居高不下。这就存在“少确认收入，少交税”的可能；

（3）企业每期的收入利润以及交税金额波动较大，同时又不符合行业规律的；

（4）在使用设备规模，如用电、用水等，与营业收入不成比例的。也就是说，如果某企业的设备多、用的水电多，但报表上却显示收入少，那税务局就会关注它是否少确认收入了；

（5）其他应收款、其他应付款金额大，会被怀疑企业长期挂账。也就是说，企业这种情况有可能是股东分红不交税，股东通过其他方式，给公户输送资金，长期挂其他应付款；

（6）不及时报税。这是指长期没有按照规定时间报税，或者报税时间与规定报税时间相差过远，或者报税不完整，这就会引起税务局关注；

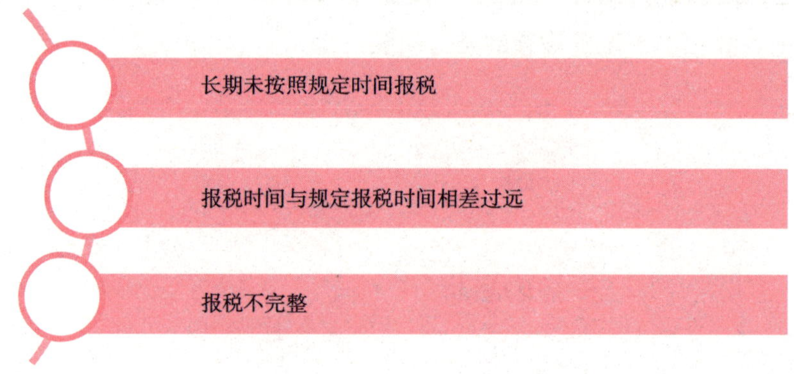

（7）平均人员工资较市场行情低，不符合逻辑。这是说，有的企业为了少缴个人所得税，把工资强行按在 5000 元以下，这就会引发税务局的关注。特别是一些服务行业和高新技术行业，这类需要用到中高端人才的企业不可能工资如此之低；

（8）没缴印花税、房产税等小税种。一般来说，企业只要经营下去，就难免会产生一些印花税。企业所占场地，要么是自有的，要么是租的。不管是哪种，都会涉及房产税。特别是租用的场地，税务局会关注是否签合同，出租方是否缴房产税等问题；

（9）铁公鸡企业。这个很好理解，就是企业长期一分钱的税都不缴，或者只缴一丁点儿的税敷衍了事。如果税负率远低于同行业水平，就会引起税务局关注；

（10）非经常性事项发生。比如大额转让如厂房、土地、设备、对外投资等资产，以及分红、报废资产、产生大额坏账等，如果这些都未按照规定缴税处理，就会引起税务局关注。

3.2 税务风控

3.2.1 税务风险要点

K记二手车行把一辆折旧的汽车出售给Q公司，Q公司购买之后，因不确定这台汽车是否可以继续计提折旧。正好Q公司的员工小李参加过税务局组织的汇算清缴培训会，在小李的解说下，大家才知道，原来公司购入的已提足折旧的固定资产，是可以继续计提折旧的。

Q公司购入的汽车是已提足折旧的固定资产，对于购买企业其支出未获得补偿，因此可以提取折旧进行税前扣除。

但同时，Q公司也需要承担一定的税务风险，比如要根据已使用过固定资产的新旧磨损程度、使用情况以及是否进行改良等因素合理评估新旧程度。如果这台汽车的新旧程度难以准确估计，则主管税务机关就有权力采取其他合理的方法确认。

目前，有不少企业都迫切想要了解 2020 年的税务风险要点，因此，从这方面入手，以下比较全面地介绍税务的风险点，如果企业能在这些方面规范，就可以“安然入税”。

第一，报表层面的风险点。

（1）税负率明显比同地区同行业的水平低。

（2）成本结构明显与同行业及同类产品有区别（比如可抵扣进项的成本明显偏高，可能被视为多转了成本）。

（3）成本结构与产品配方不符（比如某些公司发生一个产品消耗多个包装盒，再比如投入材料与产品没有关联）。

（4）成本结构发生明显变化，却没有新配方产品的推出。

（5）毛利率的起伏明显，同时没有合理的解释；毛利率或纯利率远远高出同行，或者远远低于同行。

（6）其间费用率偏高，大部分毛利被费用“吃掉”，导致企业微利或亏损，很容易被发现隐瞒收入。或者，其间费用率明显偏低，提示可能“另外有一本账”，大量白条费用做在“另一本账”。

（7）物流费用占的比重偏高，可能被发现隐瞒了收入。

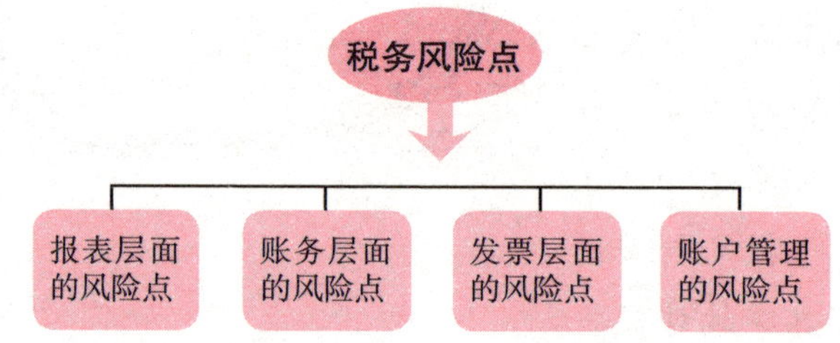

（8）存货账实差异大，账多存少（虚库），或者存货时间太长，一直没有动用。

（9）公司一直亏钱或微利，股东却大量借钱给公司，可能被怀疑有销售收入直接进了股东的口袋。

（10）股东几乎没有缴个税，而股东个人资产很多，提示股东有“账外收入”。

第二，账务层面的风险点。

（1）股东个人费用，在公司报销。这种情况，将被视为分红，企业须代扣代缴个人所得税。

（2）没有成立工会，却计提工会经费，发生支出时，没有取得工会组织开具的专用凭据。所得税汇算时，这将被调整。

（3）非本公司人员在本公司报销费用，比如帮助客户、领导、外部专家报销机票、旅游开支等。

（4）总公司与子公司、分公司之间关联关系没有撇清，存在价格转移，被税务要求按市场定价确认收入。

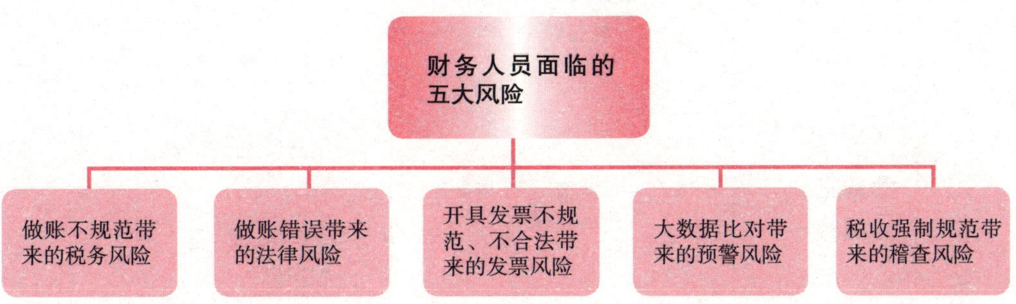

（5）直营店缺乏独立营业执照，涉税事项牵涉总公司；另外，本来可以按个体身份纳税的门店，却要求按总公司一起查账征收。

（6）对外投资协议不完善，被税务认定为借款，因此所得税的投资收益须再缴一次所得税。

（7）借款给关联企业，不收利息，或者利息不入账。不收利息，属于“利益输出”，不入账属隐瞒收入。

（8）费用项目混淆：业务招待费、广告宣传费、培训费、福利费等有扣除限额的费用，是重点检查项目。

（9）不同法人主体之间借货还货，虽然不涉及货币收支，但依然是销售行为，应当缴纳增值税。

（10）企业将银行借款或自有资金无偿借给关联企业，或非关联企业，涉及营业税风险。

（11）宣传活动赠送礼品，须代扣代缴个税。

（12）资本公积转增资本，如果涉及个人股东，须代扣代缴个人所得税。因此，不要直接转增资本。股东个人借款转资本，也存在类似风险。

（13）“外账”附件与“内账”明显不一样，包括版式、纸张、签名等。

（14）几乎没有白条，与当前的环境不符，可能提示还有一本账。

（15）差旅费用、招待费用等少得可怜，明显与公司规模不符，提示可能因为现金流不足，有大量费用没有入账，或者，有大量白条费用进入了“另一本账”。

第三，发票层面的风险点。

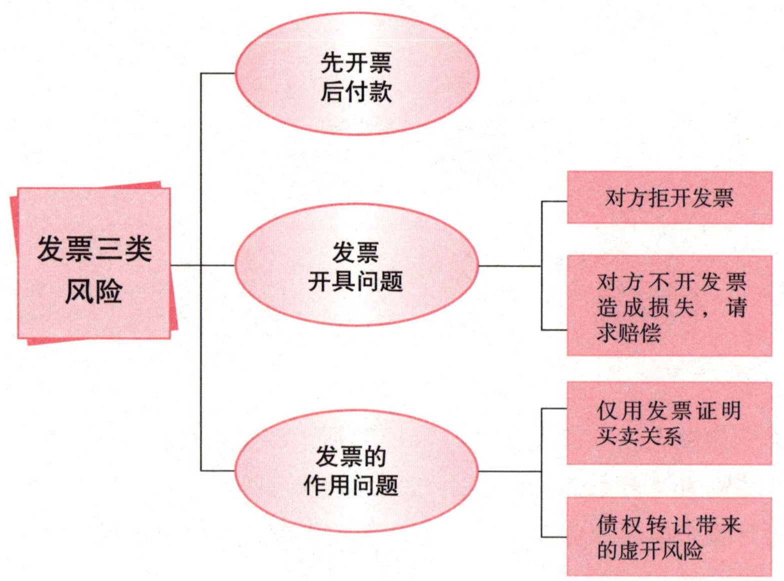

（1）供应商不能开专用发票，供应商让他的上家，开给本企业。这种专用发票，不能用于抵扣。

（2）专用发票商品品名与实际清单不符，或者没有清单。

（3）大头小尾发票，手工的是撕下来开，机打的也存在税控机打一联，然后用普通打印机伪造一联的情形。与“阴阳发票”性质类似，于客户联和记账联、存根联抬头不一致。

（4）买发票的风险：买来假发票、套号发票，也有卖真发票的卖给你，但在当月最后一天作废处理，你拿到的发票就成阳废票。

（5）客户方涉税，或者国企受反腐调查，可能把你买发票的事查出来。

（6）第三方开发票，委托付款的风险。增值税法规要求，必须“票、款、物三统一”。

第四，账户管理的风险点。

（1）在银行开具辅助账户，不向税务申报，收入进入这个账户，不确认收入。这种查出来性质比较严重。

（2）个人卡长期使用于收款，且金额进出很大，累计金额也大。这很容易受到监管，从而查出未确认收入。

（3）个人卡用于收取货款，却同时用于支付供应商款，一旦供应商涉税被查，这些个人卡也就暴露了。

（4）个人卡用于收取货款，同时通知经销商，导致很多人知道这些卡在用于收取货款。

（5）股东个人卡信息被泄露。

（6）反洗钱监控，牵出个人卡收取大量货款的风险。

3.2.2 税务内部风控

小陈开了一家生鲜果品公司。平日里，小陈的公司与同乡小刘的钢材公司并没有实际业务往来，但小刘却让小陈的公司开具了一份价值100万元的增值税专用发票，并支付了7%开票手续费。

小刘购货的账务处理如下：

库存商品价值100万元应缴税费–应缴增值税（进项税）13万元，应付账款110万元，库存现金3万元。

然而，小刘的公司并没有跟小陈的公司往来真实业务，却花了7个点购票抵扣，这就犯了虚开虚抵的问题，存在非常严重的涉税风险以及刑事风险。

小刘正打算如此执行，却被公司里的会计老杨劝阻了。老杨说：“刘总，‘营改增’之后，您以往粗放式的开具发票行为也一定要纠正了，您也知道，2020年不按规定开票行为，会成为严查发票的稽查重点，虚开虚抵发票就是咱们公司自掘坟墓啊！”小刘一听吓出一身冷汗，赶紧停止了自己的行为。

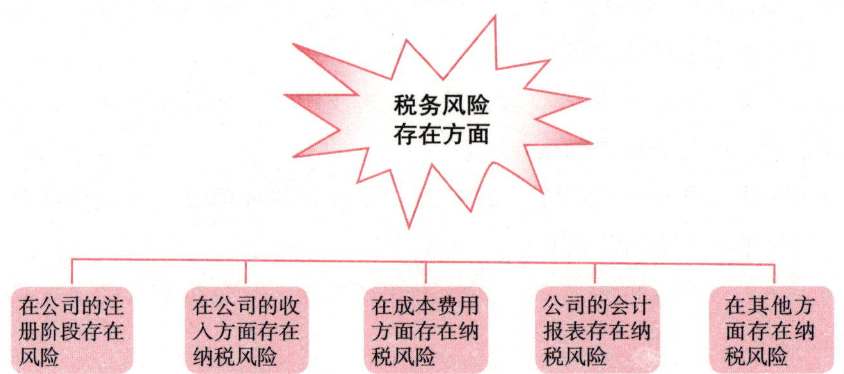

其实，我国很多企业有意识或无意识地偷逃税款。换句话说，企业或多或少都存在各种纳税风险，只是程度不同而已。因此，我们必须注意税务的风险控制。

这些风险往往存在于以下五个方面：

（1）在公司的注册阶段存在风险；

（2）在公司的收入方面存在纳税风险；

（3）在成本费用方面存在纳税风险；

（4）公司的会计报表存在纳税风险；

（5）在其他方面存在纳税风险。

很多公司注册的时候就存在风险了，我们将其称为所谓资本的“原罪”。公司虚假注册现象在以前很普遍，现在也时有发生。更早之前，会计事务所假验资现象相当普遍，但随着监管措施的加强，以假验资报告虚假注册的现象有所减少，大多数都改成由中介公司垫资，待验证结束后再抽走。

这种行为在财务上，就会形成长期收款一直挂账无法处理。有些企业的老板对此嗤之以鼻：“这有什么大不了的？简直小题大做，我有很多朋友的企业都有这样的问题，我也没看见他们出什么乱子。”

等等！这种想法就是大错特错了。面对这样的问题，我们必须要搞清楚究竟会有什么风险，会受到什么样的处罚，以及我们应当如何控制这些风险。

先来看税务风险带来的处罚。

税务稽查时发现注册资本不到位，或者抽逃注册资本，需要依据相关条例进行补足。

除了这种虚假出资与抽逃注册成本外，企业还有可能陷入“收入纳税风险”。

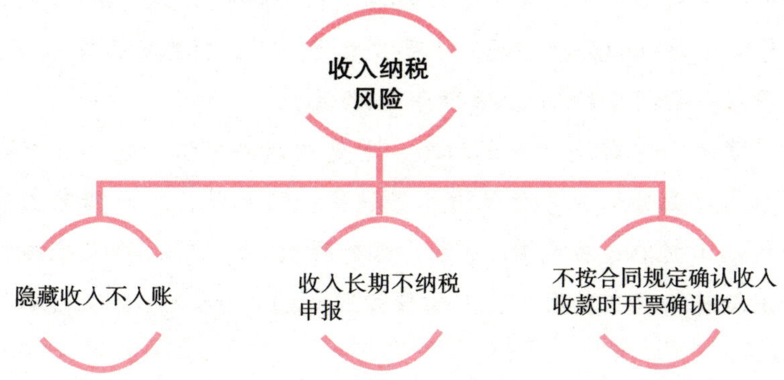

对于一些生产经营规模大、业务复杂多样的上市企业，其涉及的税种、税收政策及调整变化会更多。因此，这类企业就更加需要通过构建税务内控体系，来防范和控制企业的涉税风险。在这里，上市公司要尤其关注以下 7 条风险控制点。

（1）关联企业间业务往来须遵循独立交易原则；

（2）非居民企业享受税收协定优惠要符合受益所有人身份；

（3）莫忽视合同备案和同期资料准备义务；

（4）股息分配不可忘缴非居民企业所得税；

（5）小心与本企业经营无关的贷款担保；

（6）关联企业间股权转让须按公允价值交易；

（7）间接股权转让须按规定申报纳税。

其实，无论企业上市与否，都应关注税务风险的管理要求，尽可能降低企业自身不合规的风险。同时，税收筹划产品应当以减少、免除或推迟缴纳税款为目的来筹划。无论是自行制定，还是委托给中介公司制定，企业都将面临纳税调整和承担相应法律责任的风险。

3.2.3 税务风险解决办法

老郑开了家玻璃公司，春节了，他决定给公司的员工发放4万元的福利。这下子可难坏了新来的会计小高，小高思索了一下，把账务做了如下处理：

管理费用－福利费4万元，银行存款4万元。

小高看了看，觉得没有什么问题，于是把账务交给了老郑。老郑还没说话，跟他来洽谈业务的业务员倒看出了端倪："郑总，这个账务不对吧？应该是'应付职工薪酬：福利费4万元，银行存款4万元'，期末根据福利费的发生额分配结转到成本费用中，'管理费用－福利费4万元，应付职工薪酬－福利费4万元。'"

老郑一听账务出现了问题，赶紧打电话，专门咨询了一下相关机构，发现果然是自家的会计把账务做错了。

根据相关政策，企业发生的职工福利费，应该单独设置账册，进行准确核算。没有单独设置账册准确核算的，税务机关应责令企业在规定的期限内进行改正。逾期仍未改正的，税务机关可对企业发生的职工福利费进行合理的核定。

例子中的税务问题，就是会计做账不规范而引发的税务风险。会计核算的错误之处，就在于他没有把福利费单独设置账户核算。

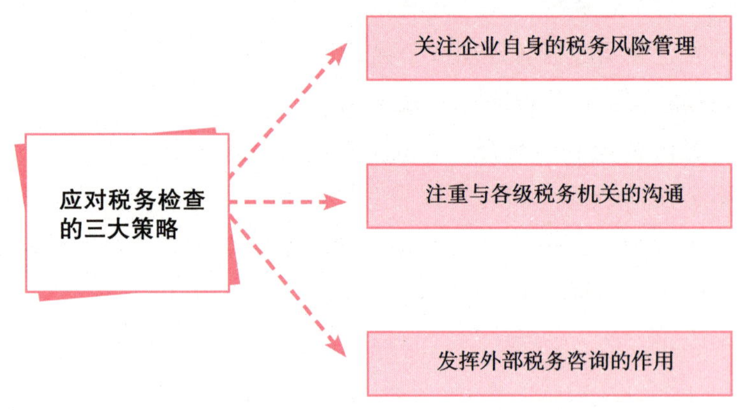

在做账时，财务人员应当单独设置核算职工福利费的专门账户，同时准确核算职工福利费的各项明细内容；这样既方便企业内部加强福利支出的管理，也方便税务部门就职工福利支出税前扣除进行有效的管理。

日常经营中，企业不可避免地会碰上一些税务风险，就像例子中的老赵一样。如果有企业说"我们从来没有出现过税务风险"，那只能说，是主管税务局还没有管理过来，没有稽查到你们企业。

现如今，"金税三期"系统上线了，有很多从前管不过来的、监管不到的风险，也会慢慢浮出水面，被推送到明面上来。所以，未来的你一定会发现税务局的电话越来越多，而你手机里的"纳税服务群"也在随时闪动着。

当然，如果你像例子中的小高一样，身为公司的一名会计，那也不用谈风险色变。只要冷静应对，找出税务风险的解决办法即可。

不要觉得一提起风险，就马上面临被稽查，被处罚。其实，税务风险也是要分等级的，不同等级的风险税务处理的方式不同。而且对于企业来说，不同的企业也有不同的应对方式。

下面我来具体讲解一下：

（1）税务低风险

税务低风险以基层税务局提醒为主、企业积极修正为辅。税务低风险是指比对异常、指标填写错误等风险。

这类风险在企业中较为常见，在日常的税务管理就很容易被发现。此外，税务局也可以借助系统设置的风险比对点及时发现，对企业进行电话告知。

比如，某企业在年度财务报表报送后，遇到了总类不齐、报表零申报、财报与年报不一致的问题，这些都会设置为风险点。

风险解决：此类风险解决方式较为简单，纳税人只需在接收到后，积极配合税务局进行修正即可。同时，企业应加强税务管理方面的学习，避免此类风险的发生。

对于那些已经发生过此类风险的企业，则应当深入探究风险产生的原因。如果涉及其他更深层次的原因，就应该积极修正，防止税务低风险转变为中风险甚至高风险。

（2）税务中风险

税务中风险以税务风险管理部门推送为主，企业自查自纠为辅。税务中风险是指风险管理部门，即风控部门对风险进行推送、补税、补滞纳金、少罚款或免于罚款。

税务局的风险管理部门会定期为企业推送一些异常，比如企业的实际缴纳流转税与城建税的计税基础不一致等。

在“金税三期”系统上线后，税务局能通过其他行政管理部门，获得包括社保基数、企业土地面积、银行开户账户数、房产证信息等企业其他多方面的信息。税务风险管理部门可以通过各方面信息来推送税务中风险。

风险解决：企业在面临此类风险时，应当积极自查自纠，查看自己是否有漏缴的税款。如果有，就应该积极进行补申报，及时补缴滞纳金。

同时，企业要对此类风险进行总结，确定此次风险的原因是对政策理解得不到位，还是因为日常工作的疏忽。找到问题，然后在今后的工作中采取相应的对策。

（3）税务高风险

税务高风险会发稽查通知、自查或者入场稽查。税务高风险是指重大税务问题，重大被评估行业被举报、影响恶劣或金额涉及大等风险。

重大税务问题指的是涉嫌虚开发票等问题，比如2018年“营改增”的一些行业被重点评估，一些药企被稽查，还有被举报等。被举报的企业往往都会被稽查。

风险解决：首先，不要认为被稽查就是真的违法了，因为稽查的选案也是有流程、有方式的，不一定选中的企业就都是有问题的企业。

下图为稽查选案流程。

所以，企业不要一谈风险就色变。在面对税务风险时要认真处理，仔细分析。对一些如虚开发票，骗取国家税款的高风险，企业一定要坚守底线，坚决说不；对于中低风险，企业在日常管理中要加强学习，积极控制其发生。尤其是一些由会计人员就能直接避免的小风险，企业更要做到细心全面，争取杜绝税务低风险的发生。

第 4 章

合理避税

4.1 避税基础

4.1.1 避税基本含义

合理避税，指的是在不违法的情况下，通过合法的手段与方式，让纳税人达到减少缴纳税款的目的。各位需要注意的是，这个定义的关键在于纳税人如何在税法许可的范围内，进行避税的经济行为。

在法律允许的情况下，这并不是指法律支持，而是纳税人在此行为中没有触犯到他人利益，通过不违法的手段，对企业的经营活动和财务活动精心安排，在满足税法条文规定的条件内，减轻自己的税收负担。当然，避税也不排除有利用税法上的某些漏洞，或者税法中含糊的"灰色地带"，来减少纳税人所承担的纳税数额的情况。

但不可否认，合理的避税行为确实没有触犯到税法规定，因此这种经济行为不具有欺诈性质。

避税行为从侧面也说明了现有的税法制度是不健全的，亟待改进的。

因此，税务当局经常会根据纳税人的避税情况，研究其显示出来的税法缺陷，并积极采取相应措施，对现有的税法进行修改和纠正。

税务局通过对避税问题的研究，就能进一步完善国家税收制度。当然，税务局也会鼓励纳税人合理避税，因为合理避税是企业的权利，这是受到法律和社会的认可和保护的行为。

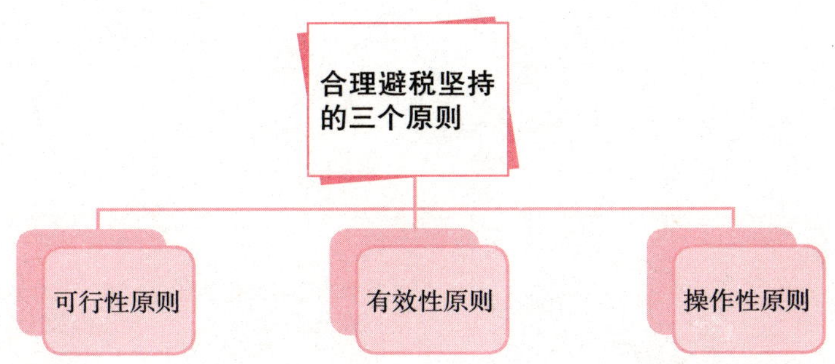

在财会税务实践中，纳税人针对税法中的“非违法”内容，其实是可以合理运用的。

就像我之前提到的，从税法建设本身来看，纳税人合理避税是有助于推进国家税制改革的行为。纳税人应当注意，税法中“允许”“不允许”“应该”“不应该”的内容，实际上使企业同时得到了“非不应该”“非不允许”的内容。

也正是这些隐含的内容，构成了企业合法及“非违法”避税的依据和途径。

在财会税务实践中，我们翻阅具体税法细则才发现，无论是国内还是国外，都有对税法中“非不允许”“非不应该”的成功利用。对每一个具体的纳税人来说，理解、分析和研究合理避税并不断进行实践，这不仅可以直接给纳税人带来经济利益和货币收入，使他们创造的商品价值和商业利润有更多的部分合法留归纳税人自己，而且还能够帮助纳税人正确树立法制观念和依法纳税意识，提高纳税人素质。

我们应当明确：合理避税与偷税、逃税是不同，它不是对法律的违背和践踏，而是以尊重税法、遵守税法为前提，以对法律和税收的详尽理解、分析和研究为基础，是对现有税法不完善及其特有的缺陷的发现和利用。

避税概念在外延上有宽、狭之别。不管是国内还是国际，人们都把避税分成两大类：一类是能够接受的避税；另一类是不能接受的避税。二者的划分依据很简单，就是看其避税行为是否违反了法律意图。

能够接受的避税行为，就是我们说的与法律意图一致的避税行为，即大概念下的避税行为。

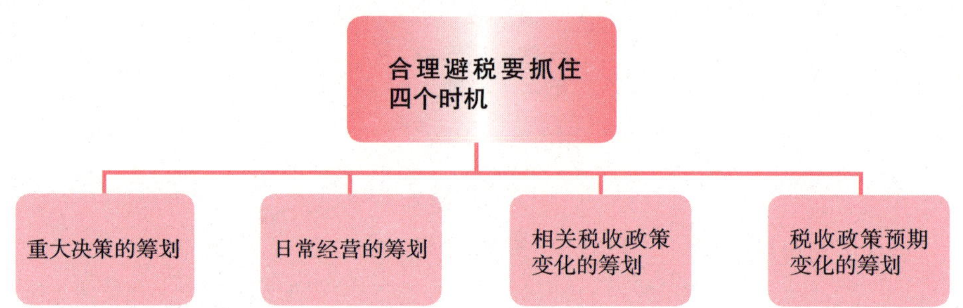

合理的避税行为，不但有利于保证政府和执法部门及时发现税制及税法中存在的问题，还可以根据社会的经济发展状况，以及税收征收管理的实践，进一步完善税收制度，健全税法规定。同时，合理的避税行为还有利于实现经济生活规范化和社会生活规范化，有利于建立一个健康完善的法律社会，有助于我国在世贸组织这个大家庭中，积极与国际社会接轨合作，也有利于我国企业的健康发展。

4.1.2 避税对纳税人的基本要求

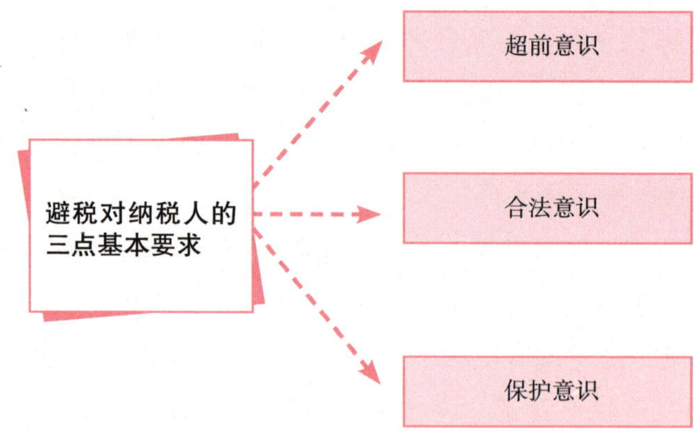

R市有家新开的新型建筑材料生产企业，该建材产品不但技术含量较高，而且成本较同行偏低很多，产品主要销售给建筑单位。

两年前，这家企业还属于小规模纳税人，但由于企业老板老朱对现行的增值税政策了解不多，所以企业一直在模仿其他同行的做法。老朱听从朋友建议，通过种种方法，把自己的小规模纳税人身份转变成一般纳税人。

由于一般纳税人增值税税率为13%，而该新型建筑材料企业外购的原料少，能抵扣的进项税额不多。这就导致该企业增值税税负高达112%！

此时，老朱这才意识到转变身份所带来的沉重税负。为了减轻税收负担，又一个朋友给老朱"支了一着"。那就是采取销售收入不入账等手段，偷逃税款。最后，老朱当然受到了税务机关的处罚。

这里，我给各位谈一下避税对纳税人的三条基本要求：

第一，超前意识。

上面的案例就是因为老朱在从事具体的生产经营之前缺乏超前意识，他没有认真预测一般纳税人和小规模纳税人对自身税负的影响。如果老朱对合理避税有研究，或者聘请一位精通现行的增值税法规，并能对税负加以测算的会计，那他就不会拼命想当一般纳税人了。

要想展开合理避税，纳税人就必须在经济业务发生之前，能对所从事的业务都有哪些业务过程以及业务环节，涉及我国现行的哪些税种，涉及哪些税收优惠，涉及的税收法律、法规中存在着哪些可以利用的立法空间等问题，进行准确把握。

在掌握以上情况后，纳税人就能够利用税收的优惠政策，达到合理节税的目的，也可以利用税收立法空间，来达到合理避税的目的。

由于纳税人是在具体的业务发生之前进行上述筹划行为的，因此，这些行为就属于纳税人的超前行为。如果某项业务已经发生了，那相应的纳税结果也就产生了。

当纳税结果产生之后，如果纳税人因自己承担的税负比较重，就像老朱一样隐瞒收入、虚列成本，试图通过违法手段去改变结果，那就会因为偷逃国家税款行为而受到相应的处罚。

第二，合法意识。

1996年，老孙在L省开了家机电经销公司，属于增值税一般纳税人。近些年，老孙在了解增值税是凭外购的增值税专用发票进行抵扣后，就花重金从一家大型企业挖来一名财务主管，专门为自己的公司进行避税。

这位财务主管到职后，第一项工作就是从“增值税专用发票抵扣”入手。

他先找到一家同样经营机电公司，是定额征收户的小规模纳税人协商，让这个小规模纳税人在进货的时候，向销货方索取增值税专用发票，并在户头填写老孙公司的名称。然后，老孙的机电经销公司再把这些发票拿来抵扣进项税，从而达到避税目的。

几个月下来，这位财务主管就给老孙的机电经销公司避免了将近27万元的增值税税款。

然而，税务机关在年度纳税检查中，通过检查该企业的库存商品及款项往来时发现了这个问题。因为老孙的机电经销公司在进货的时候没有库存，同时也不存在款项往来，因此，税务当局认定，老孙的公司有故意偷税的行为。

老孙作为企业负责人，被依法追究刑事责任，该机电经销公司也受到了重罚。

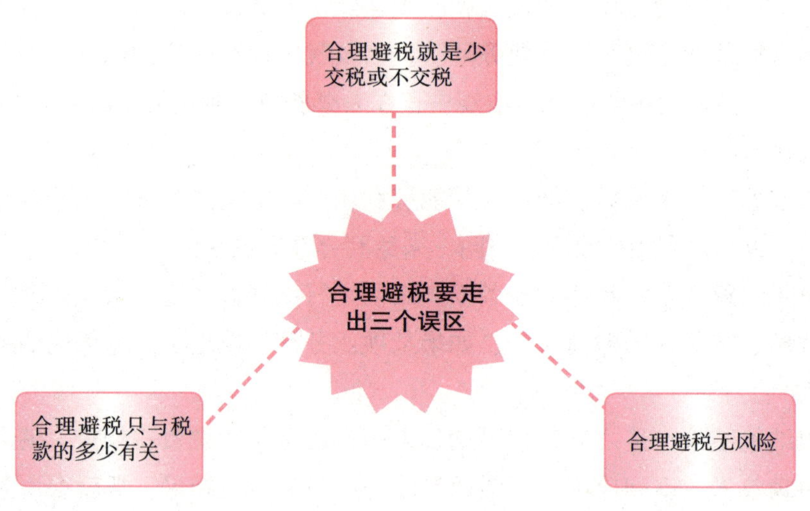

从此案例中我们不难看出，纳税人在避税行为中，一定要依法进行合理的避税，对于违背现行税法而少缴税款的行为都是违法的。纳税人必须在现行的税收法律、法规的框架下进行避税筹划，否则就会受到相应的法律处罚。

企业在进行合理避税的时候，不能想当然地操作，也不能跟现行的税收法律、法规相抵触。虽然企业进行合理避税的最终目的是降低税收成本，减轻企业的税收负担，但切记，实现这个目标的前提是要合理合法，还要被征税机关所认可。

如果避税超出了合理合法的前提，就会演变成偷税、骗税等违法行为，最终将受到处罚。

第三，保护意识。

老王开了家包装彩印厂，专门生产纸箱包装。老王在该生产纸箱的筹建过程中发现，该项目在增值税上并没有什么优惠政策，而且在整个生产流程中，也很难找到相关政策的“灰色地带”进行合理避税。

但是，一位老员工跟老王说，福利企业在生产销售产品时，可以享受增值税即征即退的优惠政策。于是，老王就到民政部门，以“为残疾人解决就业问题”为理由，申请开办了一家福利企业。

老王召集了一批残疾人作为公司的员工，同时确保残疾人员工达到税法规定的比例。经过税务机关审查批准后，老王的包装彩印厂享受了增值税即征即退的优惠，达到了合理避税的目的。

在夸奖老王办福利企业避税的同时，税务当局还对老王做出了警告：如果公司通过采取虚报残疾人员工人数的办法来获取税收优惠，就等于把企业置于风险当中，必将受到处罚。

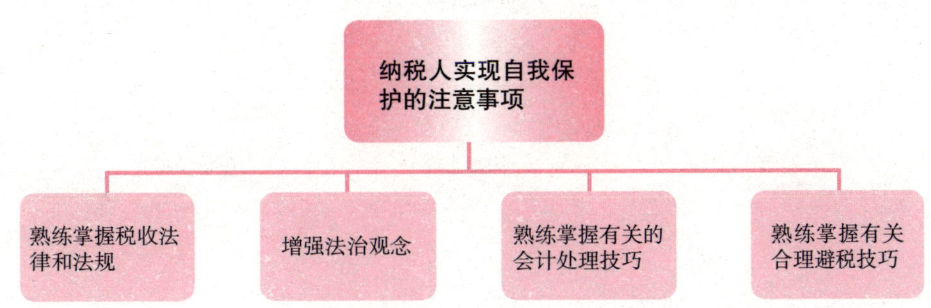

这个例子中，老王开展合理避税的行为，就是具备了自我保护意识。既然合理避税要在不违法或“非违法”的前提下进行，那么，老王筹划避税的

行为就要离“不合法”越远越好，这就是纳税人的一种自我保护意识。

纳税人为了更好地实现自我保护，需要注意以下四点：

一是增强法治观念；二是熟练掌握税收法律和法规；三是熟练掌握有关的会计处理技巧；四是熟练掌握有关合理避税技巧。

所谓合理合法的避税技巧，不仅是书上罗列的几种避税方法，更重要的是纳税人应当结合自身实际情况，考虑企业经营的实际业务，运用好相关的税收政策，通过恰当的会计处理技巧，在不违反税法规定的前提下达到不缴税或少缴税的目的。

从根本上讲，纳税人只有在不违法的经济行为下，才能保护好自身的合法权益。

4.1.3 避税的基本切入点

避税就像一条灰色带，对于企业来说，灰色带的那头可能是不缴税或少缴税的福利，也可能是面临处罚的万丈深渊。

新税法的颁布和实施将减免税的权力收归国务院所有，这既避免了减免税过多过乱的现象，又以法律的形式规定了各种税收优惠政策。我们先来看避税的种类：

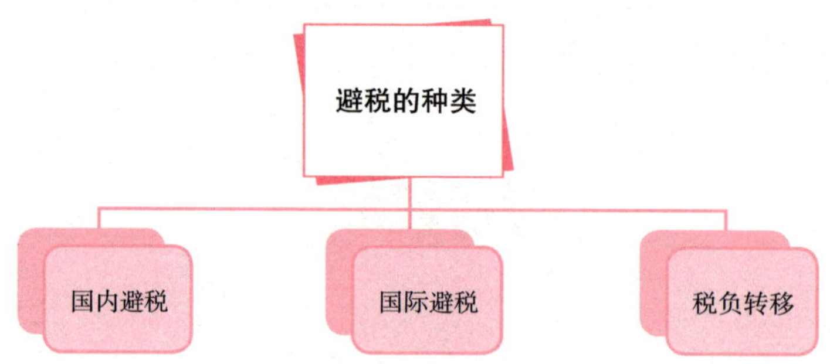

避税种类按其特征和内容，可以分成国内避税、国际避税和税负转移这三种形式；从实用角度来看，国内避税指的就是企业通过各种方法、途径和手段，避开国内纳税的行为。避税的基本切入点有如下 12 条：

（1）换成“洋”企业

这是国内企业避税的好方法。我国对外商投资企业实行的是税收倾斜政策。因此，企业通过由内资企业向中外合资、合作经营企业等经营模式过渡为切入点，也不失为一种合理合法避税的好方法。

（2）注册到“避税绿洲”

现如今，不少大型企业都会把公司注册在经济特区、沿海经济开发区、经济特区和经济技术开发区所在城市的老市区，以及国家认定的高新技术产业区，保税区设立的生产、经营、服务型企业和从事高新技术开发的企业。这是因为以上地区作为“避税绿洲”，都能够享受较大程度的税收优惠。

而中小企业在选择投资地点时，可以有目的地选择如上特定区域，来进行投资和从事生产经营活动，从而享有更多的税收优惠。

（3）进入特殊行业

此处的特殊行业是指国家税务规定可以免税的行业。比如，对服务业的免税规定为：托儿所、幼儿园、养老院、残疾人福利机构提供的养育服务，免缴营业税；

婚姻介绍、殡葬服务，免缴营业税；

医院、诊所和其他医疗机构提供的医疗服务，免缴营业税；

安置“四残人员”占企业生产人员 35% 以上的民政福利企业，其经营属于营业税“服务业”税目范围内（广告业除外）的业务，免缴营业税；

残疾人员个人提供的劳务，免缴营业税。

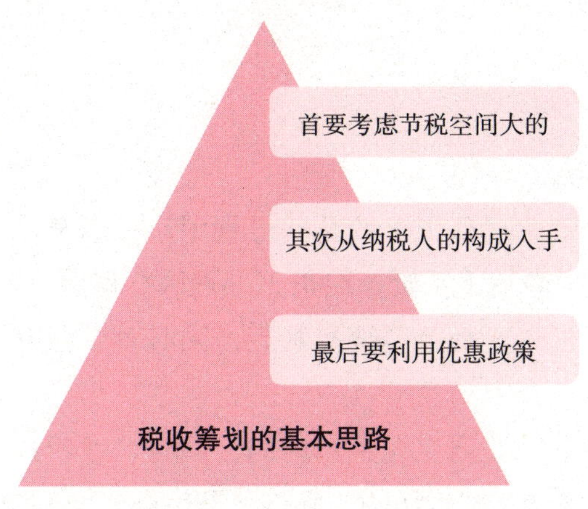

（4）做“管理费用”的文章

企业可以适当地提高坏账准备的提取率。在企业中，坏账的准备金是要进管理费用的，这样一来就减少了利润，就可以少缴所得税。

企业可以尽量把折旧年限缩短，这样一来，折旧的金额就会增加，利润就会减少，所得税就可以少缴。

另外，采用不同的折旧方法，计提的折旧额相差很大，最终也会影响到所得税额。

（5）用而不“费”

一些中小企业的私营业主，往往会考虑到如何针对经营过程中所耗水、电、燃料费等进行分摊的问题，比如家人的生活费用、交通费用及各类杂支是否列入产品成本等。

如今，这一项被各大企业频繁运用。大部分企业主都将自己买房买车，甚至子女的入托上学费用都列在公司的成本费用支出。但是要注意，这种方式是不被国家政策允许的，虽然此方法在当前的企业界屡见不鲜，但我们还是要积极避免。

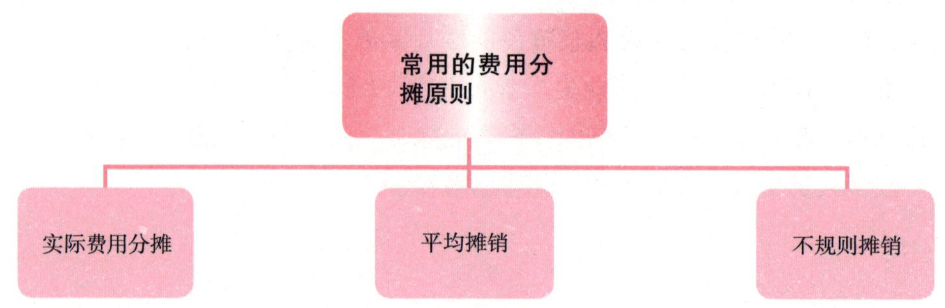

（6）合理提高职工福利

部分私营中小企业主在生产经营的过程中，可以考虑在不超过计税工资的范围内，适当地提高员工工资，给员工办理医疗保险，建立职工养老基金、失业保险基金和职工教育基金等统筹基金，同时对企业财产保险和运输保险进行办理等。

因为这些费用是能够列支在成本内的，同时，这些福利还能够帮助私营业主调动员工的积极性、减少缴税、降低经营风险和福利负担。

企业可以通过这项切入点，以较低的成本支出获得良好的综合效益。

（7）做足“销售结算”的文章

企业选择不同的销售结算方式，就会推迟收入确认的时间。因此，企业应该依据自身的实际情况，在合理合法的范围内，尽量延迟收入确认的时间，因为延迟纳税会给企业带来意想不到的节税效果。

常用的避税方法有很多，但一般有以下几点：利用国家税收优惠政策、转移定价法、成本计算法、融资法和租赁法。

（8）分摊费用

企业生产经营过程中，所出现的各项费用都要按照一定的方法分摊到成本中。费用分摊指的是企业在保证费用必要支出的前提下，想办法在账目里找到平衡，让费用分摊进成本的时候，尽可能做到最大摊入，从而实现最大限度的避税行为。

常用的费用分摊原则一般包括实际费用分摊、平均摊销和不规则摊销等。其实，我们只需仔细分析一下折旧计算法，就能总结出普遍规律：

即不管采用哪一种分摊方法，只要让费用早点摊入成本，让早期摊入成本的费用变大，那就可以最大限度地达到避税的目的。在企业确定哪一种分摊方法最能帮助自己实现最大限度的避税目的时，还需要依据预期费用发生的时间和数额进行计算、分析和比较才能确定。

（9）通过名义筹资避税

这一避税原则是使用一定的筹资技术，让企业能够达到最高的利润水平，以及最低的税负水平。

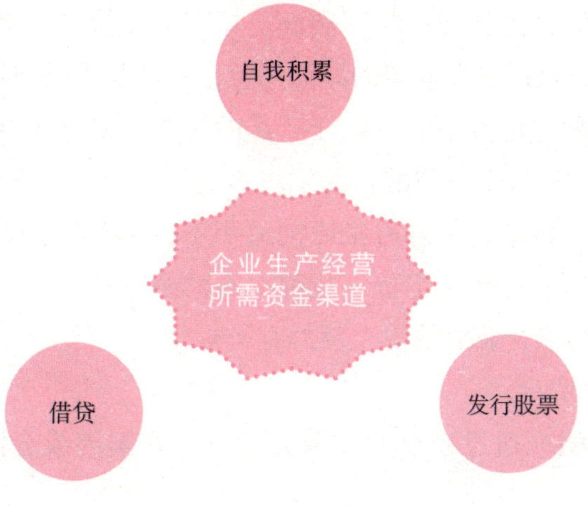

一般来说，企业生产经营所需资金主要有三个渠道：自我积累，其奖金指的是企业税后分配的利润；借贷（金融机构贷款或发行债券）；发行股票，其应支付的股利也是作为税后利润分配的一种方式。

需要注意的是，自我积累和股票发行都不能抵减当期应缴纳的所得税，因而达不到避税的目的。

而借贷的利息支出从税前利润中扣减，可以冲减利润而最终避税。

（10）用足税收优惠政策

高新技术开发区的高新技术企业，是按照 15% 的税率征收所得税；新办的高新技术企业，可以从投产年度起，免征所得税 2 年；而利用“三废”作为主要原料的企业，能够在 5 年之内减征或免征所得税；企事业单位，如果进行技术转让，以及与其有关的咨询、服务、培训等，且年净收入在 30 万元以下的，可以暂免征所得税等。

企业应当重点研究这方面的优惠政策，争取经过收入调整，让企业享受各种税收优惠政策，从而以最大限度避税，保存并发展企业实力。

现如今，全国各地经济开发区如雨后春笋般涌现出来，这些开发区开出的招商引资条件也十分诱人，大多数都能减免若干年的企业所得税，同时减免各种费用等，以期吸引资金、技术和人才。

如果你的企业是高新技术产业或受鼓励产业，面对这样的优惠条件，当然应该成为企业规避税收需要优先考虑的因素之一。

（11）定价转移

企业避税的基本方法之一就是定价转移。定价转移指的是企业在经济活动中，企业双方为分摊利润或转移利润，在产品交换和买卖过程中没有按照市场公平价格，而是根据企业间的共同利益，对产品进行定价的方法。

企业采用这种定价方法，可以让产品的转让价格高于或低于市场公平价格，从而达到少纳税或不纳税的目的。

通常情况下，转移定价的避税原则适用于税率差异较为明显的相关联企业。这些企业可以通过转移定价，让税率高的企业把部分利润转移到税率低的企业，最终让两家企业的纳税总额都有所减少。

（12）资产租赁

租赁是指出租人通过租金的收取为条件，在契约或合同规定的期限内，

把资产租借给承租人使用的一种经济行为。

从承租人的角度看，租赁能够避免企业在购买机器设备时负担过重，也可以免遭设备陈旧过时的风险。由于租金从税前利润中扣减，也能让企业冲减利润，从而达到避税的目的。

4.2 合理避税基本方法

4.2.1 增值税避税基本方法

税务官说："合理避税，指的是在法律允许的情况下，以合法的手段和方式来达到纳税人减少缴纳税款的经济行为。"

M市的钢铁生产企业，其生产原料主要是废旧钢铁，而原料的主要来源，是从M市当地的个体收废处收购回来的。

按照现在的税收政策，是从个人收废处收购来的废旧物资，除了专门的废旧物资经营单位可以按照收购额的10%计提进项税额之外，工业企业是不能按照这种办法处理的。因此，这家钢铁企业从个体收废处收购的废钢铁，是没有办法抵扣进项税额的。

那么，这家钢铁企业应当如何减轻这部分负担呢？该钢铁企业的经理老林决定，在公司专门成立一个废旧物资回收公司，以独立法人独立核算，并通过工商机关和公安机关批准，取得了废旧物资经营许可证。

老林把所有该钢铁企业从个人收购的废旧钢铁，都通过废旧物资回收到了公司。与此同时，废旧物资在回收到公司之后，再按照市场价格把收购的废钢铁销售给钢铁企业，同时开具了增值税专用发票，税率为13%。

经过机构处理，老林让钢铁企业购进的废钢铁能够通过合理合法的手续抵扣了进项税额，从而减轻了钢铁企业的税收负担。

例子中涉及的就是增值税合理避税中的利用挂靠避税筹划。合理避税是企业降低成本的重要手段，它的产生是市场经济发展的必然产物。许多企业并非生来就具备享受优惠政策的条件，这就需要企业为自身创造条件，制定一些纳税优惠政策来达到利用优惠政策合理避税的目的，这种方式称为挂靠。

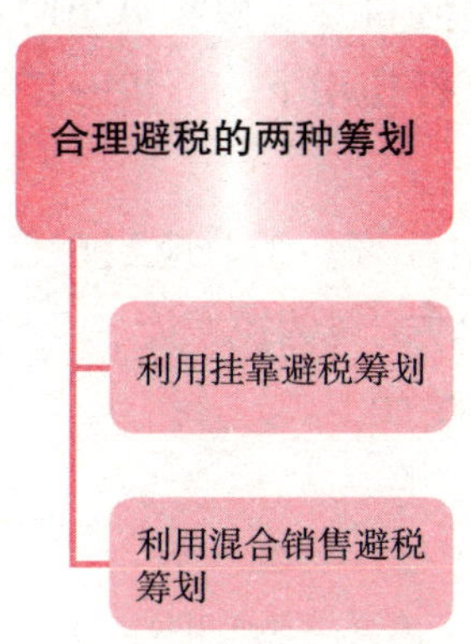

除了利用挂靠避税筹划外，还可以利用混合销售避税筹划：

Y省的某大专院校，在2006年11月转让出一项新技术，并取得转让技术收入120万元。其中：技术资料收入为80万元，样机收入40万元。

由于转让该项新技术的主体是大专院校，而大专院校又属于事业单位。所以，该大专院校取得的120万元混合销售收入，只需要缴纳税率为5%的营业税即可，不需要缴纳增值税。

如果企业发生了混合销售行为，同时还兼营非应税劳务的话，那就要看看“非应税劳务”年销售额有没有超过总销售额的50%，如果“非应税劳务”年销售额大于总销售额的50%时，那么该混合销售行为不需缴纳增值税，如果年销售额小于总销售额50%时，则该混合销售行为需要缴纳增值税。

销售行为如果既涉及增值税应税货物，又涉及非应税劳务，则称为混合销售行为。税法对混合销售的处理规定是：

对于从事货物的生产、批发或零售的企业、企业性单位及个体经营者，包括从事货物的生产、批发或零售为主，兼营非应税劳务的企业、企业性单位及个体经营者的混合销售行为，视为销售货物，应征收增值税；但其他单位和个人混合销售行为，视为销售非应税劳务，不征收增值税。

对于混合销售行为的纳税企业，需要看该企业是否属于从事货物生产、批发或零售的企业。如果不是，就只需缴纳营业税即可。

企业可以通过这两种避税筹划，对各种备选的纳税方案进行择优选取。尽管企业在主观上是为了减轻自身的税收负担而选择避税，但在客观上，企业却是在国家税收的经济杠杆作用下，一步一步走向优化产业结构及合理配置资源的道路。

避税体现了国家的产业政策，企业应当在合理合法的范围内积极避税，让国家更好、更快地发挥税收宏观调控职能。

增值税一些常用避税方法如下：

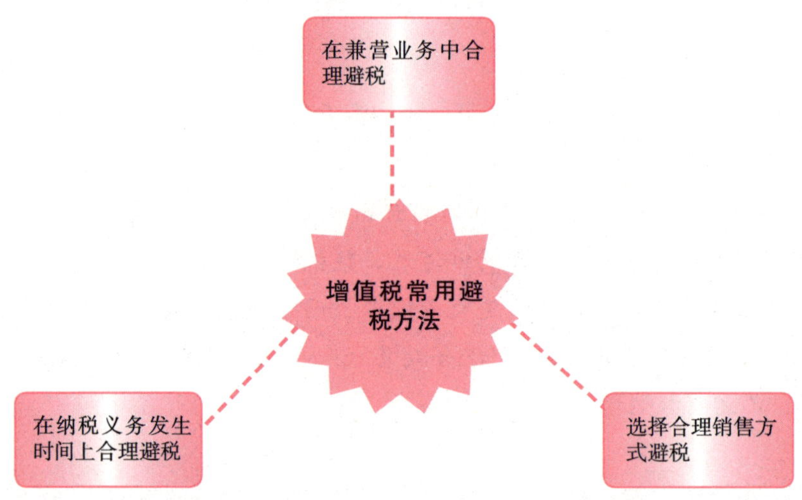

（1）在兼营业务中合理避税

根据我国税法规定，纳税人兼营不同税率的项目，若能分别核算，则按照各自的税率计算增值税，否则，就按照较高税率来计算增值税。纳税人兼营不同税率项目，需在取得收入后分别如实记账。分别核算销售额可以避免多缴税款。

（2）选择合理销售方式避税

根据我国税法规定，能通过现金折扣销售的货物，其折扣额需要计入财务费用，不允许从销售额中扣减；采用折扣销售方式销售时，如果折扣额与销

售额列在同一张发票上，可以按照折扣后的余额作为销售额来计算增值税。

因此，如果单纯为了避税，选取折扣销售方式比选取现金折扣的方式更划算，只是在操作中，需要把折扣额和销售额表明，不能把折扣额另开发票，否则就不可以从销售额里扣减。

（3）在纳税义务发生时间上合理避税

根据我国税法规定，对于采用直接收款方式销售货物，不管货物是否发出，都需要收到销售额或取得索取销售额的凭据，同时将提货单当天交给买方。如果货物不能及时收现，形成赊销，销售方还应当承担相关比率的税金。

选取赊销与分期收款的方式进行货物销售，需要按照合同约定的收款日期的当天，作为纳税义务的发生时间。如若纳税人可以准确预计客户的付款时间，选取签订合同赊销或者分期收款的方式进行货物销售。虽然最终缴税金额相同，却可以推迟纳税。

不同的避税方式，还需针对不同的纳税对象。企业管理者需要研究相关税务征纳活动的经济现象，或者征询聘请税务专家的意见，以求达到最大限度避税的目的，在合法的范围内，给企业谋取最大利益。

4.2.2 所得税避税基本方法

通过合理合法的避税，可以提高个人可支配的收入，让自己在不违法的前提下获得更高的利润。下面，我就为各位介绍几种合法的避税方法：

（1）提高福利降低工资

老刘的公司聘用高管，计划支付给高管的年薪为120万元，但老刘向税务师事务所咨询了一番，与高管达成协议：把年薪降低为80万元，同时，公司为高管提供一套现房和一辆车。

老刘发现，自己公司的员工以技术性员工居多，而且聘用的合同期又相对较长。于是，老刘又适当降低了员工的名义工资，同时给员工们提供宿舍，还提高了将要缴纳的公积金、养老保险等金额，从而提高员工福利。

经过老刘的粗略计算，自己公司的高管因此举措，起码少缴了30%的个税。

增加薪金收入不但能满足消费需求，还因为工资薪金个人所得税的税率为超额累进税率，当累积到一定限度，新增的工资薪金带给个人可供支配的收入就会逐步变小。

因此，企业主应当像老刘一样，想办法降低员工的名义收入，把个人现金性工资转换成提供必需的福利待遇。这样一来，不仅满足了员工的消费需求，还能够少缴个人所得税。

（2）劳务报酬工资化

小周是一家私企的老板，他雇了一个“二老板”来经营自己的私企。同时，小周又在另一家公司工作，每月的工资大概是5000元。

一开始，小周并未跟这家公司签订任何合同。这5000元作为劳务报酬，应纳的所得税为：（5000−5000×20%）元×20%=800元。

后来，小周经过咨询律师事务所，发现自己若与该公司建立雇佣关系，则5000元作为工资薪金收入应纳税额：（5000−5000）元×3%=0元

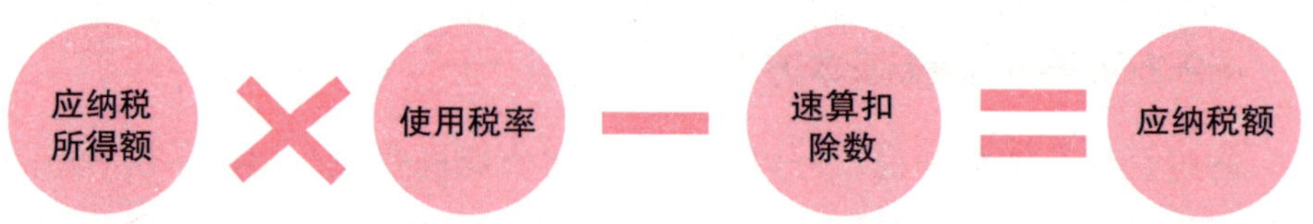

（与之前相比，小周每个月可以节税800元。这就是劳务报酬的工资化。）

（3）差旅费补贴

这其中包括差旅费津贴、误餐补助等。超过部分并计“工资、薪金”所得，需征收个人所得税。因出差产生的费用不计税，具体标准需要根据当地税务机关的规定进行计算。

（4）职工离职税法优惠

员工领取的离职补偿金，在当地年平均工资三倍以内的，免征个人所得税。

（5）通信费

如果因工作需要，产生大量通信工作的单位，需要为个人负担的办公通信费用。采取全额或限额实报实销的，暂按每人每月不超过 300 元标准。凭合法凭证，可以不计入个人的当月工资、薪金收入，然后再行征收个人所得税。

如果单位为个人负担办公通信费用，或者通过补贴及其他形式发放的，就需要计入个人的当月工资、薪金收入来征收个人所得税。

（6）职工夏季防暑降温清凉饮料费

报销形式可以不计税，但随工资发要缴纳个人所得税。

（7）提高“五险一金”的额度

如果员工个人的收入高，自己也不缺钱用，在法规政策许可范围内可以把社保、公积金等标准提高到较高限度，或公司安排补充养老保险、补充住房公积金等。当然，公司所缴纳的额度也会相应提高，这个需要跟公司进行协商。

社保缴多了，以后退休工资自然会高，而住房公税金个人和公司都计到个人账户，各地还有取现机制。所以，提高住房公积金是较好的避税办法。

4.2.3 消费税避税基本方法

消费税在三个环节征税：进口环节、生产环节、销售环节。

其中，消费税若在生产环节产生，是可以通过合法方法进行合理避税的。比如生产白酒的企业，白酒有从价税，也就是说，对外销售的价格越高，需要缴纳的消费税就越多。

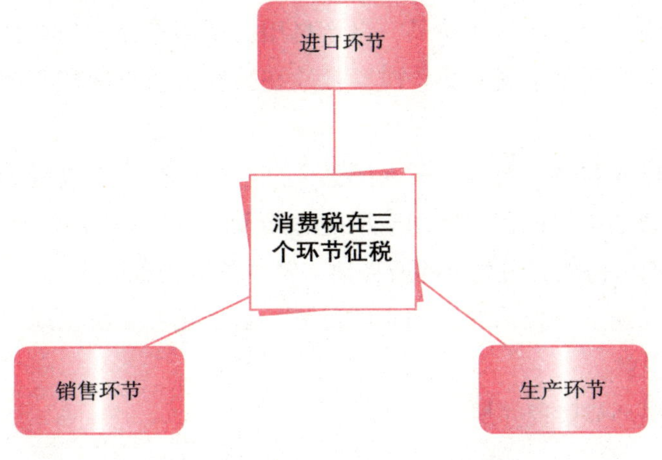

所以，你可以选择自己再成立一个销售公司，把白酒厂所生产的白酒，通过低价销售的方式，出售给自己的销售公司，再通过销售公司对外销售，这样就能够减少需要缴纳的消费税了。

但是，在采用此等方式时，需要注意与税务局进行协商，根据税务局规定的一个最低出厂价格进行销售。

消费税实行的是价内税，是只在应税消费品的生产、委托加工和进口环节缴纳，税款最终由消费者承担。

以下是消费税避税的几种基本方法：

一是纳税义务发生时间避税筹划。

根据应税行为性质和结算方式分别按下列方式确定筹划方案：

（1）销售应税消费品的，以赊销和分期收款结算方式销售的，为销售合同规定的收款日期的当天；

（2）通过预收货款结算方式销售的，为应税消费品发出当天；

（3）以托收承付和委托银行收款方式销售的，为收讫销售款或者取得索取销售款的凭证的当天；

（4）以其他结算方式销售的，为收讫销售款或者取得索取销售款的凭证的当天；

（5）自产自用应税消费品的，为移送使用当天；

（6）委托加工应税消费的为纳税人提货的当天；

（7）进口应税消费品的为报关进口的当天。

二是纳税地点避税筹划。

（1）纳税人销售应税消费品，自产自用应税消费品，到外县（市）销售或委托代销自产应税消费品的，应纳税款在纳税人核算地和所在地税务机关缴纳消费税；

（2）总机构和分支机构，不在同县（市）的，在生产应税消费品的分支机构所在地缴纳消费税，但经国家税务总局及所属分局批准，分支机构应纳消费税可由总机构汇总向总机构所在地主管税务机关缴纳；

（3）委托加工应税消费品的应纳税款，由受托方向所在地主管税务机关上缴消费税税款。

三是纳税环节避税筹划。

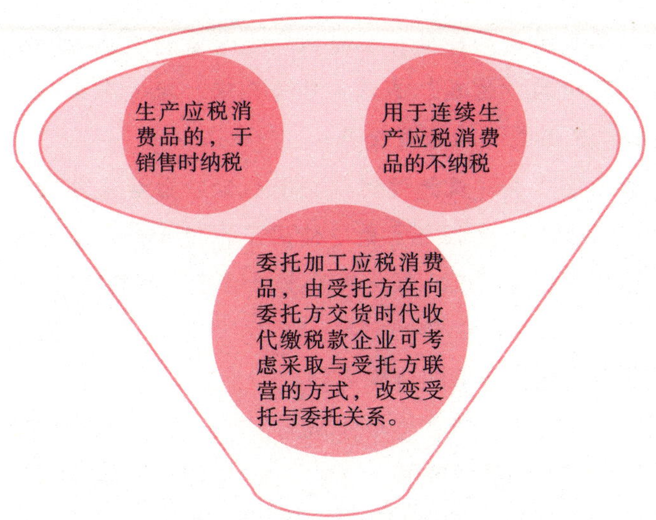

利于企业避税筹划的规定

利用纳税环节避税就是尽可能避开或推迟纳税环节的出现，从而获得这方面的利益。

企业可以利用以下规定，做出有利于自己的避税筹划：

（1）生产应税消费品的，于销售时纳税；

（2）用于连续生产应税消费品的不纳税；

（3）委托加工应税消费品，由受托方在向委托方交货时代收代缴税款，企业可考虑采取与受托方联营的方式，改变受托与委托关系。

四是包装物避税筹划。

小陈开了家轮胎厂，10月份销售了9000个汽车轮胎，每个轮胎的价值为2000元，还有价值200元的包装物价。

一开始，小陈采用随同包装物一并销售的方式纳税，销售额为：

2200元／个×9000个＝1980万元，消费税税率为10%，因此应纳汽车轮胎消费税为1980万元×10%＝198万元。

这时，小陈的好友告诉他，如果企业采用收取包装物押金的形式进行销售，把1000个汽车轮胎的包装物，进行单独收取押金的方式，就可以暂时少缴纳18万元的税款。

小陈为此咨询了律师事务所，事务所的人告诉他：税法规定，对因逾期未收回包装物不再退还的押金，应按照所包装货物适用的税率计算缴纳消费税、增值税。其中的“逾期”是以一年为期限。对收取的押金超过一年以上的，无论是否退还都应并入销售额计税。

小陈一听连连点头，虽然暂时少纳的税款，最后是要缴纳的。但由于缴纳的时间延缓了一年，就相当于免费使用了银行资金，给企业增加了营运资金，获取了资金的时间价值，为企业的生产经营提供了便利。

五是关联企业转移定价的避税筹划。

消费税的纳税行为发生在生产领域（生产、委托加工和进口），而不是流通领域，更不是终极的消费环节。

也就是说，消费税的纳税义务人，指的是在中国境内，从事生产、委托加工活动，和进口条例所规定的八种消费品的单位和个人。

因此，关联企业中生产（委托加工、进口）应税消费品的企业，如果通过较低的销售价格，把应税消费品销售给独立核算的销售部门，就会因为其处于销售环节，只缴纳增值税，不缴纳消费税。继而让集团的整体消费税税负下降，但增值税税负不变。

六是扣除外购已税消费品的买价避税筹划。

根据《国家税务总局关于印发〈消费税若干具体问题规定〉的通知》（国税发〔1993〕156号）的规定，可以扣除外购已税消费品的买价计算消费税。因此，企业从节税角度看，首先，要了解哪些消费品允许扣除；其次，要将销售中可扣除的尽可能多扣除，从而减小计税依据。

1. 外购已税烟丝生产的卷烟。

2. 外购已税高档化妆品生产的高档化妆品。

3. 外购已税珠宝玉石生产的贵重首饰及珠宝玉石。

4. 外购已税鞭炮焰火生产的鞭炮焰火。

5. 外购已税杆头、杆身和握把为原料生产的高尔夫球杆。

6. 外购已税木制一次性筷子为原料生产的木制一次性筷子。

7. 外购已税实木地板为原料生产的实木地板。

8. 以外购已税汽油、柴油、石脑油、燃料油、润滑油用于连续生产应税成品油，不含航空煤油和溶剂油。

9. 从葡萄酒生产企业购进、进口葡萄酒连续生产应税葡萄酒。

一、利用兼营的消费税避税筹划

兼营多种不同税率的应税消费税产品的企业，应当分别核算不同税率应税消费品的销售额、销售数量。

因为税法规定，没有对销售额、销售数量进行分别核算的，或者把不同税率的消费品组成成套消费品出售的，就应当从高适用税率，这无疑会给企业增加税收负担。

二、利用连续生产的消费税的避税筹划

纳税人自产自用的应税消费品，用于连续生产应税消费品的，不纳税。

比如卷烟厂生产烟丝，烟丝已是应税消费品。此时，若卷烟厂再用生产的烟丝进行连续生产。这样一来，卷烟用于连续生产的应税消费税时，就能扣除外购应税消费品已纳的税款。

三、利用销售额核算的消费税避税筹划

当适用增值税的课税对象，同时需要计征消费税的时候，应当计征的消费税的销售额中，不包括需向购货方收取的增值税额。

税法详解与税务实操

第 5 章

增值税

5.1 增值税新规定

5.1.1 新冠肺炎疫情期间增值税的税收优惠政策

2020 年因为新冠肺炎疫情的影响，国家在增值税方面还出台了以下税收优惠政策：

1. 自 2020 年 1 月 1 日起，纳税人运输疫情防控重点保障物资取得的收入，免征增值税。

2. 自 2020 年 1 月 1 日起，纳税人提供公共交通运输服务、生活服务及为居民提供必需生活物资快递收派取得的收入，免征增值税。

3. 自 2020 年 1 月 1 日起，单位和个体工商户将自产、委托加工或购买的货物无偿捐赠用来应对疫情的，将免征增值税。

这些优惠政策什么时候结束以国家规定为准。为了方便纳税人能享受到这些优惠政策，国家采取不办理免税备案的手续，纳税人可直接进行免税申报，当然要留存相关的证明材料备查。在办理增值税纳税申报时，应当正确填写《增值税纳税申报表》及《增值税减免税申报明细表》。

例：某一般纳税人企业是做互联网教育的，2020年2月实现销售200万

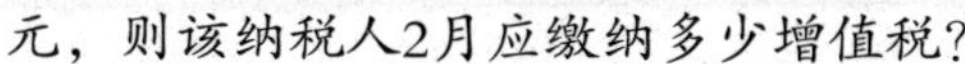
元，则该纳税人2月应缴纳多少增值税?

因为国家规定从2020年1月1日起，提供生活服务的纳税人免征增值税，所谓的生活服务是指为满足城乡居民日常生活需求提供的各类服务活动，包括文化体育服务、教育医疗服务、旅游娱乐服务、餐饮住宿服务、居民日常服务和其他生活服务。

该企业是在线教育，属于生活服务中的教育服务，所以享受疫情期间免收增值税的政策，具体免了多少呢？应纳增值税=200÷（1+6%）×6%=11.32万元。

在办理增值税纳税申报的时候，纳税人将享受免征增值税的销售额200万元，写在《增值税纳税申报表》“其他免税销售额”栏次，同时将减免的税额11.32万元填写到《增值税减免税申报明细表》中的正确栏目。

如果纳税人将本应免征增值税的销售额进行了纳税申报，有两种方法可以补救，第一种就是将当期的申报进行更正，第二种就是在下期申报时进行调整。对已经缴纳的本应该免征的增值税款，可以申请退还或者用来抵减以后的增值税税款。

此外，国家为了支持个体工商户和小微企业的全面复产复工，财政部、税务总局在 2020 年 2 月发布《关于支持个体工商户复工复业增值税政策的公告》，内容如下：

自 2020 年 3 月 1 日至 5 月 31 日，对湖北省增值税小规模纳税人，适用 3% 征收率的应税销售收入，免征增值税；适用 3% 预征率的预缴增值税项目，暂停预缴增值税。除湖北省外，其他省、自治区、直辖市的增值税小规模纳税人，适用 3% 征收率的应税销售收入，减按 1% 征收率征收增值税；适用 3% 预征率的预缴增值税项目，减按 1% 预征率预缴增值税。

2020 年 4 月，财政部、税务总局又发布公告，将这个税收优惠政策实施期限从之前的 2020 年 5 月 31 日延长到 2020 年 12 月 31 日。也就是说，2020 年从 3 月开始到 12 月底个体工商户和小规模纳税人其增值税税率都减按 1% 征收。

5.1.2 增值税新变化

增值税是我国第一大税种，也是影响最广泛、最深远的税种。政府以税收方式进行经济宏观调控这句话用在增值税上面，可以说用得正是地方。

2019 年，政府宣布对增值税进行一系列的深化改革，据报告，从 2019 年 4 月到 12 月深化增值税改革累计减税 8600 多亿人民币。这一大笔钱从政府手中省下来留在百姓手里，可想而知，必然会给民间投资和消费打上一剂强心针。

听说 2019 年要减税，很多私营老板都翘首以盼，他们迫切想知道，新出台税法新规能够给他们带来怎样的实惠。

王老板是搞运输的，新规还没出台，他就整天关注。据说，新规出台之后，他每年能省好几万块钱税呢！

比王老板高兴的是刘经理，他是从事商贸的，虽然年销售额不少，但利润其实很低，听他说，新规出台之后，他一年能省一多半的钱。原因何在？因为刘经理的公司可以从一般纳税人降为小规模纳税人了。

……

2019 年增值税改革，政府在降低税率的基础上，调整了税基，直接减轻了增值税的整体税负，可以说减税力度大，收益面广，从而激发民间经济活力，造福全社会。

改革主要围绕以下三点展开：

一、降低增值税税率

从 2019 年 4 月 1 日起，增值税一般纳税人发生增值税应税销售行为或者进口货物，之前适用 16% 税率的，降低为 13%；原适用 10% 税率的，降低为 9%。此外，纳税人购进农产品，原适用 10% 扣除率的，扣除率调整为 9%。

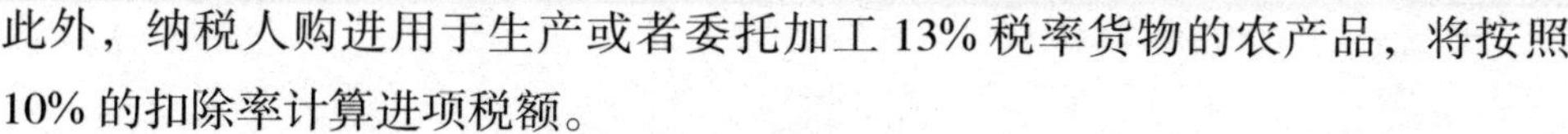

此外，纳税人购进用于生产或者委托加工 13% 税率货物的农产品，将按照 10% 的扣除率计算进项税额。

适用 16% 税率且出口退税率为 16% 的出口货物劳务，出口退税率调整为 13%；原适用 10% 税率且出口退税率为 10% 的出口货物、跨境应税行为，出口退税率调整为 9%。同时，适用 13% 税率的境外旅客购物离境退税物品，退税率为 11%；适用 9% 税率的境外旅客购物离境退税物品，退税率为 8%。

二、扩大了进项税抵扣范围

将国内旅客运输服务也纳入抵扣的范围，同时将纳税人取得不动产支付的进项税由以前的分两年抵扣（第一年抵扣 60%，第二年抵扣 40%），改为一次性全额抵扣。此外，从 2019 年 4 月 1 日至 2021 年 12 月 31 日，允许生产、生活性服务业纳税人按照当期可抵扣进项税额加计 10%，抵减应纳税额。

三、开始试行增值税期末留抵税额退税制度

从 2019 年 4 月 1 日起，试行增值税期末留抵税额退税制度。符合相关条件的纳税人，可向主管税务机关申请退还增量留抵税额，增量留抵税额为与 2019 年 3 月底相比新增加的期末留抵税额。

增值税新规的出台，对于每一个经营实体都有切实的影响，因此，无论是个体企业、股份制企业抑或是上市公司，都要吃透新税法，作为纳税人的我们只有了解了新税法对你我的优惠，才能让政府的优惠政策真正地落到实处。

5.2 增值税的基本概念

5.2.1 增值税的纳税人

会计小吴拿到一张增值税发票，上面的金额是106000元，其中100000元是开票公司的服务费，6000元是增值税税率。

刚当上会计的小吴有点好奇：公司获得的服务价格是10万元的，10万元打到对方账户上是没有问题的，那么这6000元的税款应不应该打给对方呢？

增值税是流转税的一种，服务从一家企业转移到另一家企业，这过程中产生的增值就应该纳税。按照我国法律规定，增值税应该由服务获得一方缴纳，但由服务的提供方代缴。

也就是说，按照法律规定，发票上的6000元小吴是要打给对方公司的，而这笔款项，对方公司也可能已经缴纳给税务局了。

所以，在增值税征收的过程中我们能够看到，实际上是有两个纳税人存在的，一个是真实纳税人（商品或服务获得方），一个是直接纳税人（商品或服务的代缴方）。

不过，虽然增值税是由真实纳税人缴纳的，但税率的决定，则要看直接纳税人。

如果直接纳税人是一般纳税人，税率则按照一般纳税人的税率缴纳，根据纳税行为的不同，税率分别是 13%、9% 和 6%。而如果直接纳税人是小规模纳税人，则统一按照 3% 征收。

一般来说，在开办企业之前，小型企业的经营者可以选择让企业成为小规模纳税人还是一般纳税人。如果企业规模到一定程度之后，则必须转为一般纳税人，具体规模在 2018 年增值税新规中为年营业额超过 500 万元。

增值税小规模纳税人和一般纳税人的主要差别在于是否可以开具增值税专用发票。

增值税专用发票通过认证并符合条件的，可以让发票的获得方来抵扣税款，普通发票则不行。

增值税专用发票有抵扣联，必须通过专用开票机或者通过税局代开。为了满足抵扣认证的需要，增值税专用发票都有固定样式。

印制时，增值税专用发票由国务院税务主管部门指定的企业印制；其他发票，则按照国务院主管部门的规定，分别由省、自治区、直辖市国家税务局、地方税务局指定企业印制。

开具发票时，增值税专用发票需要购货方详细的资料信息（税号、企业基本账户开户行以及账号、企业地址、联系方式等），增值税普通发票则不需要。

5.2.2 增值税征收范围和税率

“要发票吗？”“有发票吗？”“能开发票吗？”“需要开发票吗？”

在我们的日常生活里，似乎处处都能听到这样的话，这里一般都是指增值税发票，增值税的覆盖范围之广由此可见一斑。

增值税是我国第一税种，几乎占据国家税收的 60%，如之前所讲，增值税是针对商品或服务在生产或销售环节产生价值增加而产生的一种税。我们的日常经济生活都是在创造价值，因此向税务部门缴纳增值税就是不可避免的了。

增值税的征收范围，几乎囊括了我们经济生活的每个环节，具体来说，有一般范围和特殊范围的划分。

所谓一般范围，指的是增值税一般规定所限定范围中的征收对象。征收对象有：销售（包括进口）货物；提供加工及修理修配劳务。

特殊范围则主要指上述范围之外的特殊商业行为，譬如视同销售、混同销售、混业经营等。（如下图所示）

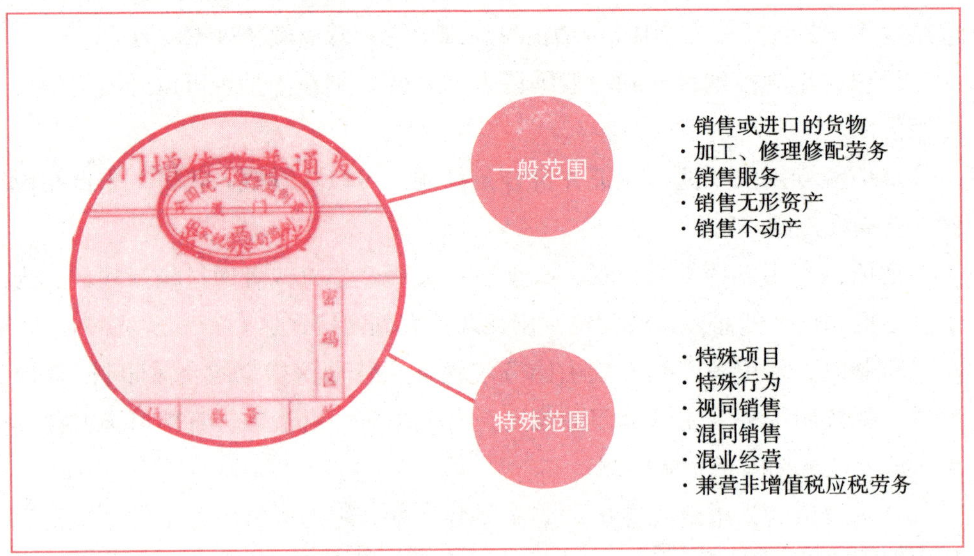

增值税的征收范围的规定虽然只划定了基本领域，但囊括了经济行为的大部分活动，一个企业要获知自己归属增值税的哪一征收范围，只需要对应查找就可以。

例如：某文化公司为一个电视台的晚会提供舞台表演服务，那么它所在的增值税范围就应该在一般范围中的销售服务里面。

某配件生产厂商，销售自己工厂生产的配件，那么它所在的增值税征收范围则应该在销售或进口的货物里面。

分辨我们应该缴纳的增值税范围是很重要的，因为它涉及税率的问题。我国税法规定，对于不同行业，不同商品或服务，执行的增值税政策是不同的。而且，近些年为了适应经济发展和产业结构的调整，我国增值税几经调整，只有认清自己所在的税率，我们才能够实现科学纳税。

说到增值税税率，普遍的印象是17%，确实，我国增值税保持最长时间，使用最广泛的征收办法就是以商品或服务的总价的17%缴纳，也就是

17% 税率。

除了 17% 这一档外，增值税还存在过 13%、11%、6% 等数档税率。一般生产性质的行业普遍适用 17% 的税率，而一些能源、文化、农业等领域普遍适用 13% 的税率，11% 的税率主要由交通运输业适用，而 6% 的税率则主要适用于现代服务业。

这种税率的安排，体现了政府对于经济发展的调节。

而在 2017 年，我国增值税经过了一次大范围调整，调整的方向是取消 13% 这一档税率，将农产品、天然气等增值税税率从 13% 降至 11%。

2018 年税改，增值税又是首当其冲。这一次税改政府本着减税的原则，将 17% 这一档税减为 16%，11% 这一档税减为 10%。

2019 年深化改革后我国增值税率主要有 13%、9%、6%、3% 四档。

值得一提的是，我国税法规定中一直有小规模纳税人的规定。所谓小规模纳税人，指的是年销售额度在规定线以下的企业，增值税普遍按照 3% 的税率缴纳。这个规定本来有大量的细则，而从 2018 年 5 月开始，国家税务部门确定将小规模纳税人条件上调到营业额 500 万元，这一举措等于是放宽了小规模纳税人的条件，是扶持大众创业的一项税收政策。

增值税征收范围和税率几经调整，从曾经最高 17% 到现在最高 13%，已经降低了很多。（见下表）

增值税征收范围及税率	一般性生产销售、一般性服务、一般性租赁	能源、农业文化等	交通运输业	现代服务业	小规模纳税人
历史税率	17%	13%	11%	6%	3%
2017 税改	17%	13%	11%	6%	3%
2018 税改	16%	10%	10%	6%	3%
2019 税改	13%	9%	9%	6%	3%

从税率的调整上看，政府对于增值税的调整思路是减税，通过减税来减轻企业负担，给予企业更多活力。

除了在税率方面进行调整，政府还加大了增值税的减免力度，对很多行业的各种情况都做出了减免规定，规定将给企业带来实实在在的实惠。至于这些规定哪些能够为我们所用，又应该怎样合理使用，我们下节将展开讨论。

5.2.3 增值税的纳税时间、地点与减免规定

我国增值税的纳税期限分别是 1 日、3 日、5 日、10 日、15 日、1 个月或 1 个季度。

具体的纳税期限，由主管税务机关根据纳税人应纳税额的大小分别核定；不能按照固定期限纳税的，也可以按次纳税。对于新办企业第一次纳税申报时间，则为税务登记办理完毕的第二个月。

对于纳税人和扣缴义务人以 1 个月或 1 个季度为一期纳税的，自期满之日起 15 日内申报纳税；对于以 1 日、3 日、5 日、10 日或者 15 日为一期纳税的，自期满之日起 5 日内预缴税款，于次月 1 日起或 15 日内申报纳税；对于以 1 个季度为一期纳税的，自期满之日起 15 日内申报纳税。

增值税固定业务企业，向机构所在地税务机关申报纳税，增值税非固定业务企业，向销售地税务机关申报纳税。

因为增值税涉及的范围十分广泛，各行业地域发展并不均衡，因此，我国政府为增值税纳税人出台了很多减免规定，减免应纳税行为累计有 140 项之多。

除了对具体的类目进行减免之外，我国政府还根据企业规模做出了相应的减免规定。

国家税务总局规定，增值税小规模纳税人月销售额不超过 10 万元（按季纳税 30 万元），都可享受增值税免税政策。

5.3 增值税合理避税技巧与实操

5.3.1 出口退税的合理避税

出口退税，指的是国家运用税收杠杆，来奖励企业产品对外出口的一种措施。一般情况下分成两种：

一、退还进口税。即出口产品企业，用进口原料或半成品，加工制成产品出口时，退还其已经缴纳的进口税。

二、退还已缴纳的国内税款。即企业在商品报关出口时，将生产该商品的，已缴纳的国内税金进行退还。出口退税对增强本国商品在国际市场上的竞争力十分有利，因此被世界各国广泛采用。

国家规定外贸企业出口退税的货物必须要同时具备四个条件：

首先，该产品必须是增值税、消费税征收范围内的货物；

其次，必须是报关离境出口的货物；

再次，必须是在财务上作出口销售处理的货物；

最后，必须是已收汇并经核销的货物。

生产企业（包括有进出口经营权的生产企业、委托外贸企业代理出口的生产企业、外商投资企业）申请办理出口货物退（免）税时必须增加一个条件，即申请退（免）税的货物必须是生产企业的自产货物或视同自产货物才能办理退（免）税。

生产企业出口货物增值税“免、抵、退”税额的计税依据及计算方法：

根据我国税法规定，生产企业出口货物“免、抵、退”税额应根据出口货物离岸价、出口货物退税率计算。

出口货物离岸价以出口发票上的离岸价为准（委托代理出口的，出口发票可以是委托方开具的或受托方开具的），若以其他价格条件成交的，应扣除按会计制度规定允许冲减出口销售收入的运费、保险费、佣金等。

若申报数与实际支付数有差额的，在下次申报退税时调整（或年终清算时一并调整）。若出口发票不能如实反映离岸价，企业应按实际离岸价申报“免、抵、退”税额，税务机关有权按照《中华人民共和国税收征收管理法》《中华人民共和国增值税暂行条例》等有关规定予以核定。

当期应纳税额公式如下：

当期应纳税额＝当期内销货物的销项税额－（当期进项税额－当期免抵退税不得免征和抵扣税额）。

免抵退税额的计算公式如下：

免抵退税额＝出口货物离岸价 × 外汇人民币牌价 × 出口货物退税率－免抵退税额抵减额

免抵退税额抵减额＝免税购进原材料价格 × 出口货物退税率。

免税购进原材料包括国内购进免税原材料和进料加工免税进口料件，其中进料加工免税进口料件的价格为组成计税价格。

进料加工免税进口料件的组成计税价格＝货物到岸价格＋海关实征关税＋海关实征消费税。

5.3.2 代销方式选择的合理避税

代理销售通常有两种方式：

一、收取手续费。即受托方通过代理销售的商品数量，向委托方收取手续费的方式。这对受托方来说，是一种劳务收入，需要缴纳营业税。

二、视同买断。即委托方不采取支付手续费的方式，委托代销商品。而是通过制定较低的协议价格，鼓励受托方。受托方对外销售价格由受托方自

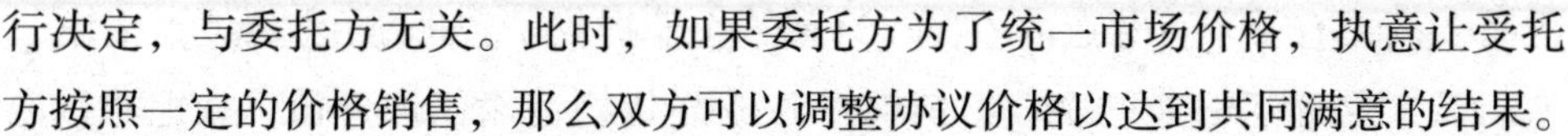

行决定，与委托方无关。此时，如果委托方为了统一市场价格，执意让受托方按照一定的价格销售，那么双方可以调整协议价格以达到共同满意的结果。

这种情况下，受托方不需要缴纳营业税，但委托方、受托方之间的流通环节，应当视作正常销售行为，缴纳增值税。两种代销方式对委托双方的税务处理，以及总体税负水平是不相同的，合理选择代销方式，可以达到依法节税的目的。

梅林开了家造纸厂，2017年2月，他向外地某纸张供应站提供了117万元的白板纸，并且采取了货款结算的售后付款方式。4月，对方汇来货款30万元。

这时候，梅林可以选择代理销售的方式，也可以不选择代理销售的方式。那么，究竟哪种方式更节税呢？

如果选择代销方式下的税负：这笔业务的购货企业是商业企业，而且采用了销售后付款的货款结算方式。因此，可选择委托代销货物的形式，按代销结算的方式，对税务进行处理。

如果按代销处理，2017 年 2 月份可以不计算销项税额，而 4 月份按规定向代销单位索取销货清单并计算销售，计提销项税额。

如不进行相应的会计处理和申报纳税，则违反税收规定。

通过比较两种方案，我们不难看出此类的销售业务，如果选择代销结算的方式，则对企业最为有利。如果采取代销结算方式，企业就能够根据自己实际收到的货款，分期计算销项税额，对那些尚未收到销货清单的货款，也可暂缓申报计算销项税额，进而实现延缓纳税。

5.3.3 企业运输费用的合理避税

根据企业“营改增”税收政策的相关规定，货物运输代理服务属于经纪代理服务，指的是接收货物收货人、发货人、船舶所有人、船舶承租人或船舶经营人的委托，以委托人的名义，给委托人办理货物运输、装卸、仓储和船舶进出港口、银行、靠泊等相关手续的业务活动。

“营改增”之后，交通运输业适用 11% 的税率，经纪代理服务适用 6% 的税率，两者有 5 个百分点的差额，这就给企业提供了合理避税的筹划空间。

从事交通运输业的企业，能够单独成立货物运输代理公司，并把非核心的业务，选取代理的方式进行处理，以降低增值税的税负。

小郭的交通运输企业是增值税的一般纳税人。2017年9月，小郭采用回路运输方式，给某钢铁厂运送了一批钢材，同时以自己的名义，办理了船舶进港手续，共收取价款1200万元（含税）。

这时，小郭应当做出怎样的筹划方案呢？

这项业务属于水路运输服务，适用 11% 的税率，故：

销项税额 =1200 万元 ÷（1+11%）×11%=118.92（万元）

如果小郭的公司单独成立货物运输代理公司，并且与钢铁厂进行协商，由代理公司以钢铁厂的名义，办理船舶进港手续，钢铁厂向代理公司支付含税为 200 万元的款项，并向小郭支付含税为 1000 万元的款项，则：

销项税额 =200 万元 ÷（1+6%）×6%+1000÷（1+11%）×11%=110.42（万元）

节税 118.92 万元 –110.42 万元 =8.5（万元）。

5.3.4 利用程租、期租及湿租进行合理避税

交通运输企业出租运输工具可以分为两种模式：

一、只出租运输工具，实质上是让渡资产的使用权。比如水路运输服务的光租和航空运输服务的干租。

二、将配备操作人员的运输工具出租，实质上是提供运输服务。比如水路运输服务的程租、期租和航空运输服务的湿租。

光租业务，指的是运输企业在约定的时间内，把船舶出租给他人使用，不配备操作人员，不承担运输过程中发生的各项费用，只收取固定的租赁费用的业务活动。

干租业务，指的是航空运输企业在约定的时间内，把飞机出租给他人使用，不配备机组人员，不承担运输过程中发生的各项费用，只收取固定租赁

费用业务活动。

水路运输的光租业务、航空运输的干租业务都属于经营租赁。

程租业务，指的是运输企业为租船人完成某一特定航次的运输任务，并收取租赁费用的业务。

期租业务，指的是运输企业将配备有操作人员的船舶承租给他人使用一定期限，承租期限内听候承租方的调遣，不管是否经营，都按天数向承租方收取租赁费，发生的固定费用都由船东负担的业务。

水路运输的程租业务、期租业务，属于水路运输服务。

湿租业务，指的是航空运输企业将配备有机组人员的飞机承租给他人使用一定期限，承租期限内听候承租方调遣，不管是否经营，都按一定的标准，向承租方收取租赁费用。发生的固定费用都由承租方承担的业务。航空运输的湿租业务，属于航空运输服务。

程租、期租与湿租，都属于交通运输服务，适用于 11% 的增值税税率；干租和光租属于有形动产租赁，适用 17% 的增值税税率。

从表面上看，二者的税率存在 6 个百分点的差距，但程租、期租与湿租，由于包含操作人员的工资等固定成本，价格会相应地提高。

那么，在什么情况下，将有形动产租赁，转化成交通运输服务更有利呢？

全浩运输企业是增值税的一般纳税人。在 2017 年 6 月，全浩运输企业把一艘船以光租的形式，租给另外一家公司，租期为一个月，取得 50 万元的含税销售额：

应缴增值税 =50 万元 ÷（1+17%）× 17%=7.25（万元）

如果一艘船所配备的操作人员，其工资等固定成本为 20 万元，则：

期租应纳增值税 =（50+20）万元 ÷（1+11%）× 11%=6.94（万元）；

节税 0.31 万元。

5.3.5 利用融资租赁方式的合理避税

当工业企业遇到融资困难时，不仅可以向银行等传统金融企业融资，还可以和融资租赁企业进行合作融资。下面，介绍两种主要的融资方式：

融资租赁服务，指的是具备融资性质，以及所有权转移特点的租赁活动。

即出租人根据承租人所要求的规格、型号、性能等条件，购入有形动产或不动产租赁给承租人。

在合同期内，租赁物的所有权属于出租人，承租人只拥有使用权，合同期满付清租金后，承租人有权按照残值购入租赁物，以拥有其所有权。

不管出租人是否把租赁物销售给承租人，都属于融资租赁。融资性售后回租，指的是承租方通过融资，把资产出售给从事融资性售后回租业务的企业，将该资产出租给承租方的业务活动。

根据我国税法规定，经由中国人民银行、银监会或者商务部批准，从事融资租赁业务的试点纳税人中的一般纳税人，提供有形动产融资租赁服务，以及有形动产融资性售后回租服务，对其增值税实际税负，超过3%的部分实行增值税即征即退政策。

对于商务部授权的省级商务主管部门以及国家经济技术开发区批准的，从事融资租赁业务和融资性售后回租业务的试点纳税人中的一般纳税人，其税收政策都做了改变。2016年5月1日后，注册资本达到1.7亿元，但是实收资本未达到1.7亿元的，自2016年8月1日起开展的融资租赁业务，不得执行上述规定。也就是利息支出和车辆购置税，不得自全部价款和价外费用中扣减。在2016年5月1日后，实收资本达到1.7亿元的，可按照上述规定执行。

根据“营改增”现行的政策规定，融资租赁是属于有形动产租赁的。适用于17%的增值税税率；融资性售后回租属于贷款服务，适用6%的增值税税率。另外，二者都是按差额确定销售额，但融资性售后回租服务的销售额不包括本金，而融资租赁服务的销售额中包括本金，这是二者的区别。

其原因是融资租赁服务中，购买设备的方面有进项税额可以抵扣，而融资性售后回租没有相应的进项税额

综上所述，两者的税率有11个点的差额，这就为税收筹划提供了空间。

小罗的融资租赁公司为一般纳税人，且实收资本和注册资本都不够1.7亿元。老张是制造业的一般纳税人，并且跟小罗签订了为期三年的融资租赁合同。小罗在老杨的机床厂购买了不含税销售额为3600万元的机床，并取得了增值税专用发票，再转租给老白。三年后，老白一次性付给小罗4000万元。合同到期后，老白将其机床进行收购。

在这种情况下，老白应当做出怎样的纳税筹划呢？

如果采取融资租赁的方式，则：

应纳增值税 =4000 万元 ×17%–3600 万元 ×17%=68（万元）

如果采用融资性售后回租服务，则老白向机床厂以延期付款方式，购买不含税销售额为 3600 万元的机床，然后和小罗签订售后回租合同，则小罗融资 3600 万元并将款项归还给机床厂。三年后，一次性向小罗支付 4000 万元，合同到期后，老白收购机床：

应纳增值税 =（4000–3600）万元 ×6%=24（万元）

节约了 68 万元 – 24 万元 = 44（万元）的税款。

第 6 章

消费税

6.1 消费税新规定

消费税是针对消费品和特定消费行为，按照消费税的流转额进行收取的一种商品税。通常情况下，消费税都是对特定消费品或特定消费行为（如购买奢侈品）课税。而普通商品并不涉及消费税。

在世界范围内，相比其他的税种，消费税一直是个不起眼的小角色，而且，消费税在税收的收入比重中一直处于下降趋势。直到20世纪70年代后期，西方国家开始盛行环境和生态保护思想，人们这才发现消费税在其中的独特作用。因此，西方各国的消费税课征范围开始呈现出扩大的趋势。

针对2019年消费税的政策调整，很多企业，尤其是汽车、林木产品等相关行业反应相当强烈。而2019年消费税新政的政策的调整，也折射出类似的国家产业政策和宏观经济趋向。

消费税在选择课税对象时主要基于两种精神：

一是"寓禁于征"，对环境污染有较大影响（如实木地板）或是技术落后、浪费资源等商品的课征。长期以来，资源浪费型产业，在我国一直没有为浪费买单；

二是"向富人征税"，如对超级豪华小轿车、游艇之类的奢侈品和高档消费品的课税。

在此次的消费税调整中，对游艇、高尔夫球及球具、高档手表等高档消费品征收消费税，同时提高了大排量汽车的税率，而相对减少了小排量车的税收负担。同时，我国对那些已经具备大众消费特征的护肤护发产品停止征收消费税，也表明了中央政府通过税收手段，限制高消费行为的考虑。而扩大石油制品征税范围，对一些污染环境的消费品，如木制一次性筷子、实木地板征收消费税，也表明了国家通过税收手段，促进环境保护和节约资源的决心。

就对经济的影响而言，2019 年的消费税改革，对企业技术进步和产业结构调整的影响其实更为深远。

要知道，税收想要发挥作用，主要是通过收入效应和替代效应来实现。而消费税的征收会提高商品售价，消费者们在收入不变的情况下，肯定会减少消费量，这就是收入效应；同时，还有不少消费者或企业，会选择没有征收消费税的同类商品来替代被征税的商品，这就是替代效应。

比如国家对实木地板和木制一次性筷子课税，就能让人们更多地选择复合木地板，以及其他材料制成的筷子。

由于环保主义盛行，木材、钢铁等产品的替代材料在世界范围内都层出不穷；据报道，有不少国家都成功应用废纸、木屑、秸秆和芦苇等材料制作地板、房屋的墙体等一般建材，甚至有些国家，还能用一些废料来制作飞机和汽车的外壳。相比之下，我国企业的表现确实还相差甚远。

同样，人们购买排量大的汽车，其本质并非要比谁的油耗更大，而是为了追求更好的动力性。对于大排放量乘用车消费税率的提高，虽然在短期内可能影响到大排量汽车的销量。但从长远角度看，生产企业同样能通过对汽车引擎技术方面的改进，让小排量的发动机输出更大的功率，让竞争力显著提高。

事实上，大部分车主都能看到，涡轮增压技术已经应用于部分车型了。

在此基础上，加快对太阳能汽车、天然气汽车的研究和产业化，也会极大降低对石油产品等传统能源的消耗和依赖。这非但规避了消费税对企业的不利影响，同时也保护了环境，可谓一举多得。

再比如，2018 年的消费税改革，对子午线轮胎继续免税也是因为子午线轮胎技术先进。国家一向鼓励发展安全节能的产品，所以可以通过免税降低其价格，鼓励消费者购买使用。

此前，我国各类生产要素的价格远远低于国际水平。其中，石油等资源以及劳动力成本长期偏低，这种局面对“中国制造”的长远发展十分不利。

如今，我国的国民经济中，有 42 个行业都会直接受到石油价格上涨的影响，这也迫使一些下游产业，就其自身进行不断地创新和升级。

2018 年的消费税改革，不仅是自 1994 年税制改革以来，规模和内容变化最大的一次，而且还是一轮酝酿已久的，全新的税收体制改革的全面提速信号。2019 年我国对消费税又进行了一些改革，并发布了消费税立法的征求意见，消费税法正式实施后我国消费税将更加完善。

在中国经济持续高速增长的背后，一些深层次的矛盾和问题也积累下来。推动结构调整、转变增长方式、提高创新能力、促进全面发展，都要求尽快完善税收体制。

6.2 消费税的基本概念

6.2.1 消费税的纳税人

根据相关规定，在中华人民共和国境内生产、委托加工、零售和进口消费税暂行条例规定的消费品的单位和个人，以及国务院确定的销售消费税暂行条例规定的消费品的其他单位和个人，都是消费税的纳税人，应当按照消费税的暂行条例缴纳消费税。

单位指的是企业、行政单位、事业单位、军事单位、社会团体及其他单位。个人指的是个体工商户以及其他个人。在中华人民共和国境内，是指生产、委托加工和进口属于应当缴纳消费税的消费品的起运地或者所在地在境内。

6.2.2 消费税的征税范围

消费税的征税范围分布于以下四个环节：

一、生产应税消费品

生产应税消费品是征收消费税的主要环节，由于消费税具有单一环节征税的特点，在生产销售环节征税以后，货物在流通环节无论流转多少次，都不用再缴纳消费税。

生产应税消费品，除了直接对外销售应征收消费税之外，纳税人将生产的应税消费品换取生产资料、消费资料、投资入股、偿还债务，以及用于继续生产应税消费品之外的其他方面都应缴纳消费税。

二、委托加工应税消费品

委托加工应税消费品指的是委托方提供原料和主要材料，受托方只收取加工费用和代垫部分辅助材料加工的应税消费品。

三、进口应税消费品

单位和个人进口货物属于消费税征税范围的，在进口环节也要缴纳消费税，为了减少征税成本，进口环节缴纳的消费税，由海关代征。

四、零售应税消费品

目前，在零售销售环节征收的只有金银首饰、钻石及钻石饰品。其中，金银首饰包括镀金（银）、包金（银）首饰以及镀金（银）、包金（银）的镶嵌首饰。

金银首饰连同包装物销售的，无论包装是否单独计价，也不管会计上如何核算，都应当并入金银首饰的销售额，计征消费税。

带料加工的金银首饰，应当按照受托方销售同类金银首饰的销售价格，确定计税依据征收消费税。没有同类金银首饰销售价格的，按照组成计税价格计算纳税。

纳税人采用以旧换新（包括翻新改制）方式销售的金银首饰，应当按照实际收取的不含增值税的全部价款，确定计税依据征收消费税。

6.2.3 消费税的税率

在我国，消费税采用比例税率和定额税率两种形式，以适应不同的应税消费品的实际情况。为了引导合理消费，促进节能减排，经国务院批准，我国于此次消费税改革中，对超豪华小汽车加征消费税。现将有关事项通知如下：

“小汽车”税目下增设“超豪华小汽车”子税目。征收范围为每辆零售价130万元（不含增值税）及以上的乘用车和中轻型商用客车，即乘用车和中轻型商用客车子税目中的超豪华小汽车。对超豪华小汽车，在生产（进口）环节按现行税率征收消费税基础上，在零售环节加征消费税，税率为10%。

目前消费税的税目共有15种，其征收税率也各不相同，我们通过表格和

解析来进行具体了解：

税目（15个）	税率
一、烟	
1. 卷烟	
（1）甲类卷烟	56%加0.003元/支（生产环节）
（2）乙类卷烟	36%加0.003元/支（生产环节）
（3）批发环节	11%加0.005元/支
2. 雪茄烟	36%
3. 烟丝	30%
二、酒	
1. 白酒	20%加0.5元/500克（或500毫升）
2. 黄酒	240元/吨
3. 啤酒	
（1）甲类啤酒	250元/吨
（2）乙类啤酒	220元/吨
4. 其他酒	10%

通过表格，我们不难看出，酒精已不再征收消费税。

其中，甲类啤酒指的是每吨出厂价（含包装物及包装物押金）≥3000元（不含增值税）；乙类啤酒是指每吨出厂价（含包装物及包装物押金）<3000元。

包装物押金不包括重复使用的塑料周转箱的押金。

果啤属于啤酒，按啤酒征收消费税。

对饮食业、商业、娱乐业举办的啤酒屋（啤酒坊）利用啤酒生产设备生产的啤酒应当征收消费税。

此次消费税改革新增了葡萄酒，属于“其他酒”子目。

配制酒的子类目和税率适用范围如下：

（1）以蒸馏酒或食用酒精为酒基，具有国家相关部门批准的国食健字或卫食健字文号并且酒精度＜38度（含）的配制酒；

（2）以发酵酒为酒基，酒精度＜20度（含）的配制酒；

前两类，按“其他酒”10%适用税率征收消费税。

（3）其他配制酒，按“白酒”适用20%加0.5元/500克税率征收消费税。

续表

税目	税率
三、高档化妆品	15%
四、贵重首饰及珠宝玉石	
1. 金银首饰、铂金首饰和钻石及钻石饰品	5%（零售环节纳税）
2. 其他贵重首饰和珠宝玉石	10%（生产、进口、委托加工提货环节纳税）
五、鞭炮、焰火	15%

财政部联合国家税务总局发布了《关于调整化妆品消费税政策的通知》（以下简称《通知》）规定：取消对普通美容、修饰类化妆品征收消费税，将“化妆品”税目名称更名为“高档化妆品”。征收范围包括高档美容、修饰类化妆品、高档护肤类化妆品和成套化妆品。税率由原先的30%调整为15%。

高档美容、修饰类化妆品和高档护肤类化妆品是指生产（进口）环节销售（完税）价格（不含增值税）在10元/毫升（克）或15元/片（张）及以上的美容、修饰类化妆品和护肤类化妆品。其中不包括：舞台、戏剧、影视演员化装用的上妆油、卸妆油、油彩。

出国人员免税商店销售的金银首饰征收消费税。

而鞭炮焰火中不包括：体育上用的发令纸、鞭炮药引线。

续表

税目	税率
六、成品油	
1. 汽油	1.52元/升
2. 柴油	1.20元/升
3. 航空煤油	1.20元/升
4. 石脑油	1.52元/升
5. 溶剂油	1.52元/升
6. 润滑油	1.52元/升
7. 燃料油	1.20元/升

航空煤油的消费税暂缓征收；我国取消了车用含铅汽油消费税，汽油税目不再划分二级子目，统一按照无铅汽油税率征收消费税。

变压器油、导热类油等绝缘油类产品不属于润滑油，不征收消费税，同时取消汽车轮胎的消费税。

续表

税目	税率
七、小汽车	
1. 乘用车	
（1）气缸容量在 1.0（含 1.0）升以下的	1%
（2）气缸容量在 1.0 以上至 1.5（含 1.5）升	3%
（3）气缸容量在 1.5 以上至 2.0（含 2.0）升	5%
（4）气缸容量在 2.0 以上至 2.5（含 2.5）升	9%
（5）气缸容量在 2.5 以上至 3.0（含 3.0）升	12%
（6）气缸容量在 3.0 以上至 4.0（含 4.0）升	25%
（7）气缸容量在 4.0 升以上	40%
2. 中轻型商用客车（含驾驶员座位在内的座位数≤ 23 座）	5%
3. 超豪华小汽车（加征零售环节）	10%

排量小于 1.5 升（含）的乘用车底盘（车架）改装、改制的属于乘用车；大于 1.5 升的乘用车底盘（车架）或用中轻型商用客车底盘（车架）改装、改制的属于中轻型商用客车。其中不包括：

1. 电动汽车；

2. 车身长度≥ 7 米，并且座位 10 ~ 23 座（含）以下的商用客车；

3. 沙滩车、雪地车、卡丁车、高尔夫车。

续表

税目	税率
八、摩托车	
1. 气缸容量在 250 毫升（只这一个容量）	3%
2. 气缸容量在 250 毫升以上的	10%
九、高尔夫球及球具	10%
十、高档手表	20%
十一、游艇	10%
十二、木制一次性筷子	5%
十三、实木地板	5%

取消气缸容量 250 毫升（不含）以下的小排量摩托车消费税。

高尔夫球及球具范围包括高尔夫球、高尔夫球杆及高尔夫球包（袋）等。高尔夫球杆的杆头、杆身和握把属于本税目的征收范围。

高档手表，每只不含增值税销售价格≥ 10000 元。

游艇，8 米≤长度≤ 90 米，内置发动机，可以在水上移动，一般为私人或团体购置，主要用于水上运动和休闲娱乐等非牟利活动的各类机动艇。

续表

税目	税率
十四、电池	4%
十五、涂料	4%

对无汞原电池、金属氢化物镍蓄电池（又称“氢镍蓄电池”或“镍氢蓄电池”）、锂原电池、锂离子蓄电池、太阳能电池、燃料电池和全钒液流电池免征消费税。

2015 年 12 月 31 日前对铅蓄电池缓征消费税，而此次消费税改革，则对铅蓄电池按 4% 税率征收消费税。

对施工状态下挥发性有机物含量低于 420 克 / 升（含）的涂料免征消

费税。

税率形式	应税消费品
比例税率和定额税率相结合的复合计税	卷烟（除批发）： 定额税率：每标准箱收取 150 元； 比例税率：调拨价为每条 70 元及以上的，适用 56%；调拨价为每条 70 元以下的，适用 36%。 粮食白酒、薯类白酒： 定额税率：每斤定额税率 0.5 元； 比例税率：白酒 20%。
定额税率	啤酒：250 元 / 吨（出厂价 3000 元 / 吨以上）； 220 元 / 吨（出厂价 3000 元 / 吨以下）； 黄酒：240 元 / 吨； 成品油
比例税率	除上述列举以外的其他应税消费品

6.2.4 关于成品油消费税的征收管理

我国为了加强汽油、柴油、航空煤油、石脑油、溶剂油、润滑油、燃料油等成品油消费税的征收管理，同时也为维护市场经济的公平及税收的秩序，成品油税目成了此次消费税调整的重中之重。

由于成品油是工业的动力，因此，此次调整也将引发整个产业链的利润再分配。调整之后，成品油税目中共有 7 个类别：其中汽油、柴油、石脑油、燃料油、航空煤油、润滑油六类可以直接或者间接归属于交通燃料；而溶剂油则是多个产业必需的原料。

因此，增收消费税将导致下游一系列产业的生产成本上升。我国于 2018 年就成品油消费税的征收问题的具体调整如下：

一、所有成品油发票均须通过增值税发票管理新系统中成品油发票开具模块开具。

成品油发票是指销售汽油、柴油、航空煤油、石脑油、溶剂油、润滑油、燃料油等成品油所开具的增值税专用发票（以下简称“成品油专用发票”）和增值税普通发票。

纳税人需要开具成品油专用发票的，由主管税务机关开通成品油发票开具模块。

开具成品油专用发票时，应遵守以下规则：

（1）正确选择商品和服务税收分类编码。

（2）发票“单位”栏应选择“吨”或“升”，蓝字发票的“数量”栏为必填项且不为“0”。

（3）开具成品油专用发票后，发生销货退回、开票有误以及销售折让等情形的，应按规定开具红字成品油专用发票。

销货退回、开票有误等原因涉及销售数量的，应在《开具红字增值税专用发票信息表》中填写相应数量，销售折让的不填写数量。

（4）成品油经销企业某一商品和服务税收分类编码的油品可开具成品油专用发票的总量，应不大于所取得的成品油专用发票、海关进口消费税专用缴款书对应的同一商品和服务税收分类编码的油品总量。

成品油经销企业开具成品油专用发票前，应登录增值税发票选择确认平台确认已取得的成品油专用发票、海关进口消费税专用缴款书信息，并通过成品油发票开具模块下载上述信息。

二、外购、进口和委托加工收回的汽油、柴油、石脑油、燃料油、润滑油用于连续生产应税成品油的，应凭通过增值税发票选择确认平台确认的成品油专用发票、海关进口消费税专用缴款书，以及税收缴款书（代扣代收专用），按规定计算扣除已纳消费税税款，其他凭证不得作为消费税扣除凭证。

外购石脑油、燃料油用于生产乙烯、芳烃类化工产品的，应凭取得的成品油专用发票所载明的石脑油、燃料油的数量，按规定计算退还消费税，其他发票或凭证不得作为计算退还消费税的凭证。

三、自税款所属期2018年3月起，纳税人申报成品油消费税时应填写新的《成品油消费税纳税申报表》及其附列资料（见附件）。享受成品油消费税减免税优惠政策的纳税人，在纳税申报时应同时填写《国家税务总局关于调整消费税纳税申报有关事项的公告》（国家税务总局公告2015年第32号）公布的《本期减（免）税额明细表》。

纳税人申报的某一类成品油销售数量，应大于或等于开具的该同一类成品油发票所载明的数量；申报扣除的成品油数量，应小于或等于取得的扣除凭证载明数量。申报比对相符后，主管税务机关对纳税人的税控设备进行解锁；比对不相符的，待解除异常后，方可解锁。

四、成品油经销企业应于2018年3月10日前（包括3月10日），将截至2018年2月28日的成品油库存情况（不包括未取得增值税专用发票、海关进口消费税专用缴款书的成品油库存）录入增值税发票选择确认平台。

五、外购用于连续生产的成品油，取得2018年2月28日前（包括2月28日）开具的增值税专用发票且符合扣除规定的，纳税人应于税款所属期2018年4月前申报，计入《本期准予扣除税额计算表》“本期外购入库数量”中，连续生产耗用后，按规定计算扣除已纳消费税税款。

6.2.5 消费税的免税、减税及退税规定

我国《消费税暂行条例》规定纳税人出口的应税消费品，除国家限制的产品外，免征消费税。主要有：

（1）有出口经营权的生产企业自营出口的应税消费品，按照其实际出口数量和金额可免征消费税。

（2）来料加工复出口的应税消费品，免征消费税。

（3）对外承包工程公司运出境外，用于对外承包项目的；企业在国内采购之后运出境外，作为在境外投资的；对外承接修理、修配业务的企业用于对外理、修配业务的；外轮供应公司、远洋运输供应公司销售给外轮和远洋国轮，并收取外汇的；经国务院批准设立，享有进出口经营权的中外合资企业收购自营出口的国产应税消费品都属于国家特准退还、免征消费税的应税消费品。

企业生产销售达到低污染排放限值标准的小轿车、越野车和小客车，可以减征30%的消费税。

外贸企业出口和代理出口的应税消费品，可以退还已经征收的消费税。

6.3 消费税合理避税技巧与实操

6.3.1 利用独立核算进行合理避税

税务官说："消费税合理避税技巧：利用独立核算进行合理避税；利用委托加工的规定进行避税；利用外购已税消费品的规定进行避税。包装物选择的避税：以外汇结算应税消费品的合理避税。"

根据消费税相关税法规定，纳税人通过自设非独立核算门市部销售的自产应税消费品，应当按照门市部对外销售额或者销售数量计算征收消费税。税法对独立核算的门市部则没有限制。

前面已介绍过，消费税的纳税行为发生在生产领域（包括生产、委托加工和进口），而非流通领域或终极消费环节（金银首饰除外）。

因此，关联企业中生产（委托加工、进口）应税消费品的企业，在零售等特殊情况下，如果在不违反公平交易的前提下，以较低的销售价格把应税消费品销售给其独立核算的销售部门，就可以降低销售额，从而减少应纳消费税税额。

而独立核算的销售部门，由于处在销售环节只需缴纳增值税，不用缴纳消费税，则可以让集团的整体消费税税负下降，但增值税税负保持不变。

企业的会计人员，应当针对消费税的多档税率，根据税法的基本原则，对税法进行正确、必要的合并核算和分开核算，以达到合理避税筹划目的。

当一家企业兼营多种不同税率的应税消费税产品时，应当分别核算不同税率的应税消费品的销售额、销售数量。根据税法规定，未分别核算销售额、销售数量，或者将不同税率的应税消费品组成成套消费品出售的，应从高适用税率。这无疑会增加企业的税收负担。

小马的酒业公司，专门从事粮食白酒、碳酸汽酒、活血提神药酒的生产。在2016年，销售额共计9000万元。小马向税务机关报税时，若按25%的税率计缴消费税，应为：

9000万元×25%=2250（万元）

小马的酒业公司于2017年1月实行人才招聘制，招募到一位认真专业的财务总监小刘，小刘认真检查账目，立即要求财务部经理把三种酒的税进行分开计算，分开申报。

当时，有很多财务人员认为工作量太大，都不大愿意。小刘说："只要你们认真仔细地分开核算清楚，每月每人加发奖金1000元。"

结果，2017年全年共计销售额为8700万元，其中白酒4600万元，汽酒1900万元，药酒2200万元，则三种酒应纳消费税为：

粮食白酒纳税额=3600万元×25%=1150（万元）

碳酸汽酒纳税额=1900万元×10%=190（万元）

活血提神药酒纳税额=2200万元×10%=220（万元）

合计纳税总额1560万元。

尽管小马的酒业公司2017年销售额减少300万元，但因财务总监小刘正确采用分酒种进行核算，共计避税615万元[（1900＋2000）万元×（25%－10%）]。所以，在减少销售额的情况下，收益反而在2017年增加390万元，这缘于粮食白酒应征消费税率25%和汽酒、药酒应征消费税率10%产生的。

这里我们应当注意，由于独立核算的经销部和生产企业之间都是存在关联关系的。按照《税收征收管理法》第 36 条的规定："企业或者外国企业在中国境内设立的从事生产、经营的机构、场所与其关联企业之间的业务往来，应当按照独立企业之间的业务往来收取或者支付价款、费用；不按照独立企业之间的业务往来收取或者支付价款、费用，而减少其应纳税的收入或者所得额的，税务机关有权进行合理调整。”

因此，企业销售给自己的经销部价格，也需要参照销售给其他商家当期的平均价格进行确定。如果其销售价格“明显偏低”，主管税务机关就会对其价格进行重新调整。

6.3.2 利用委托加工的规定进行避税

虽然工业企业能制造出同样的产品，但如果属于受托加工则比自制税负轻。因此，一些企业为减轻税收负担，在自制产品和受托加工产品之间合理筹划。

比如，当企业按照合同，给其他企业加工定做产品时，需要先把本企业生产该产品所需要耗费的原材料，以“卖给对方”的名义转入往来账。等到产品生产出来后，不做产品销售处理，而是向购货方分别收取材料款和加工费。

也有的企业在采购原材料时，就以购贷方的名义进料。同样，某些受托加工企业为达到“避高就低”少缴税的目的，采用减少中间纳税环节，来达到避税的目的。

小崔卷烟厂委托老程加工厂，把一批价值100万元的烟叶加工成烟丝。根据协议，双方商定加工费为75万元。加工的烟丝运回小崔卷烟厂后，小崔卷烟厂继续加工成甲类卷烟，加工成本、分摊费用共计95万元，该批卷烟售出价格700万元。烟丝消费税税率30%，卷烟消费税税率50%。

如果委托老程加工厂（以下简称“老程”），将应税消费品进行加工收回后，继续加工成另一种应税消费品销售。小崔卷烟厂在向老程支付加工费的同时，需向受托方支付其代收代缴的消费税：

消费税组成计税价格 =（100+75）万元 ÷（1–30%）=250（万元）；

应缴消费税 =250 万元 ×30% =75（万元）。

小崔卷烟厂销售卷烟后，应缴消费税：

700 万元 ×50% –75 万元 =275（万元）。

小崔卷烟厂的税后利润（所得税税率暂按 33%）：

（700–100–75–75–95–275）万元 ×（1–33%）=53.6（万元）。

如果换一种方式，先将委托加工的消费品收回后，再直接对外销售。那么，小崔卷烟厂委托老程将烟叶加工成甲类卷烟，若烟叶成本不变，加工费用为160万元。加工完毕，运回小崔卷烟厂后，小崔卷烟厂的对外售价仍为700万元。

小崔卷烟厂向老程支付加工费的同时，向其支付代收代缴的消费税：

（100+160）万元 ÷（1–50%）×50% =260（万元）。

由于委托加工应税消费品直接对外销售，小崔卷烟厂在销售时，不必再缴消费税。其税后利润：

（700–100–160–260）万元 ×（1–33%）=120.6（万元）。

我们再看另一种方式，如果生产者购入原料后，自行加工成应税消费品对外销售。

也就是说，小崔卷烟厂将购入的价值 100 万元的烟叶自行加工成甲类卷烟，加上成本、分摊费用共计 175 万元，售价 700 万元。

应缴消费税 =700 万元 ×50% =350（万元）；

税后利润 =（700–100–175–350）万元 ×（1–33%）=50.25（万元）。

将这三种方案进行比较，我们不难看出，在被加工材料成本相同，且最终售价相同的情况下，第二种方案显然比第一种方案更为有利，因为税后的利润多了 67 万元。

即便第二种情况下，小崔卷烟厂向老程支付的加工费近似于前者之和 170 万元（75 万元 +95 万元），第二种也比第一种的税后利润多得多。

一般情况下，后面的情况所支付的加工费用，要比前一种情况支付的加工费用，即向受托方支付加自己发生的加工费之和更少。对于受托方来说，不管是哪种情况，代收代缴的消费税都与赢利无关，只有收取的加工费与赢利有关。

比较方案一、方案二和方案三。我们不难看出，在各类因素相当的情况下，采用自行加工方式的税后利润最少，课税最重。而采用彻底的委托加工，即收回后不再加工直接销售的方式，比委托加工后再自行加工后销售，其税负要更低。

6.3.3 利用外购已税消费品的规定进行避税

齐达卷烟厂是某市一家大型卷烟生产企业，同时也是税源大户。随着我国法治建设的日益完善，卷烟厂的董事会也对税收问题越来越重视。

2017年，董事会决定从某著名税务师事务所，聘请一位税务专家到企业进行涉税风险评估。2017年2月26日，税务师事务所的注册税务师老冯接受了齐达卷烟厂委托，对其2016年度的纳税情况进行风险评估。

首先，老冯对该企业的生产经营的涉税情况进行了全面的审查。他发现：齐达卷烟厂在2016年1月1日的企业库存外购烟丝的进价成本为4860万元，并先后从长江烟叶加工厂，购入了10批烟丝，价款为2000万元，增值税专用发票注明增值税税额为340万元；此外，还从林茂实业供销公司，购入了8批烟丝，价款为3000万元，增值税专用发票上注明的税款为510万元。

2016年12月31日，齐达卷烟厂的账面库存外购烟丝的进价成本为4920万元。

2016年度销售甲类卷烟取得销售收入为14200万元，销售5680标准箱（单价100元/条），乙类卷烟取得销售收入为3600万元，销售2400标准箱（单价60元/条）。公司在2016年度申报并实际缴纳消费税为7887.2万元。

单从账面看，齐达卷烟厂把外购的原材料都作为抵扣项目进行了抵扣，老冯觉得，齐达卷烟厂的财务在消费税核算方面存在错误。

根据现行税法规定：纳税人将应税消费品用于连续生产的，可以抵扣外购的应税消费品所含的消费税。

所谓连续生产，是指应税消费品完成一个生产环节后直接转入下一个生产环节，未经市场流通。允许扣除已纳消费税外购消费品仅限于直接从生产企业购进的，不包括从商品流通企业购进的应税消费品。

当期准予扣除的已纳消费税税款的计算公式为：

当期准予扣除的外购应税消费品的已纳税款 = 当期准予扣除的外购应税消费品的买价 × 外购应税消费税税率；

当期准予扣除的外购应税消费品的买价 = 期初库存的外购应税消费品的买价 – 当期购进的应税消费品的买价 – 期末库存的外购应税消费品的买价。

对于该企业，老冯做出了正确的筹划：用外购（仅指从生产企业购进）已税烟丝生产的卷烟，可以从应纳消费税额中扣除购进原料已缴纳的消费税。所以，齐达卷烟厂对于外购已税消费品，当期准予扣除的外购应税消费品的已纳税款为：

当期准予扣除的外购应税消费品买价为：

4860万元+2000万元－4920万元=1940（万元）；

当期准予扣除外的购应税消费品的已纳税款为：

1940万元×30%=582（万元）；

按当期销售收入计算的应纳消费税额为：

14200×56%+3600×36%+（5680+2400）×150÷10000=7952+1296+121.2=9369.2万元；

则齐达卷烟厂当期实际应纳消费税税款为：

当期实际已纳税款=按当期销售收入计算的应纳税额－当期准予扣除的外购应税消费品的应纳税款=9369.2−582=8787.2（万元）。

实际上，齐达卷烟厂对从林茂实业供销公司购进的8批价款为3000万元的烟丝也做出了抵扣，从而造成少缴消费税900万元。这一点属于漏税行为，如果日后被税务机关稽查发现，将受到相应处罚。作为税务代理审查则属于自查，企业可以及时进行自我更正。

齐达卷烟厂2016s年少缴纳了900万元消费税，应该补提消费税。在12月末会计上可作如下会计分录：借记“产品销售税金及附加”900万元；贷记“应缴税金–应缴消费税”900万元。

与此同时，老冯在检查过程中，还发现齐达卷烟厂还有从其他烟丝加工厂购进的少量烟丝，支付价税合计10万元（普通发票）。齐达卷烟厂的财务人员把这些发票混入管理费用中列支了。

老冯告诉该厂的财务负责人：“你知道吗，这些发票中所含的消费税同样也可以抵扣。”

财务人员不解地问：“普通发票也可以抵扣消费税吗？”

老冯笑着说：“当然，不仅可以抵扣，而且比增值税专用发票所抵扣的税款更多呢。”

看着财务人员一脸不理解的神色，老冯决定帮助该厂的财务人员理解其中的奥妙。他以10万元的烟丝为例做了一个计算和分析：

对于价款为10万元的普通发票，那么允许抵扣的消费税为：100000元÷1.06×30%=28301.89（元）；

若取得的是增值税专用发票，那么允许抵扣的消费税为：100000元÷1.17×30%=25641.03（元）；

对于同样是10万元的烟丝，取得普通发票比取得专用发票多抵扣消费税为：28301.89元－25641.03元=2660.86（元）。

该笔业务，无论是开具普通发票，还是增值税专用发票，只要其应税消费品是从生产企业购进的，都可以计算抵扣消费税。

对于销售方来说，不管开具何种发票，其应缴纳的增值税和消费税都是不变的；而对于购买方来讲，则要根据具体情况具体分析；对于小规模纳税人来说，由于小规模纳税人不享受增值税抵扣，所以并不增加税收负担。

很显然，对于小规模纳税人的购买者来说，普通发票的“身价”甚至比专用发票的“身价”还要高；对于一般纳税人来讲，由于普通发票不能抵扣增值税的进项税额，因此，虽然增加了消费税的抵扣数额，但却减少了增值税的抵扣数额。

从这里，企业在缴纳税款时需要对其做具体的分析和筹划，权衡之后，做出最有利的合理避税行为。

6.3.4 包装物选择的避税

随着市场经济的发展，包装的重要性也日益突出，不管是对消费者来说，还是对销售者来说，包装都具有重要性。

因此，在应税消费品计征消费税时，包装物的价值是否也随着应税消费品一同计税呢？

根据相关税法规定：“实行从价定率办法计算应纳税额的应税消费品连同包装销售的，无论包装是否单独计价，也不论在会计上如何核算，均应并入应税消费品的销售额中征收消费税。如果包装物不作价随同产品销售，而是收取押金，此项押金则不应并入应税消费品的销售额中征税。但对因逾期未收回的包装物不再退还的和已收取一年以上的押金，应并入应税消费品的销售额，按照应税消费品的适用税率征收消费税。对既作价随同应税消费品销售，又另外收取押金的包装物的押金，凡纳税人在规定的期限内不予退还的，均应并入应税消费品的销售额，按照应税消费品的适用税率征收消费税。”

而规定中所称价外费用，指的是价外向购买方收取的手续费、补贴、基金、集资费、返还利润、奖励费、违约金、滞纳金、延期付款利息、赔偿金、代收款项、代垫款项、包装费、包装物租金、储备费、优质费、运输装卸费以及其他各种性质的价外收费。

根据相关税法规定，我们可以看出只有押金有可能不并入销售额计算缴纳消费税。因此，采用收取押金的方式比其他两种方式更有利于节税。但从企业净收益的角度来看，包装物的销售额和租金是企业收入，而押金只有在逾期未归还时，才会构成收入。

所以，在实际工作中，要比较收入、成本和税收，做出让企业利益最大化的决策。

小吴开了家制造厂，专门从事高尔夫球杆的生产和销售业务。5月份，小吴的公司销售了1000个高尔夫球杆，每个球杆的价值，在不含增值税的情况下为2000元；每个球杆带包装出售后，包装物的价值为每个200元。

从前面的税目税率表中，我们可以看到高尔夫球杆的消费税税率为10%。那么，小吴该采取哪种方式，让自己的包装物价款税负更低呢？

如果采用包装物随高尔夫球杆一同出售的方式，其计算如下：

销售额=0.22×1000万元=220（万元）；

应缴消费税=220万元×10%=22（万元）。

如果采用包装物押金，并约定另一家公司在12个月内退换包装物的形式进行销售，在将收取的包装物押金单独入账，其计算方式如下：

销售额=0.2×1000万元=200（万元）；

收取包装物押金=0.02×1000万元=20（万元）；

应缴消费税=200万元×10%=20（万元）。

比之前节省了 2 万元，但是，此环节需要注意的是：如果另一家公司逾期仍未退回包装物，则需缴纳 2 万元的消费税以及增值税。虽然应纳税额没有发生变化，但推迟了包装物销售额应纳税款的时间，促进资金流动。

6.3.5 以外汇结算应税消费品的合理避税

消费税相关条例规定：纳税人销售的应税消费品，以外汇结算销售额时，应按外汇市场牌价折合成人民币销售额以后，再按公式计算应纳税额。

人民币折合汇率既可以采用结算当天的国家外汇牌价，也可以采用当月 1 日的外汇牌价。企业应从减轻税负的角度考虑根据外汇市场的变动趋势，选择有利于企业的汇率。

一般情况下，越是以较低的人民币汇率计算应纳税额，越有利于减轻税负；外汇市场波动越大，进行税务筹划的必要性也越强。需要注意的是，根据税法规定，汇率的折算方法一经确定，一年内不得随意变动。

因此，在选择汇率折算方法的时候，需要纳税人对未来的经济形势及汇率走势做出恰当的判断。

小孙的化妆品店，2018年4月15日取得销售收入为40万美元，4月1日人民币汇率的中间价为：1美元对人民币6.5元；4月15日，人民币的汇率中间价为：1美元对人民币6.6元。如果采用当月1日的汇率，折合人民币260万元，应缴纳的消费税为78万元人民币；如果采用结算日当天的汇率，折合人民币264万元，应缴纳消费税79.2万元人民币。

两种方法相比，小孙若采用当月 1 日的汇率中间价计算，则比按当日结算的人民币汇率中间价计算少缴纳 1.2 万元人民币的税款。

第 7 章

企业所得税

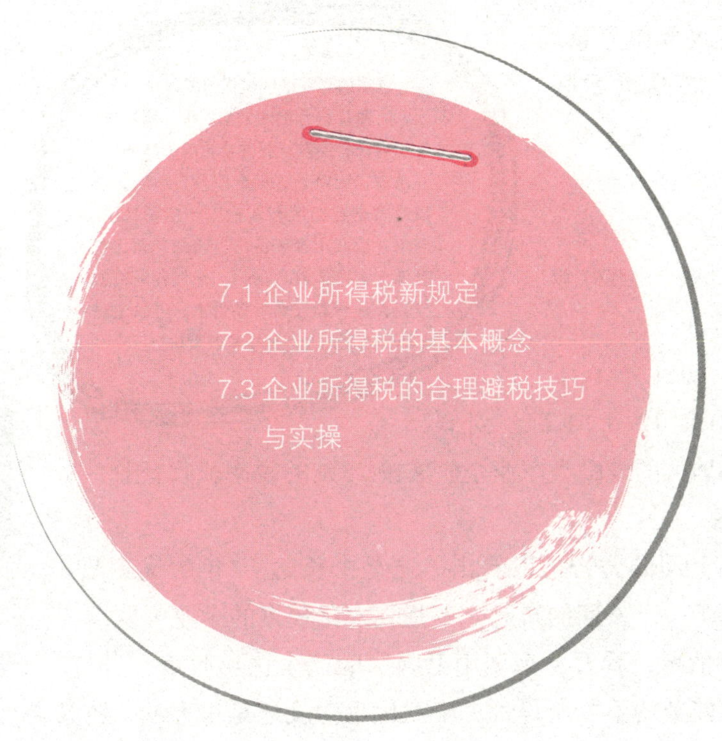

7.1 企业所得税新规定

7.1.1 2020 年新出的企业所得税的新政策及解读

2020 年 4 月 23 日，财政部税务总局国家发展改革委联合发布了《关于延续西部大开发企业所得税政策的公告》（财政部公告 2020 年第 23 号）：

> 这里的西部地区包括内蒙古自治区、广西壮族自治区、重庆市、四川省、贵州省、云南省、西藏自治区、陕西省、甘肃省、青海省、宁夏回族自治区、新疆维吾尔自治区和新疆生产建设兵团。湖南省湘西土家族苗族自治州、湖北省恩施土家族苗族自治州、吉林省延边朝鲜族自治州和江西省赣州市，可以比照西部地区的企业所得税政策执行。

自 2021 年 1 月 1 日至 2030 年 12 月 31 日，对设在西部地区的鼓励类产业企业减按 15% 的税率征收企业所得税。

从上面的公告可以看出，这是个长达 10 年的优惠政策，属于一个长期的布局，一些收入比较多的企业可以结合自身情况，看看怎么利用上国家的这个优惠政策，进行一个长期的布局，这样也能节约不少所得税，毕竟优惠力度还是很大的，再结合当地的一些其他优惠政策，能省不少钱呢。

不过想要享受这个优惠政策，先要看看自己企业的主营业务是不是属于《西部地区鼓励类产业目录》中规定的产业项目，如果你的企业符合里面的规定，并且主营业务收入占企业收入总额 60% 以上，那么你可以尽情享受这项

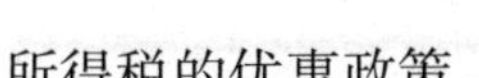

所得税的优惠政策。

7.1.2 新冠肺炎疫情期间企业所得税的优惠政策

2020 年 2 月 6 日，财政部税务总局联合发布了《关于支持新型冠状病毒感染的肺炎疫情防控有关税收政策的公告》（财政部税务总局公告 2020 年第 8 号），里面关于所得税方面的优惠政策主要有：

能享受这一优惠政策的企业，不需要额外办理相关手续，只需要按照规定归集和留存备查资料就行了，主要包括固定资产购进时点的资料、固定资产记账凭证、核算有关资产税务处理与会计处理差异的台账三类资料。

1. 自 2020 年 1 月 1 日起，允许疫情防控重点保障物资生产企业为扩大产能新购置的相关设备一次性计入当期的成本费用，并在企业所得税税前一次性扣除。

在享受这个优惠政策前要注意那个前提“疫情防控重点保障物资生产企业”，并且还是“扩大产能新购进相关设备的费用”才能享受得到这个优惠。当然这些能享受这个优惠政策的企业也不是自己说了算的，其资格是由省级及省级以上发展改革部门、工业和信息化部门确定的。

以前一次性扣除还要受 500 万元金额的限制，这次的优惠直接没有这个限制了，即便你购买的符合扣除规定的设备单位价值超过了 500 万元，也能在税前一次性扣除。

能享受这个优惠政策的企业，在填报所得税月（季）度预缴申报时，需要填报《固定资产加速折旧（扣除）优惠明细表》（A201020），在第 4 行“二、固定资产一次性扣除”栏目填报相关情况；在进行所得税年度纳税申报时，应在《资产折旧、摊销及纳税调整明细表》（A105080）第 10 行“（三）固定资产一次性扣除”栏目填报相关情况。

2. 从 2020 年 1 月 1 日起，那些受疫情影响较大的困难行业，在 2020 年度发生的亏损，最长结转年限由原来的 5 年延长至 8 年。

这里的困难行业，是指交通运输、餐饮、住宿、旅游四大类，其中旅游是指旅行社及相关服务、游览景区管理两类。有的企业不知道自己是不是属于这一行业，也参考《国民经济行业分类》（GB/T 4754–2017）中的行业分类标准进行判定。

当然，不是说你的企业所属的行业在那个分类标准中就能享受到这个优惠政策，还要看你企业在 2020 年度的主营业务收入有没有占收入总额（剔除不征税收入和投资收益）的 50% 以上，只有达到 50% 以上，才能享受到这个优惠政策。所以，想要享受这一优惠政策的企业，要关注一下企业 2020 年主营业务的占比。

对于那些享受这个优惠政策的企业，在进行 2020 年度的企业所得税汇算清缴时，要通过电子税务局提交《适用延长亏损结转年限政策声明》，只有提交了声明才能享受到这一优惠政策，否则相当于自动放弃了。

在填写《适用延长亏损结转年限政策声明》时，要正确填入纳税人名称、纳税人识别号（统一社会信用代码）、所属的具体行业三项信息，并对其符合政策规定、主营业务收入占比符合要求、勾选的所属困难行业等信息的真实性、准确性、完整性负责。

2020 年 5 月，国家税务总局发布《关于小型微利企业和个体工商户延缓缴纳 2020 年所得税有关事项的公告》，具体内容如下：

2020 年 5 月 1 日至 2020 年 12 月 31 日，小型微利企业在 2020 年剩余申报期按规定办理预缴申报后，可以暂缓缴纳当期的企业所得税，延迟至 2021 年首个申报期内一并缴纳。在预缴申报时，小型微利企业通过填写预缴纳税申报表相关行次，即可享受小型微利企业所得税延缓缴纳政策。

这个公告的意思就是所有小型微利企业（年度应纳税所得额不超过 300 万元，从业人数不超过 300 人，资产总额不超过 5000 万元的企业），在 2020 年 5 月 1 日后的时间内需要缴纳的企业所得税可以推迟到 2021 年首个申报期内再缴纳。

不要觉得只是推迟没什么太大的作用，对于有的企业来说，可以用这些晚缴的税款渡过难关，有的可以用这些税款去扩大企业规模。国家的这一优惠措施，要好好利用起来。

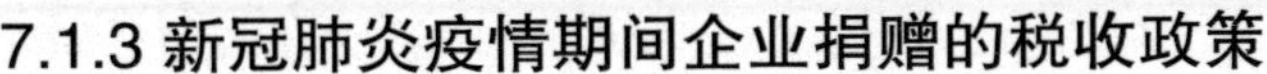

7.1.3 新冠肺炎疫情期间企业捐赠的税收政策

疫情期间各企业纷纷解囊，向疫情严重的地区捐款捐物。对于企业自发的这种爱心，我国财政部也出台新的税收政策加以引导鼓励。

2020 年 2 月 6 日，财政部税务总局两部门联合发布了《关于支持新型冠状病毒感染的肺炎疫情防控有关捐赠税收政策》（财政部 税务总局公告 2020 年第 9 号），具体内容如下：

一、企业和个人通过公益性社会组织或者县级以上人民政府及其部门等国家机关，捐赠用于应对新型冠状病毒感染的肺炎疫情的现金和物品，允许在计算应纳税所得额时全额扣除。

二、企业和个人直接向承担疫情防治任务的医院捐赠用于应对新型冠状病毒感染的肺炎疫情的物品，允许在计算应纳税所得额时全额扣除。

捐赠人凭承担疫情防治任务的医院开具的捐赠接收函办理税前扣除事宜。

三、单位和个体工商户将自产、委托加工或购买的货物，通过公益性社会组织和县级以上人民政府及其部门等国家机关，或者直接向承担疫情防治任务的医院，无偿捐赠用于应对新型冠状病毒感染的肺炎疫情的，免征增值税、消费税、城市维护建设税、教育费附加、地方教育附加。

四、国家机关、公益性社会组织和承担疫情防治任务的医院接受的捐赠，应专项用于应对新型冠状病毒感染的肺炎疫情工作，不得挪作他用。

以上捐赠税收政策涉及企业捐赠的内容归纳如下：

从 2020 年 1 月 1 日起，企业通过公益性社会组织或县级以上人民政府及其部门等国家机关，捐赠用于应对新型冠状病毒感染的肺炎疫情的现金和物品，以及企业直接向承担疫情防治任务的医院捐赠的用于应对新型冠状病毒感染的肺炎疫情的物品，允许在计算应纳税所得额时全额扣除。

这里需要注意，想要享受这个优惠政策，要通过公益性社会组织或县级以上人民政府及其部门等国家机关才行，否则无法享受。

这里“公益性社会组织”是指依法取得公益性捐赠税前扣除资格的社会组织。对于通过公益组织捐赠的企业，在捐赠时应要求被捐赠方及时开具公益事业捐赠票据，并在票据中注明相关疫情防控捐赠事项，这些票据是以后进行税前抵扣时的凭据，所以企业要妥善保管。

如果企业没有通过公益组织，而是自己直接向承担疫情防治任务的医院捐赠了应对疫情的物品，比如口罩、防护服等，那么捐赠企业可根据接收医院开具的捐赠接收函办理税前扣除，所以这个对应医院开具的捐赠接收函，企业要妥善保管并留存。

以往企业的捐赠扣除标准最多不能超过企业年度利润总额的12%，但是这些为了应对疫情，已经取消了这个比例的限制，直接可以全额扣除，如果企业有一定的盈利，可以通过捐赠对自己的企业所得税进行纳税筹划，少缴一些税款。

7.2 企业所得税的基本概念

7.2.1 企业所得税的纳税人

可能有人听到企业所得税，就想当然地认为只有企业才缴所得税，觉得事业单位是不需要缴的，这种想法是错误的。

我们知道企业所得税是企业和其他取得收入的组织，按照国家相关规定，在运营期间向国家缴纳的税款。企业所得税的企业是有特定范围的，不仅包含一般意义上的企业，还包含其他有收入的组织。

企业所得税的纳税人包括所有实行独立经济核算的我国境内的内资企业或其他组织。这里的企业除了指按国家法律规定注册、登记的企业，还包括根据国家有关部门批准，依法注册、登记的，有生产经营所得和其他所得的事业单位、社会团体等组织。

企业所得税的纳税人主要包含以下六类：国有企业、集体企业、联营企业、私营企业、股份制企业、有生产经营所得和其他所得的其他组织。

对于企业所得税的纳税人有两点解释：

一、企业不一定就要缴纳企业所得税。一般企业都是企业所得税的纳税人，但是有两类企业除外，一类是个人独资企业，这类企业缴纳的是个人所得税而不是企业所得税；另一类是合伙企业，因为合伙企业不是独立的企业所得税纳税人，其企业所得税由他的合伙人去缴纳个人所得税或企业所得税。

二、不是企业也可能缴纳企业所得税。像医院、学校这样的事业单位，还有社团法人，如行业协会、基金会等虽然不是企业，但是他们是需要缴纳企业所得税的。

企业所得税的纳税人必须同时具备以下三个条件：

（1）在银行开设结算账户；

（2）独立建立账簿，编制财务会计报表；

（3）能独立计算盈亏。

企业所得税的征税对象是纳税人取得的所得，包括销售货物所得、提供劳务所得、转让财产所得、股息红利所得、利息所得、租金所得、特许权使用费所得、接受捐赠所得和其他所得。

不过企业所得税的纳税义务人与税费的实际承担主体有时候并不一致，这个需要注意。下面举例进行说明。

甲公司出售了一套几年前购置的办公房，与王某签订了买卖合同，合同中双方明确约定该房产的成交净价（不含税费）是1000万元人民币，交易中的所有税费全部由王某承担。王某支付了1000万元房款，并缴纳契税、印花税后，双方办理了过户手续。

此后不久，甲公司还让王某支付因房产交易产生的公司企业所得税，不过王某却觉得需要缴纳企业所得税的纳税义务人是甲公司，不是自己，自己只是个人又不是企业，凭什么缴纳企业所得税呢？最后经过法院的审理，判王某应该依照买卖合同，承担这次交易产生的甲公司的企业所得税。

虽然企业所得税的纳税人是甲公司，这点不会因为合同的约定发生改变，税务机关主张向甲企业征收税款，但是实际税款的承担人却可以是王某。

7.2.2 企业所得税征收对象

税法明确规定了企业所得税的征收对象，是指企业的生产经营所得、其他所得和清算所得。应税所得，包括销售货物所得、提供劳务所得、转让财产所得、股息、红利等权益性投资所得、利息所得、租金所得、特许权使用费所得、接受捐赠所得和其他所得。

企业所得税应税所得，包括了中国居民企业从境内和境外的各项所得，

也包括非居民企业在中国境内的应税所得。

对于所得来源的确定，按以下规定执行：

（1）对于销售货物所得，按照交易活动发生的地方确认；

（2）对于提供劳务所得，按照劳务发生地确定；

（3）对于转让财产所得，不动产转让所得按照不动产所在地确定，动产转让所得按照转让动产的企业或者机构、场所所在地确定，权益性投资资产转让所得按照被投资企业所在地确定；

（4）对于股息、红利等权益性投资所得，按照分配所得的企业所在地确定；

（5）利息所得、租金所得、特许权使用费所得，按照负担、支付所得的企业或者机构、场所所在地确定，或者按照负担、支付所得的个人的住所地确定；

（6）其他所得，由国务院财政、税务主管部门确定。

企业取得收入包括货币形式和非货币形式。货币形式包括现金、存款、应收账款、应收票据、准备持有至到期的债券投资以及债务的豁免等；非货币形式包括固定资产、生物资产、无形资产、股权投资、存货、不准备持有至到期的债券投资、劳务以及有关权益等。

不过不是所有的收入都会计入企业所得税的征收范围，下面跟大家分享一下，哪些收入是不计入征收范围的。

一、财政拨款

对于政府用于生产需要所给予的拨款，不计入所得税征收的范围。不过政府给予的补贴、捐赠等收入则需要计入企业所得税征收的范围，国务院以及国务院财政税收主管单位另有规定的除外。

二、依法收取并纳入财政管理的行政事业性收费、政府性基金

对于政府根据法律法规，按照程序批准，在社会公共管理的过程中，向公民、法人或者其他组织提供特定公共服务中，向特定对象收取并纳入财政管理的费用，准予在计算应纳税所得额时扣除。政府性基金就是指企业根据法律法规，代政府收取的具有专项用途的财政资金，也在计算应纳税所得额时准予扣除。

三、国务院规定的其他不征税收入

对于国务院财税主管部门规定的专项专用，并且经过国务院审批的财政性资金。财政性资金，指政府有关部门对企业进行的财政补贴、补助以及贷款贴息，还有各种财政专项资金，增值税退税等，但是不包含企业按规定取

得的出口退税款。

（1）企业取得的各种财政性资金，除了属于国家投资和资金在使用后要求归还本金的之外，都要计入当年企业收入总额。

（2）对于企业获得的来自国务院批准，并且经过税务主管部门规定的专项用途的财政性资金，准许在计算应纳税所得额时从收入总额中扣除。

如果企业的不征税收入用在了支出形成的费用，那么在计算应纳税所得额时不能扣减；如果企业的不征税收入用于支出所形成的资产，那么在计算折旧、摊销的时候不得在计算应纳税所得额时扣减。

此外还有一些免税收入：

（1）企业因购买国债所得的利息收入，免征企业所得税（国债持有期间的利息收入，免税；国债转让的价差收入，应税）。

（2）符合条件的居民企业之间的股息、红利等权益性投资收益，免征企业所得税。

（3）在中国境内设立机构、场所的非居民企业从居民企业取得与该机构、场所有实际联系的股息、红利等权益性投资收益（不包括连续持有居民企业公开发行并上市流通的股票在12个月以内取得的投资收益）。

（4）符合条件的非营利组织的收入（非营利组织的营利性收入，应该纳税）。

7.2.3 企业所得税税率和计算方法

一、企业所得税率

企业所得税的税率是25%的比例税率，非居民企业适用税率为20%，对于一些特殊的企业国家有优惠政策，具体见下面的图表：

种类	税率	适用范围
基本税率	25%	1. 居民企业
		2. 在中国境内设有机构、场所且所得与机构、场所有关联的非居民企业

续表

种类	税率	适用范围
优惠税率	20%	符合条件的小型微利企业（从 2019 年 1 月 1 日至 2021 年 12 月 31 日）
	15%	1. 国家重点扶持的高新技术企业
		2. 西部地区鼓励类产业企业（延长至 2030 年 12 月 31 日止）
		3. 技术先进型服务企业
		4. 横琴新区等地区现代服务业合作区的鼓励类产业企业（2020 年 12 月 31 日止）
		5. 从事污染防治的第三方企业（2021 年 12 月 31 日止）
扣缴义务人代扣代缴	10%	1. 在中国境内未设立机构、场所的非居民企业
		2. 虽在中国境内设立机构、场所但取得的所得与其所设机构、场所无实际联系的非居民企业

二、企业所得税的计算方法

企业应纳所得税额 = 当期应纳税所得额 × 适用税率 – 减免税额 – 抵免税额；

应纳税所得额 = 收入总额 – 准予扣除项目金额。

三、应纳税所得额的计算

应纳税所得额 = 收入总额 – 不征税收入 – 免税收入 – 各项扣除 – 以前年度亏损；

我们已经在上一节讲过收入总额、不征税收入、免税收入，这里主要介绍各项扣除。

根据《企业所得税法》规定，企业实际发生的与取得收入有关的合理支出，包括成本、费用、税金、损失和其他支出，准予在计算应纳税所得额时扣除。下列项目可按照实际发生额或者规定的标准扣除。

企业所得税法定扣除项目是据以确定企业所得税应纳税所得额的项目。主要包括以下内容：

（1）工资、薪金的支出。根据规定，企业发生合理的工资、薪金予以据实扣除，但对明显不合理的工资、薪金，则不予扣除。

（2）职工的福利费、工会经费和职工教育经费按标准扣除，企业支出的职工福利费不得超过工资薪金总额的 14%，超出部分不予扣除；企业的工会经费，不超过工资薪金总额 2% 的部分准予扣除；教育经费没有超过工资薪金总额 8% 的部分准予扣除，超出部分可以结转到以后纳税年度扣除。

（3）利息费用。纳税人在生产、经营期间，向金融机构借款的利息支出，按实际发生数扣除；向非金融机构借款的利息支出，不高于按照金融机构同类、同期贷款利率计算的数额以内的部分，准予扣除，不过 2020 年因为新冠肺炎的影响对于捐赠有了新规定，前面已介绍，可参考。

（4）捐赠的扣除。纳税人的公益、救济性捐赠，在年度会计利润的 12% 以内的，允许扣除。超过 12% 的部分则不得扣除，不过 2020 年因为新冠肺炎疫情的影响对于捐赠有了新规定，前面已介绍，可参考。

（5）业务招待费的扣除。企业发生的与生产、经营活动相关的合理交际应酬费用，按照发生额的 60% 扣除，但最高不得超过当年销售（营业）收入的 5‰。

（6）广告费和业务宣传费的扣除。发生的与实际经营活动有关的广告费和业务宣传费，除国务院、税务主管部门另有规定除外，不超过当年销售（营业）收入 15% 的部分，准予扣除。

（7）财产、运输保险费的扣除。纳税人缴纳的财产。运输保险费，允许在计税时扣除。但保险公司给予纳税人的无赔款优待，则应计入企业的应纳税所得额。

（8）坏账准备金、呆账准备金和商品削价准备金的扣除。纳税人提取的坏账准备金、呆账准备金，在计算应纳税所得额时准予扣除。提取的标准暂按财务制度执行。纳税人提取的商品削价准备金准予在计税时扣除。

（9）转让固定资产支出的扣除。纳税人转让固定资产支出是指转让、变卖固定资产时所发生的清理费用等支出。纳税人转让固定资产支出准予在计税时扣除。

（10）固定资产、流动资产盘亏、毁损、报废净损失的扣除。纳税人发生的固定资产盘亏、毁损、报废的净损失，由纳税人提供清查、盘存资料，经主管税务机关审核后，准予扣除。这里所说的净损失，不包括企业固定资产的变价收入。纳税人发生的流动资产盘亏、毁损、报废净损失，由纳税人提供清查盘存资料，经主管税务机关审核后，可以在税前扣除。

（11）亏损弥补的扣除。纳税人发生的年度亏损，可以用下一年度的所得弥补，下一纳税年度的所得不足以弥补的，可以逐年延续弥补，但最长不得超过 5 年。

四、不得扣除项目

在计算应纳税所得额时，还有一些支出是不能扣除的：

1. 向投资者支付的股息、红利等权益性投资收益款项；

2. 企业所得税税款；

3. 税收滞纳金；

4. 罚金、罚款和被没收财物的损失；

5. 超过规定标准的捐赠支出；

6. 赞助支出，指与生产经营无关的非广告性质支出；

7. 未经核定的准备金支出，指不符合规定各项资产减值准备、风险准备等准备金支出；

8. 企业之间支付的管理费、企业内营业机构之间支付的租金和特许权使用费，以及非银行企业内营业机构之间支付的利息，不得扣除；

9. 与取得收入无关的其他支出。

7.2.4 企业所得税的纳税时间与地点

会计小王接到国税局的电话吓了一跳，说是自己公司的税还没报完。小王想了想，自己明明早就把国税还有地税都报了，并且网上查询过申报成功的，怎么会这样呢？一问才知道自己把企业所得税忘记了，这个税是三个月报一次，居然大意了，赶紧去税务局补报吧。

一、纳税时间

企业所得税实行的是按年计征，分月或者分季预缴，年终汇算清缴，多退少补。从年度终了之日起 5 个月内，进行汇算清缴。如果企业在年度中间终止经营活动的，应当自实际经营中止之日起 60 日内，向税务机关办理当期企业所得税汇算清缴。

（1）对于预缴企业所得税的申报时间是纳税人在月份或季度终了后 15 日

内，无论是盈利还是亏损，都必须向其所在地主管税务机关报送会计报表和预缴所得税申报表，预缴税款。

（2）对于年度企业所得税的申报时间是在年度终了后的5个月内，向主管税务机关报送纳税申报表，并且汇算清缴，结清应缴应退税款。在规定的申报期限内，如果申报有误的，可以在申报期内即5月底以前重新办理纳税申报。

在进行企业所得税纳税申报时，除了报送纳税申报表还应当按照规定附送财务会计报告和其他有关资料。

对于在规定的申报期确有困难的，可报经主管税务机关批准，进行延期申报。

二、纳税地点

除国家另有规定者外，企业所得税由纳税人在其所在地主管税务机关就地缴纳。所谓“所在地”是指纳税人的实际经营管理所在地。

（1）居民企业纳税地点。除税收法律、行政法规另有规定外，居民企业以企业登记注册地为纳税地点；如果登记注册地在境外的，以实际管理机构所在地为纳税地点。

（2）非居民企业纳税地点

对于非居民企业在中国境内设立机构、场所的，以机构、场所所在地为纳税地点；非居民企业在中国境内设立两个或者两个以上机构、场所的，经税务机关审核批准，可以选择由其主要机构、场所汇总缴纳企业所得税。

对于非居民企业没有在中国境内设立机构、场所的，或者虽然设立了机构、场所但取得的所得与其所设机构、场所没有实际联系的，以扣缴义务人所在地为纳税地点。

怎么判断是否是主要机构、场所，应当同时满足下面两个条件：

（1）对其他机构、场所的生产经营活动负有监督管理责任；

（2）设有完整的账簿、凭证，能够准确反映各机构、场所的收入、成本、费用和盈亏情况。

对于经税务机关审核批准，主要是指经各机构、场所所在地税务机关的共同上级税务机关审核批准。

7.2.5 企业所得税的减免规定

老许想开一个农业的公司，于是去咨询一个从事审计工作的朋友，朋友

告诉他如果其他方面都已经考察好，建议他开一个蔬菜的种植公司，毕竟这个是可以免企业所得税的行业，并且国家还有很多其他的优惠措施。

国家为鼓励和扶持企业或某些特殊行业的发展，采用企业所得税减免的税收经济杠杆来对行业进行灵活调控。企业所得税规定了两项减免税收优惠，一是民族区域自治地方的企业需要照顾和鼓励的，经省级人民政府批准，可以实行定期减税或免税；二是法律、行政法规和国务院有关规定给予减税免税的企业，依照规定执行。

税收优惠方式包括免税、减税、加计扣除、加速折旧、减计收入、税额抵免等。

一、企业从事下列项目可直接免征企业所得税：

（1）蔬菜、谷物、油料、豆类、水果等种植；

（2）农作物新品种选育；

（3）中药材种植；

（4）林木种植；

（5）牲畜、家禽的饲养；

（6）林产品的采集；

（7）灌溉、农产品初加工、兽医、农机作业与维修；

（8）远洋捕捞；

（9）公司+农户经营。

二、企业从事下列项目可减半征收企业所得税：

（1）花卉、茶及其他饮料作物和香料作物的种植；

（2）海水养殖、内陆养殖。

三、企业从事下列项目企业所得税实行定期减免：

企业从事符合条件的环境保护、节能节水项目，包括公共污水处理、公共垃圾处理、沼气综合开发、节能减排技术改造、海水淡化等，自取得第一笔生产经营收入所属纳税年度起，第一年至第三年免征企业所得税，第四年到第六年减半征收企业所得税。

四、符合条件的技术转让所得免征或者减征企业所得税。在一个纳税年度内，居民企业转让技术所有权所得不超过500万元的部分，免征企业所得税；超过500万元的部分，减半征收企业所得税。

7.3 企业所得税的合理避税技巧与实操

7.3.1 企业所得税的合理避税分析

小黄去一家公司应聘会计，面试最后公司老板问她，有没有什么办法可以让公司少缴一些所得税，毕竟税率还是很高的，小黄回答道：“我只能在不违反法律法规的前提下，通过适当的财务安排和税收筹划，合理避税。”

合理避税不是偷税漏税，而是一种正常的合法行为。其特征有两点：一点是合法性，另一点是超前性。合法性是合理避税的前提，超前性是事先通过对经营活动做出税务筹划、调整和安排，进行合理的避税。因为纳税行为具有延后性，实现收益后才缴纳相应的税款，这给企业纳税事前进行税务筹划提供了可行性。

目前很多财务人员对偷税、漏税和合理避税的概念认识不清，有的财务人员为了达到给公司减轻税负，采取非法的手段，最后不仅让公司额外多缴罚款和滞纳金，还让自己也得到了法律的严惩。

比如某酒店公司，为了少缴税款，现金收入不开发票，少报账。不过税务局在纳税检查时，通过一些其他的调查，查实了其少报的税款，最后除了补缴各种税款及滞纳金，还受到了少缴税款额 50% 的罚款。

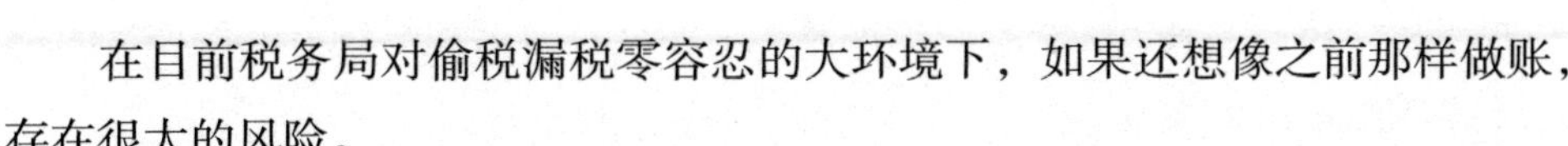

在目前税务局对偷税漏税零容忍的大环境下，如果还想像之前那样做账，存在很大的风险。

想要合理避税只有在经济行为发生之前才有充足的筹划空间，如果已经发生，纳税项目、计税依据和税率都已成定局后，才要少缴税款，这都不能认为是合理避税。有的企业在年初就进行财务预测，在决策时都考虑到了税收问题，在汇算清缴时才会从容面对所得税。

有的企业根本就没有考虑到这些，临近汇算清缴时，才发现需要缴纳的所得税过多，这时企业的资本结构已经确定，其他资本的比例也无法改变。于是只能采取把权益资本通过做账，改变为内部职工集资款，再通过利息的税前支出来减少应纳所得税额来避税，但是这样的避税方式是不被税务机关认可的。

其实我们完全没有必要这样去铤而走险，目前国家已经出台了很多减免及优惠政策，国家税务总局宣布，最近几年还将推进更多减税降负和税收改革的举措，只要之前多做预测，完全可以合理地减少企业所得税。

7.3.2 利用国家的优惠政策合理避税

当前国家一直在强调为企业减轻税负，不仅出台了很多优惠政策，还简化了流程，让企业轻轻松松就能享受到国家的扶持，这为广大企业家提供了“合理避税”的便捷条件。

下面有三种常见根据国家的优惠政策来减少企业所得税的方法。

一、国家规定高新技术企业的研发费用可以按 175% 进行企业所得税的税前扣除，并且减按利润的 15% 缴纳所得税（非高新技术企业需要缴纳 25% 的企业所得税）。

如果申请成为“高新技术企业”，我们用实例来看看到底能少缴多少企业所得税。

例如，B公司为高新技术企业，其2017年的净利润为300万元，研发经费为100万元。

根据国家的优惠政策，B公司的研发费在税前可扣除100万元×175%=175

万元，剩下的利润为125万元，所得税率为15%，那么B公司2017年应该缴纳的所得税额为18.75万元。

同样的情况下，如果不是高新技术企业，申请研发费用税前减免优惠的难度大，因为税务局要求的条件比较严格，如果没有申请成功，那么其需要缴纳的企业所得税为300万元×25%=75万元，这两者相差56.25万元。

并且高新技术企业的职工教育经费支出，不超过工资资金总额的8%（非高新技术企业只能是2.5%）的部分，在计算企业所得税应纳税所得额时准予扣除，超过的部分，可以结转到以后年度扣除。

所以建议符合条件的企业尽快申请为高新技术企业，轻松享受政策福利。

二、对于一些年应纳税所得额低于50万元（包含50万元）的小型微利企业，其所得减按50%计入应纳税所得额，按20%的税率缴纳企业所得税。

比如，C公司2017年应纳税所得额为40万元，根据的政策不属于小微企业，需要缴纳的所得税额为40万元×25%=10（万元），但是新的政策出来之后，C公司需要缴纳的所得税额为40万元×50%×25%=5（万元），相当于减少了5万元的所得税。

三、年终奖缴税的优惠政策。根据《财政部 国家税务总局关于个人所得税法修改后有关优惠政策衔接问题的通知》（财税〔2018〕164号）对《个人所得税法》修订后全年一次性奖金的税务处理做了衔接性规定："居民个人取得全年一次性奖金，符合《国家税务总局关于调整个人取得全年一次性奖金等计算征收个人所得税方法问题的通知》（国税发〔2005〕9号）规定的，在2021年12月31日前，不并入当年综合所得，以全年一次性奖金收入除以12个月得到的数额，按照本通知所附按月换算后的综合所得税率表（以下简称月度税率表），确定适用税率和速算扣除数，单独计算纳税。计算公式为：应纳税额＝全年一次性奖金收入×适用税率－速算扣除数。居民个人取得全年一次性奖金，也可以选择并入当年综合所得计算纳税。自2022年1月1日起，居民个人取得全年一次性奖金，应并入当年综合所得计算缴纳个人所得税。"企业要抓住这个税收优惠政策，减轻税负，不过需要注意以下几个问题：

（1）这种奖金在一个纳税年度内，每一个纳税人，只允许采用一次该计税办法。根据《财政部 国家税务总局关于个人所得税法修改后有关优惠政策衔接问题的通知》（财税〔2018〕164 号）的规定，只有 3 年的过渡期，政策截止到 2022 年 1 月 1 日。

（2）纳税人取得的年终奖，应按税法规定缴纳个人所得税。

（3）自 2022 年 1 月 1 日起，居民个人取得全年一次性奖金，应并入当年综合所得计算缴纳个人所得税。

级数	全月应纳税所得额	税率（%）	速算扣除数
1	不超过 3000 元的	3	0
2	超过 3000 元至 12000 元的部分	10	210
3	超过 12000 元至 25000 元的部分	20	1410
4	超过 25000 元至 35000 元的部分	25	2660
5	超过 35000 元至 55000 元的部分	30	4410
6	超过 55000 元至 80000 元的部分	35	7160
7	超过 80000 元的部分	45	15160

四、创业投资企业

（1）创业投资企业采取股权投资方式投资于未上市的中小高新技术企业 2 年以上的，可以按照其投资额的 70% 在股权持有满 2 年的当年抵扣该创业投资企业的应纳税所得额；当年不足抵扣的，可以在以后纳税年度结转抵扣。

（2）有限合伙制创业投资企业采取股权投资方式投资于未上市的中小高新技术企业满 2 年（24 个月，下同）的，其法人合伙人可按照对未上市中小高新技术企业投资额的 70% 抵扣该法人合伙人从该有限合伙制创业投资企业分得的应纳税所得额，当年不足抵扣的，可以在以后纳税年度结转抵扣。

五、重点群体创业就业

对于商贸企业、服务型企业、劳动就业服务企业中的加工型企业和街道社区具有加工性质的小型企业实体，如果当年新招员工中持有《就业失业登记证》（注明“企业吸纳税收政策”），并跟他签订一年以上期限劳动合同并依法缴纳社会保险费的，三年内按实际招用人数予以定额依次扣减营业税、城市维护建设税、教育费附加、地方教育附加和企业所得税优惠。

六、安置残疾人就业

对企业安置残疾人员的，在按照支付给残疾职工工资据实扣除的基础上，按照支付给残疾职工工资的 100%，在企业所得税前加计扣除。

七、安置退役士兵

对商贸企业、服务型企业、劳动就业服务企业中的加工型企业和街道社区具有加工性质的小型企业实体，在新增加的岗位中，新招用了自主就业退役士兵，并跟他签订一年以上期限劳动合同并依法缴纳社会保险费的，三年内按实际招用人数予以定额依次扣减营业税、城市维护建设税、教育费附加、地方教育附加和企业所得税优惠。

企业可以根据自己的实际情况，斟酌选择适合自己的优惠政策。

7.3.3 利用定价转移法合理避税

定价转移法是企业避税的基本方法之一，其避税原则就是利用税率有差异的相关联企业，通过转移定价，让税率高的企业部分利润转移到税率低的企业，最终达到减少两家企业的纳税总额的目的。

在经济活动中，有关联的企业为了分摊利润或转移利润，在产品交换和买卖过程中，其产品定价不是按照市场公平的价格，而是根据企业间的共同利益而进行产品定价。通过这种定价方法，产品的转让价格可以高于或低于市场公平价格，进而达到少纳税或不纳税的目的，这就是定价转移法。

这种方法看起来不太好理解，但是通过下面的实例你就能一目了然。

例如：A公司的总部设在沿海经济特区，那么可以享受15%的所得税率优惠。不过他们的产品是由A公司设在中国另外一个地区的B公司来生产的，B公司适用25%的比例税率。A公司每年从B公司购进产品100万件对国外销售，进价每件6.8元，售价每件8.3元，生产成本5.2元/件，那么这两家公司的利润

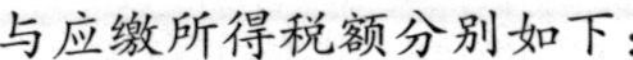

与应缴所得税额分别如下：

A公司年利润额＝（8.3−6.8）万元/件×100万件＝150（万元）

A公司应纳所得税＝150万元×15%＝22.5（万元）

B公司年利润额＝（6.8−5.2）万元/件×100万件＝160（万元）

B公司应纳所得税＝160万元×25%＝40（万元）

A、B两公司共需缴纳所得税额＝22.5万元+40万元＝62.5（万元）。

为了合理避税，可以把高税率的B公司的部分利润转移到A公司去，如果把A公司从B公司的进货单价变为6元，售出单价不变，依然是8.3元，则：

A公司年利润额＝（8.3−6.0）万元/件×100万件＝230（万元）

A公司应纳所得税＝230万元×15%＝34.5（万元）

B公司年利润额＝（6.0−5.2）万元/件×100万件＝80（万元）

B公司应纳所得税＝80万元×25%＝20（万元）

A、B两公司共需缴纳所得税额＝34.5万元+20万元＝54.5（万元）。

你看，把A、B两公司的利润转移后，两公司年利润总和虽然没有发生变化，还是310万元，但采用转移定价后，两公司的应纳所得税额减少了62.5万元−54.5万元＝8万元。

从中可以看出，只要企业能找到两个税率相差更大的地区，在这两家企业间进行贸易和合作，贸易的额度越大，所能节省的税收就会越多。但需要注意的是，转移定价往往会被税务局高度关注，认为是不合理避税的行为。企业在实际运用时，应掌握合理性的边界。

7.3.4 其他合理避税方法的探讨

除了前面介绍的方法，我们还可以采用一些不同的会计处理方式进行合理避税。

一、租赁避税法

租赁是指出租人将资产租借给承租人使用的一种经济活动。对承租人来说，通过租赁，企业可以避免因购买机器设备负担和设备陈旧过时的风险，并且租金还可以从税前利润中扣除，减少了需要缴纳的企业所得税。

企业可以根据自身生产经营的需要，选择多种租赁方式，或融资性租赁，或经营性租赁。一般如果租用时间较长、租赁品种多，多采用融资租赁的方式；如果租用时间短，需要更新快、维修保养技术高的企业，那么大多采用经营性租赁的方式。

不过不管哪种租赁的方式，其租金的支付都比较平稳，从而减少了企业利润，降低了税额。

二、固定资产折旧避税法

我们知道固定资产折旧方法有直线法、工作量法、双倍余额递减法和年数总和法。除了财务制度有规定的外，都可以自由选择不同的折旧方法。

运用不同的折旧方法，所计算出来的折旧额在量上不一致，那么分摊到各期的固定资产成本也会存在着明显的差异，从而影响各期营业成本和利润，这为合理避税提供了机会。

从应纳税额的现值来看，运用双倍余额递减法时，税额最少，年数总和法次之，而运用直线法计算折旧时，税额最多。因为采用加速折旧法（即双倍余额递减法），在开始的年份内提取了更多的折旧，减少了应纳税额，把较多的税收延迟到以后的年度缴纳，相当于企业在开始就取得了一笔无息贷款，并且现在每年都有新的优惠税收政策出来，对企业而言，有利于企业的合理避税。

三、选择有利的会计处理来合理避税

会计处理方法不同，其带来的结果也会不同。像我国的跨国企业，会巧妙地利用有利于自己的会计处理方法，来减轻税负或者延长纳税时间。

比如将费用和收益的纳税结算时间提前或延后几日，以达到延期纳税的目的；在免征或低于所得税率征收资本收益的国家，海外企业及时地改进财务政策与会计方法，尽可能将流动性收益变为资本性收益，就会获得减少纳税的目标。

企业还可以把要在长期经营活动中发生的各项费用支出尽量平均分摊在各期中，使其所获利润得以平均分摊，这样就避免出现某阶段纳税过高或某阶段纳税过低的现象。

第 8 章

个人所得税

8.1 个人所得税新规定

8.1.1 个人所得税新亮点

2018 年 8 月 31 日，备受社会关注的《关于修改个人所得税法的决定》经十三届全国人大常委会第五次会议表决通过，至此，七次大修后的新《个人所得税法》正式亮相。新《个人所得税法》主要有以下几大亮点：

（1）"综合与分类征收"实现综合分类的艰难跨越

新个税法将此前分类课征的工薪所得、劳务报酬所得、稿酬所得和特许权使用费所得进行综合征税。

（2）提高综合所得基本减除费用标准

按照原个人所得税法规定，工资薪金所得的基本减除费用标准为 3500 元 / 月，劳务报酬所得、稿酬所得、特许权使用费所得，每次收入不超过 4000 元的，减除费用 800 元；4000 元以上的，减除 20% 的费用。而新个税法明确，综合所得的基本减除费用标准提高到 5000 元 / 月（6 万元 / 年）。

（3）增加专项附加扣除

新个税法在提高起征点的同时还增加子女教育支出、继续教育支出、大病医疗支出、住房贷款利息和住房租金等与人民群众生活密切相关的专项附加扣除，使免征额真正体现"费用减除标准"的本意，进一步向税收公平迈进。

（4）扩大中低档税率的级距

新个税法以现行工资薪金所得税率为基础，拟将按月计算应纳税所得额调整为按年计算，并优化调整部分税率的级距：扩大 3%、10%、20% 三档低税率的级距，相应地缩小 25% 税率的级距，30%、35%、45% 三档较高税率的级距不变。

新个税法还调整经营所得税率，以现行个体工商户的生产、经营所得和对企事业单位的承包经营、承租经营所得税率为基础，保持 5% 至 35% 的 5 级税率不变，适当调整各档税率的级距，其中最高档税率级距下限从 10 万元提高至 50 万元。此项措施更好照顾了社会公平，将有效发挥个税调节社会收入差距的功能。对增强中等及以下收入群体的获得感发挥着至关重要的作用。

（5）增加反避税条款

为了堵塞税收漏洞，维护国家税收权益，此次新个税法参照企业所得税法有关反避税规定，针对个人不按独立交易原则转让财产、在境外避税地避税、实施不合理商业安排获取不当税收利益等避税行为，赋予税务机关按合理方法进行纳税调整的权力。

规定税务机关作出纳税调整，需要补征税款的，应当补征税款，并依法加收利息。这意味着我国个人所得税正式进入“反避税”节奏，这种反避税一方面是针对国内不按独立交易原则、以明显偏低价格转让财产和实施不合理商业安排获利的情况，另一方面也针对将资产转移至海外避税地的情况，配合 CRS 打击国际逃税。

2018 年 12 月 13 日，国务院发布《关于印发个人所得税专项附加扣除暂行办法的通知》（国发〔2018〕41 号），就个人所得税法规定的子女教育、继续教育、大病医疗、住房贷款利息或者住房租金、赡养老人等 6 项专项附加扣除进行了明确，并同时规定，“根据教育、医疗、住房、养老等民生支出变化情况，适时调整专项附加扣除范围和标准”。

2018 年 12 月 18 日，国务院总理签署国务院令第 707 号，公布新修订的《个人所得税法实施条例》，并自 2019 年 1 月 1 日起施行。此次修订的主要内容包括：加大对符合居民个人标准的境外人士税收优惠力度，以更好吸引境外人才；为支持鼓励自主创业，对个体工商户等经营主体在计算经营所得时给予家庭生计必要支出减除；明确个人缴付符合国家规定的企业年金、职业年金，购买符合国家规定的商业健康保险、税收递延型商业养老保险的支出，以及国务院规定的其他项目可以依法扣除；优化与专项附加扣除政策相关的纳税服务，明确工资、薪金所得可以由扣缴义务人在扣缴税款时减除专项附加扣除，其他综合所得在汇算清缴时减除专项附加扣除，纳税人可以委托扣缴义务人或者其他单位和个人办理汇算清缴。修订后的《个人所得税法实施条例》自 2019 年 1 月 1 日起与新个人所得税法同步施行。

8.1.2 新冠肺炎疫情期间个人所得税的优惠政策

2020 年疫情期间，全国人民团结一心，共同抗疫：医务工作者冲在抗疫第一线，防疫工作人员默默奉献，还有不少公民向抗疫前线捐款捐物，对于这些抗疫中的英雄，国家也出台了个人所得税方面的优惠措施给与他们一定的支持。总结起来，主要包括以下两大类：

一、免征个人所得税

免征个税的收入主要包括两方面：

1. 财政部门规定从 2020 年 1 月 1 日起，那些参加疫情防治工作的医务人员和防疫工作者，他们取得的不超过政府规定的标准临时性工作补助和奖金，将免征个人所得税。

考虑到目前能享受这类优惠的人员都还在疫情防治一线，为了减轻有关人员的负担，在给他们个人所得税优惠时，支付单位现在无须申报，直接将发放人员名单及金额留存备查就行。

2. 自 2020 年 1 月 1 日起，单位用来给个人发放的预防新型冠状病毒感染肺炎的药品、医疗用品和防护用品等实物（不包括现金），不计入工资、薪金收入，将免征个人所得税。

例：郑州市某医院医生，在2月份被派到武汉市参加疫情防治工作，2月份医院根据政府规定标准给该医生发放了临时性工作补助2000元，还发了1500元的奖金，另外单位还给该医生发放了价值1000元的口罩等防护物资，根据财政部发放的公告，该医生取得4700元收入不计入工资薪金收入中，免征个人所得税。

二、税前全额扣除

对于那些在疫情期间慷慨解囊的爱心人士，财政部门给与极大的支持，规定爱心人士的这些捐赠可以税前全额扣除。

具体规定是：从 2020 年 1 月 1 日起，个人通过公益性社会组织或县级以上人民政府及其部门等国家机关，捐赠用于应对疫情的现金和物品，或者个人直接向承担疫情防治任务的医院捐赠用于应对疫情的物品，允许在计算个人所得税时税前全额扣除。

例：小刘是某企业员工，2020年3月向当地某公益性社会组织捐赠了5000元现金用于疫情的防控。根据财政部下发的文件，小刘捐赠的5000元现金可以在计算个人所得税时全额扣除。因为小刘取得的是工资、薪金所得，所以扣除时可以选择在预扣预缴时全额扣除，也可以选择等年度汇算清缴时再全额扣除。

如果选择预扣预缴扣除，小刘应该向单位财务人员提供自己捐款合法凭证的复印件，单位财务人员的操作步骤是：

首先，打开个人所得税扣缴客户端填报；其次，进入收入及减除填写，正常工资薪金所得；最后，选择本期其他，在准予扣除的捐赠额中填写5000元即可。

如果小刘在两处或两处以上都有工资薪金收入，那么小刘只能选择在一处进行全额扣除；如果小刘没有单位，是自由职业者，那么小刘的公益捐赠只能统一在汇算清缴时扣除。

一般情况下，个人进行公益性捐赠时，应当将取得的捐赠票据作为扣除凭证。不过疫情期间，财政部对个人所得税税前扣除有了新的规定，具体如下：

1. 如果个人是通过公益性社会组织或者县级以上人民政府及其部门等国家机关捐赠的，捐赠者可凭借财政部门统一监制的公益性捐赠票据等，并加盖了接收单位的印章的凭证进行全额抵扣。

如果捐赠个人没有及时取得捐赠票据，单位可根据员工的微信支付记录、银行转账记录、捐赠证书等捐赠转账记录的复印件（手机截图）办理扣除，同时让捐赠员工在捐赠的 90 日内及时补充提供正式的捐赠票据。

2. 如果机关、企事业单位统一组织员工捐赠，单位可凭公益性社会组织、国家机关汇总开具的捐赠票据或者医院开具的捐赠接收函，以及员工明细单办理个人所得税扣除。

3. 如果个人直接向承担疫情防治任务的医院捐赠，个人可凭受捐医院开具的捐赠接收函进行税前扣除，在填写《个人所得税公益慈善事业捐赠扣除明细表》时，需在备注栏注明“直接捐赠”，并将作为税前扣除的依据自行留存备查。

大家在捐赠时要注意向对方索要合法的票据，在填报个人所得税时记得将公益性捐赠全额扣除，对于国家的这个优惠政策，要记得享受，只要你敢捐，国家就敢让你全额扣除，所以那些需要缴纳个税的朋友，可以通过公益捐赠对自己的个人所得税进行筹划，以减少税款。

8.2 个人所得税的基本概念

8.2.1 个人所得税的征收办法

“你的工资多少啊？”甲问乙，乙有点不好意思道：“现在还不用给国家缴税，你呢？”甲有点得意地答道：“我才刚交几十块钱的税。”

税务官说：“个人所得税是调整征税机关与自然人（居民、非居民人）之间在个人所得税的征纳与管理过程中所发生的社会关系的法律规范的总称。”

他们所说的税就是个人所得税，指国家对本国居民或者居住在本国境内的个人所得和境外个人来源于本国的所得，征收的一种所得税。

我国个人所得税的纳税义务人是在中国境内居住有所得的人，以及不在中国境内居住而从中国境内取得所得的个人，包括中国国内公民，在华取得所得的外籍人员和港、澳、台同胞。包含居民纳税义务人及非居民纳税义务人。对于境外人士是否征收个人所得税，具体见下表：

纳税人类别	承担的纳税义务	判定标准	境内所得境内支付或者负担	境内所得境外支付或者负担	境外所得境内支付或者负担	境外所得境外支付或者负担
居民个人	负有无限纳税义务，其所取得的应纳税所得，无论是来源于中国境内还是中国境外任何地方，都要在中国缴纳个人所得税	住所标准和居住时间标准只要具备一个就成为居民个人 ①住所标准：“在中国境内有住所”是指因户籍、家庭、经济利益关系而在中国境内习惯性居住 ②居住时间标准：“无住所而一个纳税年度内在中国境内居住累计满 183 天”是指在一个纳税年度（公历 1 月 1 日起至 12 月 31 日止，下同）内，在中国境内居住累计满 183 天	征收	征收	征收	征收

续表

纳税人类别	承担的纳税义务	判定标准	境内所得境内支付或者负担	境内所得境外支付或者负担	境外所得境内支付或者负担	境外所得境外支付或者负担
非居民个人	承担有限纳税义务，只就其来源于中国境内的所得，向中国缴纳个人所得税	在中国境内无住所又不居住或者无住所而一个纳税年度内在境内居住累计不满183天的个人，所以，非居民个人的判定标准是以下两条必须同时具备 ①在中国境内无住所 ②在中国境内不居住或在一个纳税年度内在境内居住累计不满183天	征收	不征	征收	不征

个人所得税的征收内容包括工资、薪金所得，个体工商户的生产、经营所得，劳务报酬所得等9项，详见下面的个人所得税税目概述表：

<table>
<tr><th>序号</th><th>课税对象</th><th>应纳税所得额</th><th>税率</th></tr>
<tr><td>1</td><td>工资、薪金所得</td><td rowspan="4">每一纳税年度收入额减除费用六万元以及专项扣除、专项附加扣除和依法确定的其他扣除后的余额。
专项扣除包括居民个人按照国家规定的范围和标准缴纳的基本养老保险、基本医疗保险、失业保险等社会保险费和住房公积金等；专项附加扣除包括子女教育、大病医疗、住房贷款利息和住房租金等支出。
稿酬所得的收入额按照所取得收入的70% 计算。</td><td rowspan="4">3%~45%</td></tr>
<tr><td>2</td><td>劳务报酬所得</td></tr>
<tr><td>3</td><td>稿酬所得</td></tr>
<tr><td>4</td><td>特许权使用费所得</td></tr>
<tr><td>5</td><td>生产经营所得</td><td>每一纳税年度的收入总额减除成本、费用以及损失后的余额</td><td>5%~35%</td></tr>
<tr><td>6</td><td>利息、股息、红利所得</td><td>每次收入额</td><td>20%</td></tr>
<tr><td>7</td><td>财产租赁所得</td><td>每次收入不超过 4000 元的，减除费用 800 元；4000 元以上的，减除 20% 的费用</td><td>20%</td></tr>
<tr><td>8</td><td>财产转让所得</td><td>转让财产收入额减除财产原值和合理费用后的余额</td><td>20%</td></tr>
<tr><td>9</td><td>偶然所得</td><td>每次收入额</td><td>20%</td></tr>
</table>

一、利息、股息、红利所得

（1）税目范围：是指个人拥有债权、股权而取得的利息、股息、红利所得。

（2）计算公式

应纳税额 = 应纳税所得额（每次收入额）× 适用税率（20%）

二、财产租赁所得

（1）税目范围：是指个人出租建筑物、土地使用权、机器设备、车船以及其他财产取得的所得。

（2）计算公式为：应纳税额 = 应纳税所得额 × 适用税率。

三、财产转让所得

（1）税目范围：是指个人转让有价证券、股权、建筑物、土地使用权、机器设备、车船以及其他财产取得的所得。（境内）股票转让所得暂不征收个人所得税。

目前个人出售自有住房可以享受个人所得税优惠政策的有：对个人转让自用 5 年以上，并且是家庭唯一生活用房取得的所得，免征个人所得税。

（2）计算公式

应纳税所得额 = 每次收入额 – 财产原值 – 合理税费；

应纳税额 = 应纳税所得额 × 适用税率。

四、偶然所得

（1）税目范围：是指个人得奖、中奖、中彩票以及其他偶然性质的所得。例如：个人因参加企业的有奖销售活动而取得的赠品所得，应按“偶然所得”项目计征个人所得税。关于偶然所得，还需注意以下两点：

个人取得单张有奖发票奖金所得不超过 800 元（含 800 元）的，暂免征收个人所得税，超过 800 元的，金额应按照个人所得税法规定的“偶然所得”目征收个人所得税。

个人购买福利彩票、赈灾彩票、体育彩票，一次中奖收入在 1 万元以下的（含 1 万元）暂免征收个人所得税；超过 1 万元的，全额征收个人所得税。

（2）计算公式（以每次取得该项收入为一次）

应纳税额 = 应纳税所得额（每次收入额）× 适用税率。

8.2.2 个人所得税减免政策

提起缴个人所得税，大家首先会想到 5000 元的起征点，其实这个说法不

是很准确，应该说是“免征额”。对于起征点和免征额的区别，举个例子大家就明白了。比如你的工资是 6000 元，如果免征额为 5000 元，那么只需要就超出的 1000 元为纳税基数就好；如果起征点 5000 元，那么你需要的纳税基数将会是 6000 元。

关于个人所得税的其他减免政策，现在总结如下：

一、免征个人所得税的项目

（1）省级人民政府、国务院部委和中国人民解放军以上单位，以及外国组织、国际组织颁发的科学、教育、技术、文化、卫生、体育、环境保护等方面的奖金；

（2）国债和国家发行的金融债券利息；

（3）按照国家统一规定发给的补贴、津贴；

（4）福利费、抚恤金、救济金；

（5）保险赔款；

（6）军人的转业费、复员费、退役金；

（7）按照国家统一规定发给干部、职工的安家费、退职费、基本养老金或者退休费、离休费、离休生活补助费；

（8）依照有关法律规定应予免税的各国驻华使馆、领事馆的外交代表、领事官员和其他人员的所得；

（9）中国政府参加的国际公约、签订的协议中规定免税的所得；

（10）国务院规定的其他免税所得。

前款第 10 项免税规定，由国务院报全国人民代表大会常务委员会备案。

二、减征个人所得税的项目

有下列情形之一的，可以减征个人所得税，具体幅度和期限，由省、自治区、直辖市人民政府规定，并报同级人民代表大会常务委员会备案：

（一）残疾、孤老人员和烈属的所得；

（二）因自然灾害遭受重大损失的。

国务院可以规定其他减税情形，报全国人民代表大会常务委员会备案。

8.2.3 个人所得税的纳税申报

“你们的个税申报没有啊？”小佳向同事问道。“还没呢，最近比较忙，你们报了吗？”另一同事答道：“我今年没有达到12万元啊，就不用报了吧？”

在我国，纳税人在一个纳税年度内，取得综合所得需要办理汇算清缴，取得应税所得没有扣缴义务人，扣缴义务人未扣缴税款，取得境外所得，因移居境外注销中国户籍，非居民个人在中国境内从两处以上取得工资、薪金所得，8.2.2 中介绍的 10 项所得合计超过 12 万元，无论平常取得各项所得是否已经足额缴纳个人所得税，或者是否已向税务机关自行纳税申报，在一个年度终了后，都要向规定的主管税务机关办理纳税申报。

一、申报时间：在纳税年度终了后 3 个月内向主管税务机关办理纳税申报。

二、申报地点：

（1）在中国境内有任职、受雇单位的，向任职、受雇单位所在地主管税务机关申报。

（2）在中国境内有两处或者两处以上任职、受雇单位的，选择并固定向其中一处单位所在地主管税务机关申报。

（3）在中国境内无任职、受雇单位，年所得项目中有个体工商户的生产、经营所得或者对企事业单位的承包经营、承租经营所得（以下统称生产、经营所得）的，向其中一处实际经营所在地主管税务机关申报。

（4）在中国境内无任职、受雇单位，年所得项日中无生产、经营所得的，向户籍所在地主管税务机关申报。在中国境内有户籍，但户籍所在地与中国境内经常居住地不一致的，选择并固定向其中一地主管税务机关申报。在中国境内没有户籍的，向中国境内经常居住地主管税务机关申报。

三、申报方法

个人所得税的申报方式很多，并且灵活。纳税人可在地税机关的网站上进行申报，也可以邮寄申报，或直接到地税机关的办税服务厅进行申报，或采取符合主管税务机关规定的其他方式申报。

四、申报时所需资料

如实填写并报送《个人所得税纳税申报表（适用于年所得 12 万元以上的纳税人申报）》、个人有效身份证件（身份证、护照、回乡证、军人身份证件等）复印件，以及主管税务机关要求报送的其他有关资料。

五、纳税申报表的领取

可以从税务局网站上免费下载，也可以直接到各地方税务机关的办税大厅免费领取。

对于通过兼职取得高收入者的申报：从两处或者两处以上取得工资、薪金所得的，选择并固定向其中一处单位所在地的主管地税机关申报。

六、延期申报

如果纳税人按照规定的期限申报确实有困难，需要延期的，应当在规定的期限内向主管税务机关提出书面申请延期，经核准后，在核准后的期限内办理。

如果逾期未申报的，情节严重的，可以处 2000 元以上 10000 元以下的罚款。如果纳税人不进行纳税申报，那么税务机关将追缴其不缴或者少缴的税款及滞纳金，并处不缴或者少缴的税款 50% 以上或 5 倍以下的罚款。

8.3 个人所得税的合理避税技巧与实操

8.3.1 巧用税收优惠少缴个人所得税

小吴听到大家说今年的年终奖好像不少，于是喜滋滋地想等拿到了奖金要把以前喜欢又舍不得买的包买了，然后出去旅游，还有再给爸妈一些。结果等到奖金发到手后，小吴默默地把包包从购物车删除了，因为他忘记算需要缴的个税了。

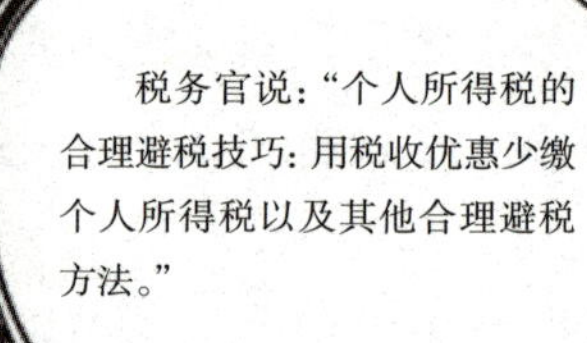

一、合理利用住房公积金进行避税

根据个人所得税法规定，个人每月按标准缴纳的住房公积金是可以税前扣除的。可以理解为在一定程度上提高公积金的缴存比例是可以合理避税的。

除了机关单位、政府部门，其他私人企业个人需缴纳公积金的比例是5% ~ 12%。缴存比例是由公司自己定，最高12%，最低5%，个人的比例与公司比例相同。如果基本工资固定，那么提高公积金的缴纳比例，多扣公积金，就能少缴个人所得税。

二、利用捐赠进行税前抵减达到避税

根据《个人所得税法实施条例》规定，个人将其所得通过中国境内的公益性社会组织、国家机关向教育、扶贫、济困等公益慈善事业进行捐赠，捐赠额未超过应纳税所得额30%的部分，可以从其应纳税所得额中扣除。该应纳税所得额，是指计算扣除捐赠额之前的应纳税所得额。

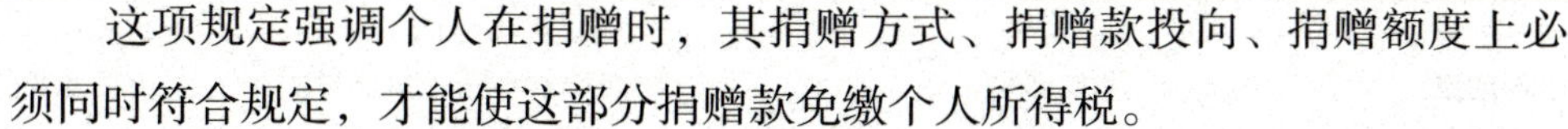

这项规定强调个人在捐赠时，其捐赠方式、捐赠款投向、捐赠额度上必须同时符合规定，才能使这部分捐赠款免缴个人所得税。

其计算公式为：捐赠限额 = 应纳税所得额 ×30%，允许扣除的捐赠额 = 实际捐赠额（≤捐赠限额）。

三、选择合适的理财产品避税

现在市场上的理财产品种类很多，有的理财产品是不用纳税的，比如投资符合规定的基金、购买国债、购买符合规定的商业保险、教育储蓄等。

个人所得税法规定，国债利息和国家发行的金融债券利息免纳个人所得税；教育储蓄因其利率也有相应的优惠；居民按照国家的规定，个人缴付符合国家规定的企业年金、职业年金，个人购买符合国家规定的商业健康保险、税收递延型商业保险的支出，可以依法从应纳所得额中扣除。

四、善用专项附加扣除项目避税

根据《个人所得税法》和《个人所得税专项附加扣除暂行办法》的规定，子女教育、继续教育、大病医疗、住房贷款利息或者住房租金、赡养老人等 6 项专项附加扣除，可以从应税所得中相应扣除。个人可以按照税法的规定进行相应的申报，并相应地减少应纳税所得额。

<table>
<tr><th>扣除项目</th><th colspan="2">扣除条件</th><th>扣除标准</th><th>扣除方式</th><th>管理要求</th></tr>
<tr><td rowspan="4">子女教育</td><td>学前教育</td><td>年满 3 岁至小学入学前</td><td rowspan="4">每个子女每月 1000 元</td><td rowspan="4">父母可以选择由其中一方按扣除标准的 100% 扣除，也可以选择由双方分别按扣除标准的 50% 扣除。具体扣除方式在一个纳税年度内不能变更</td><td rowspan="4">在中国境外接受教育的，应当留存境外学校录取通知书、留学签证等相关教育的证明资料备查</td></tr>
<tr><td rowspan="3">学历教育</td><td>义务教育（小学、初中）</td></tr>
<tr><td>高中教育（高中、中职、技工）</td></tr>
<tr><td>高等教育（专科、本科、硕士、博士）</td></tr>
</table>

续表

扣除项目	扣除条件		扣除标准	扣除方式	管理要求
继续教育	学历教育	在境内接受学历教育期间	每月 400 元（同一学历继续教育的扣除期不超 48 个月）	可以由其父母扣除，也可以由本人扣除	应当留存相关证书等资料备查
	职业资格	取得证书年度	按 3600 元定额扣除	纳税人本人扣除	
大病医疗	在一个纳税年度内，纳税人发生的与基本医保相关的医药费用支出，扣除医保报销后个人负担累计超过 15000 元的部分		每年 80000 元限额内据实扣除（在汇算清缴时）	由本人或者配偶扣除；未成年子女，选择由父母一方扣除	应当留存医药服务收费及医保报销相关票据原件或复印件等资料备查
住房贷款利息	纳税人本人或者配偶单独或者共同使用商业银行或者住房公积金个人住房贷款为本人或者其配偶购买中国境内住房，发生的首套住房贷款利息支出		每月 1000 元（扣除期限最长不超过 240 个月）	可根据约定由一方扣除；婚前各自有房贷的，婚后可择其一套，买方按扣除标准的 100% 扣除，也可由双方对各自购买的住房分别按扣除标准的 50% 扣除	应当留存住房贷款合同、贷款还款支出凭证备查

续表

<table>
<tr><th>扣除项目</th><th colspan="2">扣除条件</th><th>扣除标准</th><th>扣除方式</th><th>管理要求</th></tr>
<tr><td rowspan="3">住房租金</td><td colspan="2">直辖市、省会（首府）城市、计划单列市以及国务院确定的其他城市</td><td>每月 1500 元</td><td rowspan="3">夫妻双方主要工作城市相同的，只能由一方扣除；纳税人及其配偶在一个纳税年度内不能同时分别享受住房贷款利息和住房租金专项附加扣除</td><td rowspan="3">应当留存住房租赁合同、协议等有关资料备查</td></tr>
<tr><td colspan="2">市辖区户籍人口超过 100 万的城市</td><td>每月 1100 元</td></tr>
<tr><td colspan="2">市辖区户籍人口不超过 100 万的城市</td><td>每月 800 元</td></tr>
<tr><td rowspan="2">赡养老人</td><td rowspan="2">年满 60 岁的父母，以及子女均已去世的年满 60 岁的祖父母、外祖父母</td><td>独生子女</td><td>每月 2000 元</td><td rowspan="2">可由赡养人均摊或者约定分摊，也可由被赡养人指定分摊。指定分摊优先于约定分摊</td><td rowspan="2"></td></tr>
<tr><td>非独生子女</td><td>由其与兄弟姐妹分摊每月 2000 元的扣除额度，每人每月额度不超 1000 元</td></tr>
</table>

8.3.2 其他合理避税方法

合理避税是合法的，通过合理避税可以提高个人可支配收入，减轻家庭的压力。企业为员工多操这份心，也能提高员工对企业的归属感。下面介绍一下企业可采取哪些避税措施，能帮助员工多拿到钱。

一、企业提高员工的福利支出

企业可以采用非货币支付的办法提高职工公共福利支出，例如免费为职工提供宿舍（公寓）；免费提供交通便利；提供职工免费用餐；等等。一方面企业为员工支付这些支出，可以作为费用，从而减少了企业所得税应纳税所得额；另一方面个人在实际工资水平未下降的情况下，也减少了由个人负担的税款，可谓企业个人双受益。

虽然增加薪金收入能提高收入，但我们知道，工资薪金的个人所得税的税率采用的是超额累进税率，当工薪资金达到一定程度，增加的工资薪金带给个人的可支配收入会逐步减少。所以企业应该想办法降低名义收入，把个人现金性工资转为提供必需的福利待遇，这样既满足了消费需求，又可少缴个人所得税。

二、合理利用通信、差旅费等发票避税

我国税法规定：凡是以现金形式发放通信补贴、交通费补贴、误餐补贴的，视为工资薪金所得，计入计税基础，计算缴纳个人所得税。凡是根据经济业务发生实质，并取得合法发票实报实销的，属于企业正常经营费用，不需缴纳个人所得税。

所以，纳税人在报销通信费、交通费、差旅费、误餐费时，应以实际、合法、有效的发票据实列支实报实销，以免误认为补贴性质，可以达到避税效果。

三、善用个税递延纳税政策避税

国家在资本市场和支持国家大众创业、万众创新战略实施方面，会制定一些个税递延纳税政策，纳税人在符合相关规定时需要关注并加以妥善使用。根据《财政部、国家税务总局关于将国家自主创新示范区有关税收试点政策推广到全国范围实施的通知》（财税〔2015〕116号）规定，自2016年1月1日起，全国范围内的中小高新技术企业以未分配利润、盈余公积、资本公积向个人股东转增股本时，个人股东一次缴纳个人所得税确有困难的，可根据实际情况自行制订分期缴税计划，在不超过5个公历年度内（含）分期缴纳，并将有关资料报主管税务机关备案。另外，根据《财政部 国家税务总局发布关于完善股权激励和技术入股有关所得税政策的通知》（财税〔2016〕101号）的规定，对符合条件的非上市公司股票期权、股权期权、限制性股票和股权奖励实行递延纳税政策。该文件还规定，对上市公司股票期权、限制性股票和股权奖励适当延长纳税期限，对技术成果投资入股实施选择性税收优惠政策。

第 9 章

关税

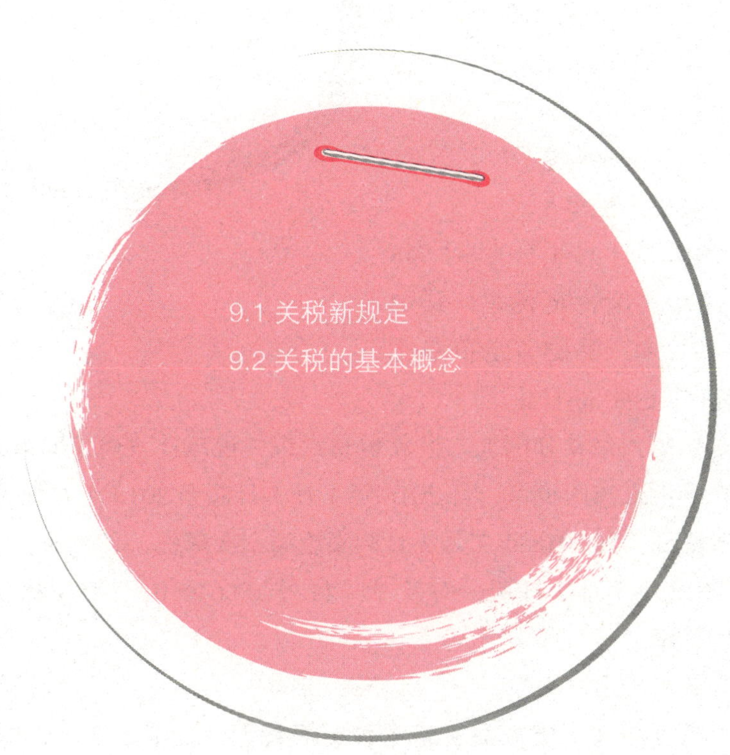

9.1 关税新规定

9.1.1 关税调整方案

2017 年 12 月 25 日，海关总署发布了《2018 年关税调整方案》（以下简称《方案》），其主要内容如下：

一、进口关税税率

（1）最惠国税率

自 2018 年 1 月 1 日起对 948 项进口商品实施暂定税率，其中 27 项信息技术产品的暂定税率实施至 2018 年 6 月 30 日止。

对《中华人民共和国加入世界贸易组织关税减让表修正案》附表所列信息技术产品的最惠国税率，自 2018 年 1 月 1 日起至 2018 年 6 月 30 日继续实施第二次降税，自 2018 年 7 月 1 日起实施第三次降税。

自 2018 年 7 月 1 日起，对碎米（税号 10064010、10064090）实施 10% 的最惠国税率。

（2）关税配额税率

继续对小麦等 8 类商品实施关税配额管理，税率不变。其中，对尿素、复合肥、磷酸氢铵 3 种化肥的配额税率继续实施 1% 的暂定税率。继续对配额外进口的一定数量的棉花实施滑准税。

解读：我国目前实施的进口关税税率有最惠国税率、协定税率、特惠税率和普通税率四种。《方案》中涉及调整的是最惠国税率和协定税率。

从 2018 年 1 月 1 日起，948 项进口商品将在最惠国税率基础上实施较低的暂定税率；其中有 187 项新调整的进口消费品暂定税率已经从 2017 年 12 月 1 日起实施了。

信息技术产品已从 2018 年 7 月 1 日迎来第三次降税，降税以后，有 27 项产品的最惠国税率将低于现行的进口暂定税率。所以从 2018 年 7 月 1 日起，取消这 27 项产品的进口暂定税率；另外有 1 项产品最惠国税率采取的是从价税，暂定税率是复合关税，到时二者从低执行。

此次进口关税税率的调整，新增了数字化 X 射线摄影系统平板探测器、生产器官移植抗排斥药所需的吗替麦考酚酯、阿胶原料生驴皮等进口暂定税率；扩大了汽车进口模具（2 项）暂定税率的适用范围；进一步降低多臂机及提花机、狐狸皮、椰糠等 3 项产品的进口暂定税率；取消废钢渣等 3 项固体废碎料的进口暂定税率。

（3）协定税率

根据我国与有关国家或地区签署的贸易或关税优惠协定，对有关国家或地区实施协定税率：

中国与格鲁吉亚自贸协定项下的部分产品开始实施协定税率。

中国与东盟、巴基斯坦、韩国、冰岛、瑞士、哥斯达黎加、秘鲁、澳大利亚、新西兰的自贸协定，以及内地分别与香港地区和澳门地区更紧密的经贸安排（CEPA）项下部分商品的协定税率进一步降低。

中国与智利、新加坡的自贸协定、亚太贸易协定以及海峡两岸经济合作框架协议（ECFA）项下的商品继续实施协定税率，商品范围和税率水平均维持不变。

（4）特惠税率

对有关最不发达国家继续实施特惠税率，商品范围和税率水平维持不变。

解读：目前我国已与 26 个国家或地区签署了 16 个自贸协定或优惠贸易安排。

中国是格鲁吉亚第四大贸易伙伴，根据协定，中方 93.9% 的税目税率最终降为零，覆盖我国自格鲁吉亚进口总额的 93.8%；格方 96.5% 的税目在协定实施时立即降税为零，覆盖格方自我国进口总额的 99.6%。中国—格鲁吉亚自贸协定是我国 2018 年新实施的协定。

除此之外，我国 2018 年将继续对部分国家或者地区实行进口商品协定税率，其中进一步降税的协定有 11 个，维持商品范围和税率水平不变的协定有 4 个。

二、出口关税税率

对铬铁等 202 项出口商品征收出口关税或实行出口暂定税率。

解读：我国出口税则与进口税则列目一致，2018 年征收出口关税的产品共 202 项，主要是高耗能、高污染、资源性（简称“两高一资”）产品。

取消了 11 项钢材产品 15% 的出口关税；将磷灰石、煤焦油、木片、硅铬铁、普通钢坯 15% 的出口关税降为 10%；将合金钢坯、200 系不锈钢的出口关税由 10% 降为 5%；将三元复合肥的出口关税由 20% 降低至 100 元 / 吨（约 7%）征收；取消厚度大于 400 毫米的连铸板坯、绿泥石的出口关税；将特殊规格的车轮用连铸圆坯出口关税由 15% 降为 5%。

三、税则税目

根据国内需要对部分税则税目进行调整。经调整后，2018 年税则税目数共计 8549 个。

解读：2018 年税则共计调整 34 个税目，比 2017 年净增 2 个。

2018 年税则税目变化	具体内容
新增 11 个税目	新材料、农产品和消费品三类产品
删除 9 个税目	主要是近三年贸易量过小的草菇、口蘑、稻草秆以及划分过细的玩具等
调整 13 个税日的名称	主要是扁桃仁、马皮等中文翻译，进一步完善北美硬阔叶木税目的表述
调整贸易量较小的宫内节育器的税目位置	从 7 位税目转移至 8 位税目

2020 年 4 月 14 日，财政部、海关总署、国家税务总局三部门发布《关于扩大内销选择性征收关税政策试点的公告》，公告中决定从 2020 年 4 月 15 日起将（财关税〔2016〕40 号）中规定的内销选择性征收关税政策试点，扩大到所有综合保税区。这一政策将进一步减少企业的税收负担。

9.1.2 降低药品进口关税

2018 年 4 月 23 日，国务院关税税则委员会发布了减低药品进口关税的公告。公告中称从 2018 年 5 月 1 日开始，以暂定税率方式将包括抗癌药在内的所有普通药品、具有抗癌作用的生物碱类药品及有实际进口的中成药进口关税降为零，迎来了一片叫好声。

此次降为零关税的进口药品共 28 项。关税调整后，实际进口的抗癌药均将实现零关税。并且财政部还表示，随着降低抗癌药生产、进口环节增值税税负，采取政府集中采购、将进口创新药特别是抗癌药及时纳入医保报销目录、加快创新药进口上市等多项综合措施的陆续出台，这意味着进一步降低国内患者，特别是癌症患者的药费负担。

进口药品最惠国暂定税率调整表

序号	税则号列	商品名称	最惠国税率	2018.5.1 后暂定税率
1	30041011	氨苄西林制剂（混合或非混合，治病或防病用，已配定剂量或制成零售包装）	6%	0
2	30041012	阿莫西林制剂（混合或非混合，治病或防病用，已配定剂量或制成零售包装）	6%	0
3	30041013	青霉素 V 制剂（混合或非混合，治病或防病用，已配定剂量或制成零售包装）	6%	0
4	30041011	其他青霉素制剂（混合或非混合，治病或防病用，已配定剂量或制成零售包装）	6%	0

续表

序号	税则号列	商品名称	最惠国税率	2018.5.1后暂定税率
5	30041019	含有其他青霉素及具有青霉烷酸结构的青霉素衍生物或链霉素及其衍生物的药品（混合或非混合，治病或防病用，已配定剂量或制成零售包装）	6%	0
6	30042011	头孢噻肟制剂（混合或非混合，治病或防病用已配定剂量或制成零售包装）	6%	0
7	30042012	头孢他啶制剂（混合或非混合，治病或防病用，已配定剂量或制成零售包装）	6%	0
8	30042013	头孢西丁制剂（混合或非混合，治病或防病用，已配定剂量或制成零售包装）	6%	0
9	30042014	头孢替唑制剂（混合或非混合，治病或防病用，已配定剂量或制成零售包装）	6%	0
10	30042015	头孢克洛制剂（混合或非混合，治病或防病用，已配定剂量或制成零售包装）	6%	0
11	30042016	头孢呋辛制剂（混合或非混合，治病或防病用，已配定剂量或制成零售包装）	6%	0

续表

序号	税则号列	商品名称	最惠国税率	2018.5.1 后暂定税率
12	30042017	头孢三嗪（头孢曲松）制剂（混合或非混合，治病或防病用，已配定剂量或制成零售包装）	6%	0
13	30042018	头孢哌酮制剂（混合或非混合，治病或防病用，已配定剂量或制成零售包装）	6%	0
14	30042019	含有其他头孢菌素制剂（混合或非混合，治病或防病用，已配定剂量或制成零售包装）	6%	0
15	30042090	含有其他抗生素的药品（混合或非混合，治病或防病用，已配定剂量或制成零售包装）	6%	0
16	30043110	含有重组人胰岛素的药品（混合或非混合，治病或防病用，已配定剂量或零售包装）	5%	0
17	30043190	含有其他胰岛素的药品（混合或非混合，治病或防病用，已配定剂量或零售包装）	5%	0
18	30043200	含肾上腺皮混合或非混合质激素的药品（治病或防病用，已配定剂量或零售包装）	5%	0

续表

序号	税则号列	商品名称	最惠国税率	2018.5.1后暂定税率
19	30043900	含有税目29.37其他产品药品（混合或非混合，治病或防病用，已配定剂量或零售包装）	5%	0
20	ex30044900	具有抗癌作用的含有生物碱及其衍生物的药品（混合或非混合，治病或防病用，已配定剂量或零售包装）	5%	0
21	30045000	含有维生素或税目29.36其他产品药品（混合或非混合，治病或防病用，已配定剂量或零售包装）	6%	0
22	30046010	含有青蒿素及其衍生物的中成药	4%	0
23	30046090	其他含有本章子目注释二所列抗疟疾活性成分的药品	4%	0
24	30049010	含有磺胺类的药品（两种或两种以上成分混合而成的，治病或防病用，已配定剂量或零售包装）	6%	0
25	30049051	中药酒（混合或非混合，治病或防病用，已配定剂量或零售包装）	3%	0

续表

序号	税则号列	商品名称	最惠国税率	2018.5.1 后暂定税率
26	30049054	清凉油（混合或非混合，治病或防病用，已配定剂量或零售包装）	3%	0
27	30049059	其他中成药（混合或非混合，治病或防病用，已配定剂量或零售包装）	3%	0
28	30049090	其他药品（混合或非混合，治病或防病用，已配定剂量或零售包装）	4%	0

9.2 关税的基本概念

9.2.1 关税的种类

S小姐想买车，去看了一圈后决定等等再买，因为听说汽车的进口关税要降了，到时进口车的价格肯定能下降。

关税是指一国海关根据该国法律规定，对通过其关境的进出口货物课征的一种税收。根据不同的标准，关税可以分为不同的种类。

一、按照征收对象可分为进口关税、出口关税和过境关税三种。

（1）进口关税：即对国外转入本国的货物所征收的一种关税。一般是在货物进入国境（关境）时征收，或在货物从海关保税仓库转出，投入国内市场时征收。进口关税是目前各国所征关税中最主要的一种。

（2）出口关税：即对本国出口货物在运出国境时征收的一种关税。为了增加本国货物在国际市场的竞争，一些发达国家都取消了出口关税。我国目前对少数货物还征收出口关税。

（3）过境关税：即对外国经过一国国境（关境）运往另一国的货物所征收的关税。因为过境货物对本国市场不产生影响，还可以增加收入，所以目前绝大多数国家都不征过境关税。

二、按征税的目的不同，可以分为财政关税和保护关税两种。

（1）财政关税：即以增加财政收入为主要目的的关税。其特点是对进口产品与本国同类产品征收同样的税，或者征收的关税不会影响这种产品发生变化。

（2）保护关税：即为保护本国工农业生产而征收的关税。因为各国关税保护的重点不同，所以侧重的方向不同。

三、按计税标准不同，可分为从价关税、从量关税、混合关税和选择关税四种。

（1）从价关税：即以货物的价格为计征标准而计算征收的税。

（2）从量关税：是以货物的计量单位（重量、数量、体积）为计征标准而计算征收的一种关税。

（3）混合关税：即对同一种进口货物采用从价、从量两种标准课征的一种关税。

（4）选择关税：即在税则中对同一税目规定从价和从量两种税率，在征税时可由海关选择其中一种计征。

四、按货物国别来源而区别对待的原则，可以分成最惠国关税、协定关税、特惠关税和普通关税四种。

（1）最惠国关税：适用原产于与我国共同适用最惠国待遇条款的 WTO 成员国或地区的进口货物，或原产于与我国签订有相互给予最惠国待遇条款的双边贸易协定的国家或地区的进口货物。

（2）协定关税：适用原产于我国参加的含有关税优惠条款的区域性贸易协定的有关缔约方的进口货物。

（3）特惠关税：适用原产于与我国签订有特殊优惠关税协定的国家或地区的进口货物。

（4）普通关税：适用原产于上述国家或地区以外的国家或地区的进口货物。

9.2.2 关税的征收

海关依据海关税则，对进出口贸易商征收的税就叫关税征收。海关税则一般包含两个部分：一个是海关课征关税的规章条例说明；另一个是关税税率表。目前各国海关的征收方法主要有从量关税、从价关税、复合关税、选择关税这四种。

一、关税的征收方法

从量税：是按照商品的重量、数量、长度、面积和容量等计量单位为标准计征的关税。目前各国大多以商品的重量为单位来征收从量税。但是各国对纳税商品重量的计算方法有所不同，一般有毛重、净重和半毛重。

从量税既有优点也有缺点，其优点是：

（1）以货物计量单位作为征税标准，手续简便；

（2）对数量众多、价值低廉的商品进口的限制作用较大，因为单位税额固定，不论商品质量和价格如何，征收同样的税额，低价货物进口利润较低，可有效地增加商品的成本；

（3）当进口商品价格下跌时，从量税的限制作用也更加明显，可以防止外国商品低价倾销或为逃避关税有意压低进口商品价格的情况。

其缺点是：

（1）税率固定，税赋不合理，同一税目下的商品无论质量好坏、价格高低按同一税率征收，对于质好价高的商品的限制作用较小；

（2）不能随着价格的变动而及时调整，当价格上涨时，其保护作用削弱。从量税的征收对象只适用谷物、棉花等大宗初级产品和标准化产品，对某些商品如艺术品及贵重商品等不适用。

其计算公式为：从量关税额 = 商品数量 × 每单位从量关税。

从价税：是以进口商品的价格为标准计征的关税。其税率表现为货物价格的一定百分率，是目前世界各国最常采用的征税方法。征收从价税时，其重要前提是确定进口商品的完税价格，这一点将在下一节中介绍。

从价税的优点是：

（1）税负合理，从价税与商品的价格成正比，同类商品质高价高的税额也高，在一定程度上对价格高的商品的进口起到了限制作用；

（2）当物价上涨时，税款也会相应增加，此时财政收入和保护作用均不受影响；

（3）适用性广，基本上所有商品都可采用这种计征方法；

（4）税赋明确，特别是在关税水平、关税保护程度上，便于各国进行比较与谈判。

不过从价税的也有其缺点，就是完税价格的标准不一致，增加了海关的工作量，从而增加了通关进程的速度，也容易因完税价格的确定发生贸易纠纷。

其计算公式为：从价税额 = 完税价格 × 从价税率征收。

复合关税：又称混合关税，是对某种进口商品同时采用从量税和从价税相结合的计征关税方法，主要有两种计征形式：一种是以从量税为主加征从价税，另一种是以从价税为主加征从量税。

经常把混合关税用于耗费原材料较多的工业制成品。它兼有从价税和从量税的优点，当物价上涨时，复合关税所征税额比单一从量税多；在物价下跌时，又比单一从价税多。但是它也存在手续复杂，难以掌握从价和从量比例的缺点。

其计算公式为：复合关税额 = 从量税额 + 从价税额。

选择税：是对同一种进口商品同时规定从量税和从价税两种税率，在征税时海关一般选择一种税额较高的税率进行计征。但有时为了鼓励进口，也会选择其中税额较低的一种来计征关税。

它的最大优点就是具有很强的灵活性，以及难以把握好度，容易引起其他国家的争议，一般很少采用。

二、关税的征收程序

关税的征收程序也就是通关手续，又称报关手续，一般包括申报、查验、征税、放行四个基本环节。

在进出口商品时需要向海关申报出口或进口，提交进出口货物的报关单以及有关证明，接受海关的监督与检查，履行海关规定的手续；然后，海关按照有关法令和规定，查验审核有关单证和货物，计算进出口税额；最后，进出口商结清应征税额和其他费用，海关在有关单证上签印，以示货物可以通关放行。

9.2.3 关税完税价

张阿姨参加了出境游，在回国办理入境时，被海关拦截下来，让她配合开箱检查，并且还要张阿姨补填一些表格，上面有各种术语例如完税价格、税率等，张阿姨很后悔，早知道就不给孙子带什么iPad了。

完税价格是指海关规定的对进出口货物计征关税时使用的价格。因为我国关税主要采用从量税和从价税，而从价税是以进出口货物的价格作为计税依据的，所以进出口货物的完税价格的确定，是非常重要的。

在计算完税价格时，进出口公司则以银行账单或者明细单、发票所列价格为依据；其他机关、单位均以有关票证上所列价格与银行账单、发票相符，作为依据。

一、进口货物的完税价，是由海关以符合规定条件的成交价格以及该货物运达我国输入地点起卸前的运输及其相关费用、保险费为基础审查确定，包括货物的成交价格、运抵输入地点起卸前的运输及其相关费用和保险费。

进口货物的成交价格，是指卖方向我国境内销售该货物时买方为进口该货物向卖方实付、应付的价款总额，包括直接支付的价款和间接支付的价款。

应当计入进口货物完税价格的费用主要包括以下几项：

（1）由买方负担的购货佣金以外的佣金和经纪费；

（2）由买方负担的在审查确定完税价格时与该货物视为一体的容器的费用；

（3）由买方负担的包装材料费用和包装劳务费用；

（4）与该货物的生产和向中华人民共和国境内销售有关的，由买方以免费或者以低于成本的方式提供并可以按适当比例分摊的料件、工具、模具、消耗材料及类似货物的价款，以及在境外开发、设计等相关服务的费用；

（5）作为该货物向中华人民共和国境内销售的条件，买方必须支付与该货物有关的特许权使用费；

（6）卖方直接或者间接从买方获得的该货物进口后转售、处置或者使用的收益。

不能计入进口货物完税价格的主要有下面几种：

（1）厂房、机械、设备等货物进口后进行建设、安装、装配、维修和技术服务的费用；

（2）进口货物运抵境内输入地点起卸后的运输及其相关费用、保险费；

（3）进口关税及国内税收。

二、出口货物的完税价，是以海关审核确定的货物售与国外的离岸价格、扣除出口税，作为完税价格，包括货物的货价、货物运至中华人民共和国境内输出地点装载前的运输及其相关费用、保险费，但是其中包含的出口关税税额，应当予以扣除。

出口货物的成交价格，是指该货物出口时卖方为出口该货物应当向买方直接收取和间接收取的价款总额。

出口货物的成交价格不能确定的，海关经了解有关情况，并与纳税义务人进行价格磋商后，依次以下列价格估定该货物的完税价格：

（1）与该货物同时或者大约同时向同一国家或者地区出口的相同货物的成交价格；

（2）与该货物同时或者大约同时向同一国家或者地区出口的类似货物的成交价格；

（3）按照下列各项总和计算的价格：境内生产相同或者类似货物的料件成本、加工费用，通常的利润和一般费用，境内发生的运输及其相关费用、保险费；

（4）以合理方法估定的价格

进出口关税的计算：

从价计征的计算公式为：应纳税额 = 完税价格 × 关税税率；

从量计征的计算公式为：应纳税额 = 货物数量 × 单位税额。

第 10 章 资源税和环保税

10.1 资源税新规定

2019年我国税收立法全面提速，首部资源税法《中华人民共和国资源税法》正式通过，并于2020年9月1日起正式施行，到时1993年颁布的《中华人民共和国资源税暂行条例》同时废止。

新的《中华人民共和国资源税法》征税范围有5大类税目，下设164个子目，具体税率税目表如下：

<table>
<tr><th></th><th>税目</th><th colspan="2">征税对象</th><th>税率</th></tr>
<tr><td rowspan="7">能源矿产</td><td>原油</td><td colspan="2">原矿</td><td>6%</td></tr>
<tr><td>天然气、页岩气、天然气水合物</td><td colspan="2">原矿</td><td>6%</td></tr>
<tr><td>煤</td><td colspan="2">原矿或者选矿</td><td>2%—10%</td></tr>
<tr><td>煤成（层）气</td><td colspan="2">原矿</td><td>1%—2%</td></tr>
<tr><td>铀、钍</td><td colspan="2">原矿</td><td>4%</td></tr>
<tr><td>油页岩、油砂、天然沥青、石煤</td><td colspan="2">原矿或者选矿</td><td>1%—4%</td></tr>
<tr><td>地热</td><td colspan="2">原矿</td><td>1%—20%或者每立方米1—30元</td></tr>
<tr><td rowspan="3">金属矿产</td><td>黑色金属</td><td>铁、锰、铬、钒、钛</td><td>原矿或者选矿</td><td>1%—9%</td></tr>
<tr><td rowspan="2">有色金属</td><td>铜、铅、锌、锡、镍、锑、镁、钴、铋、汞</td><td>原矿或者选矿</td><td>2%—10%</td></tr>
<tr><td>铝土矿</td><td>原矿或者选矿</td><td>2%—9%</td></tr>
</table>

续表

	税目	征税对象	税率	
金属矿产	有色金属	钨	选矿	6.5%
		钼	选矿	8%
		金、银	原矿或者选矿	2%—6%
		铂、钯、钌、铑、锇、铱	原矿或者选矿	5%—10%
		轻稀土	选矿	7%—12%
		中重稀土	选矿	20%
		铍、锂、锆、锶、铷、铯、铌、钽、锗、镓、铟、铊、铪、铼、镉、硒、碲	原矿或者选矿	2%—10%
非金属矿产	矿物类	高岭土	原矿或者选矿	1%—6%
		石灰岩	原矿或者选矿	1%—6%或者每吨（或者每立方米）1—10元
		磷	原矿或者选矿	3%—8%
		石墨	原矿或者选矿	3%—12%
		萤石、硫铁矿、自然硫	原矿或者选矿	1%—8%
		天然石英砂、脉石英、粉石英、水晶、工业用金刚石、冰洲石、蓝晶石、硅线石（矽线石）、长石、滑石、刚玉、菱镁矿、颜料矿物、天然碱、芒硝、钠硝石、明矾石、砷、硼、碘、溴、膨润土、硅藻土、陶瓷土、耐火粘土、铁矾土、凹凸棒石粘土、海泡石粘土、伊利石粘土、累托石粘土	原矿或者选矿	1%—12%
		叶蜡石、硅灰石、透辉石、珍珠岩、云母、沸石、重晶石、毒重石、方解石、蛭石、透闪石、工业用电气石、白垩、石棉、蓝石棉、红柱石、石榴子石、石膏	原矿或者选矿	2%—12%

续表

	税目	征税对象	税率	
非金属矿产	矿物类	其他粘土（铸型用粘土、砖瓦用粘土、陶粒用粘土、水泥配料用粘土、水泥配料用红土、水泥配料用黄土、水泥配料用泥岩、保温材料用粘土）	原矿或者选矿	1%—5%或者每吨（或者每立方米）0.1—5元
	岩石类	大理岩、花岗岩、白云岩、石英岩、砂岩、辉绿岩、安山岩、闪长岩、板岩、玄武岩、片麻岩、角闪岩、页岩、浮石、凝灰岩、黑曜岩、霞石正长岩、蛇纹岩、麦饭石、泥灰岩、含钾岩石、含钾砂页岩、天然油石、橄榄岩、松脂岩、粗面岩、辉长岩、辉石岩、正长岩、火山灰、火山渣、泥炭	原矿或者选矿	1%—10%
		砂石	原矿或者选矿	1%—5%或者每吨（或者每立方米）0.1—5元
	宝玉石类	宝石、玉石、宝石级金刚石、玛瑙、黄玉、碧玺	原矿或者选矿	4%—20%
水气矿产	二氧化碳气、硫化氢气、氦气、氡气		原矿	2%—5%
	矿泉水		原矿	1%—20%或者每立方米1—30元
盐	钠盐、钾盐、镁盐、锂盐		选矿	3%—15%
	天然卤水		原矿	3%—15%或者每吨（或者每立方米）1—10元
	海盐			2%—5%

10.2 资源税的基本概念

10.2.1 资源税的纳税对象和征税范围

资源税主要是以土地、矿藏、水利、森林等现在我们正在开发和利用的各种自然财富为课税对象的一种税种。它又分为对绝对矿租征收的一般资源税和对级差矿租征收的级差资源税两种。

资源税的征税范围并不是始终不变的，由于大自然是奥妙无穷的，现在人类所触及的可能只是一小部分。随着人类对自然资源的进一步开发利用，资源税的征收对象也会有所变化。

在《中华人民共和国资源税暂行条例》的第一条就对资源税的纳税人做出了明确规定，凡是在中华人民共和国境内开采应税资源的矿产品或者生产盐的单位和个人，都是资源税的纳税义务人。

在这里要明确的一点是，香港和澳门虽然是中华人民共和国领土，但在法律条文上中华人民共和国境内所指的是我国实际税收管理行政范围之内，并不是指中华人民共和国领土内，这一点要注意区分。

此外，在《资源税暂行条例》之中，把收购未税矿产品的单位规定为资源税的扣缴义务人，这主要是为了加强资源税的征管，税务机关认为此类情形不易管控，所以由扣缴义务人在收购时代扣代缴未税矿产品比较合适。但在 2018 年发布的《资源税征收管理规程》中对这一点进行了调整，在前面的小节我们已经进行过介绍。

在征税范围上，当前我国的资源税主要以税法上列举的资源为主。在《资源税暂行条例》中，资源税的征税对象主要是原矿和盐两大类。但随着经济的发展，矿产品开采形式的多样化，坚持对原矿征税的理念已经无法继续施行，所以在 2014 年 12 月 1 日起推行的煤炭资源改革中引进了精矿折算的方法，从而在法律允许的条件下突破了对精矿收入不征税的观念。

而在 2016 年 7 月 1 日实施资源税从价计征改革之后，又将计税依据从由原矿销售额调整为原矿或精矿的销售额。在 2017 年 11 月发布的《中华人民共和国资源税法（征求意见稿）》中，又进一步将精矿修改为选矿产品。

选矿产品不仅包括精矿，同时还包括一些伴生矿产品。之所以进行这样的修订，是因为在表意范围上来看，选矿产品的范围更大，而且选矿产品中的伴生矿产品的经济价值要远高于精矿产品。因此，将矿产品的范围修订为原矿和选矿产品，不仅扩大了覆盖范围，同时还能够减少税收漏洞。

在具体税目上，《中华人民共和国矿产资源法实施细则》中共列明了能源矿产、金属矿产、非金属矿产和盐等四大类、146 个税目。而在《资源税暂行条例》之中只列举了 20 多种主要的矿产品税目，其他详细的资源税目则交由省级人民政府根据自身情况确定。

这样就很容易出现一种税目征收上的不公平现象，对同一矿产品的税率，不同省级政府可能会存在很大差别，不同地区的企业就会面临着不同的税负压力。

为了解决这一问题，在《中华人民共和国资源税法（征求意见稿）》中统一列明了全国开征的税目，这样不仅让税目和税率更加明晰，同时也利于促进税收的公平，维护税法的准确性和严肃性。

10.2.2 资源税的变革历程

现阶段在我国已经实行的 18 个税种之中，有 6 个已经实现了法定。而包括资源税在内还有 12 个税种仍以国务院的条例或者暂行条例的形式来进行规范，但这些条例上升为法律是中国税收改革的必经阶段。

我国资源税是从 1984 年开始征收的，在 1993 年国务院颁布了《中华人民共和国资源税暂行条例》，同年财政部颁发了资源税实施细则，在 1994 年开始正式执行。到了 2011 年，国务院公布了《国务院关于修改 < 中华人民共和国资源税暂行条例 > 的决定》，而财政部也修改发布了《中华人民共和国资源税暂行条例实施细则》。

2016 年 5 月 9 日，国家税务总局、财政部对外发布了《关于全面推进资源税改革的通知》，规定从 2016 年 7 月 1 日起开始全面推进资源税改革，并将资源税征收方式由从量征收改变为全面从价征收的方式。

早在 2010 年起，为了能够进一步完善我国的资源税制度，我国便率先在新疆开展了原油、天然气资源税的从价计征改革，这一举措也拉开了我国资源税制度改革的一个序幕。

2010 年 12 月 1 日，原油、天然气资源税的改革范围扩大到了内蒙古、甘肃、青海、四川、贵州等 12 个西部省区。2011 年 11 月 1 日，则开始推广到了全国范围之中。

2014 年 12 月 1 日，煤炭资源税从价计征改革也正式全面实施。2015 年 5 月 1 日，资源税从价计征改革开始覆盖稀土、钨和钼三个品目之中。

正是这几年的持续探索和实践，我国的资源税改革逐渐由从量计征过渡到了从价计征阶段，从而实现了资源税收入和矿价直接挂钩的局面。为彻底推行资源税积累了经验，铺平了道路。

在计划经济时代，由于我国实施的是计划经济体制，对于生产、销售产品和资源的分配都高度集中、统一，所以当时的矿产资源开发也是由国家统一组织和实施的。同时，矿产资源的所有权、使用权和收益权也都归国家所有。这一时期主要实行无偿开采的制度，对所有矿产资源都不征收资源税。

1982 年 1 月 30 日，国务院发布了《中华人民共和国对外合作开采海洋石油资源条例》，一直到 1993 年 12 月 25 日，国务院发布《中华人民共和国资源税暂行条例》时，这段时期内的矿产资源开始逐渐实行依法有偿开采使用。

从 20 世纪 90 年代中期至今，也就是从《中华人民共和国资源税暂行条例》正式施行开始，中国的资源税变革进入从量计征到从价计征阶段。而后在 2016 年 7 月 1 日开始我国全面推进资源税改革，资源税的征收方式也彻底变为从价征收方式。

随着 2017 年 11 月,《中华人民共和国资源税法(征求意见稿)》的公布，资源税改革终于接近了立法阶段。2019《中华人民共和国资源税法》正式通过。经历了漫长的探索与实践，中国的资源税立法工作也走到了最后一步。资源税的立法可以说是税收法定原则的重要体现，资源税立法将会大大增强资源税征收的权威性、准确性和可控度，这也是多年来资源税改革的一个重要成果。

10.3 资源税的合理避税技巧与实操

10.3.1 资源税的申报流程

小王的舅舅前几年和朋友合伙采矿赚了不少钱，每次过年回到家中，他都会头头是道地为家里人讲述自己的赚钱生意经。小王对此却完全不当回事，因为在他眼中，舅舅就是个"暴发户"，赶上了好时候而已。但同时他也很佩服自己的舅舅，虽然他小学都没毕业，也真干出了一点名堂。

小王还记得舅舅刚刚进入采矿行业时的事情，当时小王还在上大学，因为主修经济专业，同时还兼修法学，所以小王的课程非常紧凑。而小王的舅舅经常会找小王来了解缴税的问题，小王记忆最深刻的就是给舅舅讲资源税的故事。

舅舅：资源税是个什么呀？还有这个税啊？

小王直接向舅舅讲起了资源税申报的一些重要细节。

"资源税的申报主要是按照税收法律法规的相关规定确定申报期限、申报内容，然后就开采或者生产的应税产品向税务机关申报缴纳资源税的一种事项。"

“一般来说，纳税的期限为1日、3日、5日、10日、15日或者1个月，这个要有主管的税务机关根据具体的情况来确定。如果不能按照固定的期限计算纳税的，也可以按照次数来计算纳税。”小王继续说道。

“如果你想要以1个月为一期来进行纳税，那你必须自期满之日起10日内申报纳税。如果以1日、3日、5日、10日或者是15日为一期纳税的话，自期满之日起5日内需要预缴税款，并且在下个月的1日起10日内申报纳税并且结清上个月的税款。”

“小王啊，你看看有没有什么好的方法能够让舅舅少缴点税啊。”舅舅脸上堆着笑看着小王。

“现在我讲的是一些基本的纳税申报流程，这个是最基本的东西。你先把这些表格看懂了，我再给你讲后面的东西。”说完话，小王便甩给了舅舅几张已经复印完的表格。

10.3.2 利用折算比例进行避税筹划

在很多时候，资源税的纳税因为一些原因，在经营过程中可能并没有办法提供或者没有办法准确提供应税产品销售数量或转移数量。

对于这种情况，在《资源税暂行条例实施细则》中规定，以应税产品的数量或主管税务机关确定的折算比例换算成的数量为课税数量。这便为纳税筹划提供了一定的实施空间。

对于连续加工前没有办法正确计算原煤移送使用量的煤炭，可以按照加工产品的综合回收率，来讲加工产品实际销售量和自用量折算成原煤水量作为课税数量。而金属和非金属矿产品原矿，对于无法准确掌握纳税人移送使用数量的，可以将其精矿按照选矿比折算成原矿数量作为课税数量。

具体怎么操作呢？举个例子来说：

小王的舅舅生产煤炭并且连续加工生产相关的煤炭制品，但是他思想比较落后，不舍得花钱，采用的加工技术也比较落后。所以，相比于其他同行来说，他的煤炭产品加工生产的综合回收率也是比较低的。

虽然小王的舅舅思想上比较保守，但在小王的培训下，在税收筹划方面却做得不错。在知道自己企业的综合回收率相对较低时，小王的舅舅并没有准确提供应税产品的销售数量和移送数量，而税务机关是按照整个煤炭行业的平均综合回收率折算应税产品数量的，因此小王舅舅的企业的课税数量就会变少。因为当前我国煤炭资源税所采用的是从价定率的征收方法，如果煤炭单位售价保持不变，那么，课税数量的减少会让小王舅舅应缴纳的资源税税额也明显减少。

下面我们用具体的数字来进行分析：

首先假定小王舅舅的企业一共生产出了10000吨的最终产品，而整个煤炭行业的综合回收率是50%，但小王舅舅的企业综合回收率却只有25%。这样税务机关最终认定的课税数量就是10000吨与50%的比值，也就是20000吨。但实际上小王舅舅的企业的课税数量应该是多少呢？很显然，应该是10000吨与25%的比值40000吨。

一般来说，如果一个企业自身的煤炭综合回收率低于同行业的平均综合回收率，或者一个企业的选矿比低于同行业的平均选矿比的话，这个企业就可以不提供企业的应税资源销售量或自用量，根据税务机关最终认定的应税数量来计算，这样就可以达到税收筹划的目的。

而如果一个企业的生产效率较高，加工技术也很先进，那在煤炭的综合回收率和金属选矿比上一定会高于同行业的平均水平。这个时候，企业就一定要准确核算自己的综合回收率和选矿比，并且向税务机关提供准确的应税产品销售数量和移送数量。

在进行税收筹划时要时刻记住：合理避税并不是偷税漏税。

10.4 环境保护税的基本概念

10.4.1 环境保护税起征前的新变化

2016 年 12 月 25 日，第十二届全国人民代表大会常务委员会第二十五次会议通过了《中华人民共和国环境保护税法》，2017 年 12 月 25 日，国务院总理李克强签署国务院令，公布了《中华人民共和国环境保护税法实施条例》，自 2018 年 1 月 1 日起施行。

环境保护税法的落地可以说是“推动环境保护税费改税”“用严格的法律制度保护生态环境”要求的重大举措，在减少污染物的随意排放，保护资源环境，推动生态文明建设方面具有非常重要的意义。

而《中华人民共和国环境保护税法实施条例》（以下简称《实施条例》）发布之后，我们发现了其中有许多方面对《环境保护税法》做出了细化规定，可以说在很大程度上保障了环境保护税法的顺利实施，为环境保护税法的起征铺平了道路。《实施条例》在《环境保护税法》的要求内，对诸如征税对象、计税依据、税收减免和税收征管等方面都进行了细化规定，下面我们来简单了解一下。

首先，在征税对象方面，《实施条例》明确了《环境保护税税目税额表》中提到的其他固体废物的具体范围。也就是由省、自治区、直辖市人民政府提出，报同级人大常委会决定，并且要报全国人大常委会和国务院备案，这是按照《环境保护税法》第六条第二款规定的程序来进行确定的。

其次，《实施条例》还明确了“依法设立的城乡污水集中处理场所”的范围。根据《实施条例》的规定，依法设立的城乡污水集中处理场所主要是指为社会公众提供生活污水处理服务的场所，不包括为工业园区、开发区等工业聚集区域内的企业事业单位和其他生产经营者提供污水处理服务的场所，以及企业事业单位和其他生产经营者自建自用的污水处理场所。

再次，对于规模化养殖场缴纳环境保护税的一些问题也进行了细化，其中规定达到省级人民政府确定的规模标准，并且存在污染物排放口的畜禽养殖场应当依法缴纳环境保护税。而依法对畜禽养殖废弃物进行综合利用和无害化处理的，则不属于直接向环境排放污染物的行为，不需要缴纳环境保护税。

最后，在计税依据方面，《实施条例》同样对一些问题进行了细化。《环境保护税法》中规定对应税大气污染物、水污染物按照污染物排放量折合的污染当量数来确定计税依据，应税固体废物则按照固体废物的排放量确定计税依据，应税噪声按照超过国家规定标准的分贝数来确定计税依据。

但根据我国当前的实际情况，《环境保护税法》中的这种规定还有一些方面需要明确，而《实施条例》对这些问题进行了明确。

首先，因为在符合国家和地方环境保护标准的设施或场所贮存或者处置固体废弃物的行为并不属于直接向环境排放污染物，所以不需要缴纳环境保护税。而对于那些依法综合利用固体废物也暂予免征环境保护税。

其次，《实施条例》还规定固体废物的排放量为当期应税固体废物的产生量减去当期应税固体废物的贮存量、处置量和综合利用量的余额。可以看出，这是一种对纳税人治污减排的激励措施。

最后，除了奖励之外，《实施条例》还对纳税人相关违法行为的惩处做出了规定。其中，纳税人有非法倾倒应税固体废物，没有依法安装使用污染物自动监测设备或没有将污染物自动监测设备与环境保护主管部门的监控设备联网，损毁或者擅自移动、改变污染物自动监测设备，篡改、伪造污染物监测数据以及进行虚假纳税申报等情形的，以其当期应税污染物的产生量作为污染物的排放量。

奖励和惩罚并举，《实施条例》进一步完善了《环境保护税法》在计税依据方面的相关规定。而对于《环境保护税法》中关于减征环境保护税的规定，《实施条例》也进行了相应的明确。

其中，《实施条例》首先明确了《环境保护税法》第十三条规定中应税大气污染物和水污染物浓度值的计算方法。其次，又进一步明确限定了适用减税的条件，也就是“应税大气污染物浓度值的小时平均值或者应税水污染物浓度值的日平均值，以及监测机构当月每次监测的应税大气污染物、水污染物的浓度值，均不得超过国家和地方规定的污染物排放标准”。

为了能够更好地保障环境保护税的顺利征收，《实施条例》还对纳税申报地点的确定、税收征收管辖争议的解决途径、纳税人识别等方面进行了细致规定。同时还明确了县级以上地方人民政府应当加强对环境保护税收管理工作的领导，及时协调、解决环境保护税征收管理工作中的重大问题等内容。

《实施条例》的出台让税收征管工作更加准确有序，让纳税人也更容易理解环境保护税的征管工作，对于保障环境保护税的顺利起征具有重要的意义。

10.4.2 环境保护税法正式施行

2018 年 1 月 1 日，环境保护税法正式施行，而此前全国各省市也已经基本完成了环保税征管准备工作小组的筹建，建立了跨部门协作机制。截至 2018 年 1 月 10 日，除了西藏自治区外，全国各省市区都已经出台了应税大气污染物和水污染物的具体税额。

其中，北京、天津、河北等 6 个省市地区税额较高，大气污染物税额在每污染当量 4.8 ~ 12 元之间，水污染物税额在每污染当量 4.8 ~ 14 元之间。其中北京市采取的是高限额来确定税额，也就是大气污染物税额为每污染当量 12 元，水污染物税额为每污染当量 14 元。内蒙古、海南、云南等 12 个省份的税额则处于中间水平，大气污染物税额在每污染物当量 1.8 ~ 3.9 元之间，水污染物税额则在每污染当量 2.1 ~ 3.5 元之间。黑龙江、福建、新疆等 12 个省份则是按照较低水平确定的税额，大气污染物税额是每当量 1.2 元，水污染物税额则是每当量 1.4 元。

1 月 16 日，财政部、国家发展改革委、环保部和国家海洋局联合印发了《关于停征排污费等行政事业性收费有关事项的通知》，规定了从 2018 年 1 月

1 日起，在全国范围内统一停征排污费和海洋工程污水费。这也意味着排污费正式退出了历史舞台，环保税则正式登台亮相。

在《关于停征排污费等行政事业性收费有关事项的通知》之中，从 2018 年 1 月 1 日起停征的排污费主要包括污水排污费、废气排污费、固体废物及危险废物排污费、噪声超标排污费和挥发性有机物排污收费。而停征的海洋工程污水费则包括生产污水与机舱污水排污费、钻井泥浆与钻屑排污费、生活污水排污费和生活垃圾排污费。

排污费的“下岗”并不是国家治理污染工作的停止，而是环境治理制度的升华，从排污费制度向环境保护税制度的平稳转换，也是生态文明建设的重要要求。环保税在法律效力上要更高，相应的征管机制也更加严格。因此，排污费制度存在的执法力度不足，地方政府权力过大等问题，都将被环保税所解决。

《环境保护税法》已经于 2018 年 1 月 1 日正式施行，由于环保税按照季度申报缴纳，因此在 2018 年 4 月 1 日到 15 日期间是环保税的第一个征期。

10.4.3 环境保护税迎来第一个征期

2018 年 1 月 1 日环保税正式施行，作为按季申报的一种税种，环境保护税在 4 月 1 日迎来了第一个征期，在此之前，为了确保环境保护首个征期的平稳进行，国家税务总局和相关部门开展了一系列工作。

首先，在 1 月 27 日，《环境保护税纳税申报表》正式发布，这为相关纳税人进行纳税申报提供了必要准备，而截至 2018 年 3 月 1 日，全国各地的税务机关已经识别并确认了超过 26 万多户环境保护税的纳税人。

其次，税务部门还对各基层地税机关进行实地督导，辅导纳税人进行环境保护税相关的纳税申报工作。到 2018 年 3 月底，已经有超过 19 万户环保税纳人接受了辅导，掌握了环保税相关的纳税申报流程。

最后，建立和完善网络报税系统也是一项重要的工作，通过网络报税系统，纳税人可以通过网络进行申报和缴纳环境保护税，大大提高了缴税效率。

在 4 月 1 日当天，上海浦东新区税务局开出了我国环境保护税开征以来的第一张税票。第一个完成环境保护税缴纳的企业是巴斯夫新材料有限公司，这是一家主要研发和生产汽车、建筑、高铁等行业新材料的公司。同时由于污染物排放量低于国家标准，享受到了税收方面的优惠补贴。

环境保护税作为一种新出现的税种，在税收筹划方面也还有待研究。但从《环境保护税法》的相关规定来看，要想少缴纳环境保护税，最好的办法就是企业在生产过程中不断地减排量、降污染，可以说这是最为根本的减税方法。

治理污染物排放虽然在短时期内会带来企业经济利润的减少，但从长远来看，却对企业百利而无一害。环境保护税的开征正是“为了保护和改善环境，减少污染物排放，推进生态文明建设”的一个重要举措，开征环保税更多是为了发挥税收的杠杆作用，从而将企业的经济发展模式引导到绿色经济的轨道之中，可以说，其中的环保意义要远大于财政意义。

第 11 章

土地使用税和土地增值税

11.1 土地使用税的基本概念

11.1.1 土地使用税的纳税人

城镇土地使用税的纳税人是指征税范围内需要承担纳税义务的个人和所有单位。根据相关税法规定，城镇土地使用税的征税范围主要包括城市、县城、建制镇和工矿区之内国家所有及集体所有的土地。

具体来说，城镇土地使用税纳税人主要包括以下几种：

（1）拥有土地使用权的单位和个人。

（2）拥有土地使用权的单位和个人不在土地所在地的，那么土地的实际使用人和代管人则为纳税人。

（3）土地使用权没有明确或者权属纠纷没有解决的，最终的纳税人为实际使用人。

（4）对于土地使用权共有的，共有的各方都为纳税人，各方应该根据其实际使用的土地面积占总土地面积的比例，分别来计算并缴纳城镇土地使用税。

目前，我国城镇土地使用税的税收优惠政策主要包括以下几种：

（1）国家机关、人民团体、军队自用的土地，免缴城镇土地使用税。

（2）宗教寺庙、公园、名胜古迹自用的土地，免缴城镇土地使用税。

（3）市政街道、广场、绿化地带等公共用地，免缴城镇土地使用税。

（4）由国家财政部门拨付事业经费的单位自用的土地，免缴城镇土地使用税。

（5）由财政部门另行规定免税的能源、交通、水利设施用地和其他用地。

（6）直接用于农、林、牧、渔业的生产用地，免缴城镇土地使用税。

（7）经批准开山填海整治的土地和改造的废弃土地，从使用的月份开始其免缴土地使用税 5 ~ 10 年。

11.1.2 土地使用税的变革与规范

在 1988 年 9 月 27 日，国务院发布了《中华人民共和国城镇土地使用税暂行条例》（以下简称《条例》），当时主要是为了加强对土地的控制和管理，从而调节不同地区、不同地段之间的土地级差收入，提高土地的使用效率。该条例在当年的 11 月 1 日起正式实施。

此后数年，财政部、国家税务总局以及国土资源部又先后发布了多份文件对土地使用税政策进行规定。到了 2006 年 12 月 30 日，国务院发布了《关于修改〈中华人民共和国城镇土地使用税暂行条例〉的决定》，对 1988 年制定的《中华人民共和国城镇土地使用税暂行条例》的内容进行了相应的修改。

国务院决定对《中华人民共和国城镇土地使用税暂行条例》作如下修改：

第一，第 2 条增加 1 款，作为第 2 款："前款所称单位，包括国有企业、集体企业、私营企业、股份制企业、外商投资企业、外国企业以及其他企业和事业单位、社会团体、国家机关、军队以及其他单位；所称个人，包括个体工商户以及其他个人。"

第二，第 4 条修改为："土地使用税每平方米年税额如下：

（1）大城市 1.5 元至 30 元；

（2）中等城市 1.2 元至 24 元；

（3）小城市 0.9 元至 18 元；

（4）县城、建制镇、工矿区 0.6 元至 12 元。"

第三，第 13 条修改为："本条例的实施办法由省、自治区、直辖市人民政府制定。"

此外，对本条例个别条文的文字作修改。

本决定自 2007 年 1 月 1 日起施行。

《中华人民共和国城镇土地使用税暂行条例》根据本决定作相应的修订，重新公布。

可以看出，相比于 1988 年的《条例》，重新修订之后的《条例》主要在以下几个方面出现了变化。

（1）税额幅度提高，征税范围扩大

国务院决定从 2007 年 1 月 1 日起，将城镇土地使用税每平方米年税额在原《条例》规定的基础上提高两倍，也就是大城市从 0.5 元至 10 元提高到 1.5 元至 30 元。中等城市从 0.4 元至 8 元提高到 1.2 元至 24 元。小城市从 0.3 元至 6 元提高到 0.9 元至 18 元。县城、建制镇、工矿区从 0.2 元至 4 元提高到 0.6 元至 12 元。另外，外商投资企业和外国企业也被纳入城镇土地使用税的征税范围。

国务院要求对外资企业征收城镇土地使用税不仅需要充分利用土地使用权权属登记、土地使用费征缴等相关信息，同时还要通过税务登记、纳税申报、税源普查等多种方式，全面准确地掌握外资企业的户数和占地情况，从而逐步建立和完善税源数据库。

（2）严格控制减税免税。

国务院要求各地要完善城镇土地使用税的征收管理办法和操作规程，规范征收管理行为，优化征管环境，创新征管方式，不断提高征管质量和管理的精细化水平。同时各级政府要根据国家加强土地管理的有关要求，严格控制减免税，从严控制各种开发区、各类园区用地和属于国家产业政策限制发展项目用地的减免税。

国务院还要求各级政府要制定完善的减免税审批管理办法，加强对减免税项目的后续管理工作。对于不符合国家产业政策的项目用地和廉租房、经济适用房以外的房地产开发用地一律不得减免税。

城镇土地使用税的变革不仅有利于加强国家对土地的宏观调控，促进节约用地，同时还有利于统一税制、公平税负，并且增加地方的财政收入。不断完善城镇土地使用税的征收是经济发展的必然形势，也是顺应时代发展潮流的重要举措。

11.2 土地使用税的合理避税技巧与实操

11.2.1 土地使用税的申报流程

城镇土地使用税的申报主要是指纳税人依照税收法律法规和相关规定确定的申报期限、申报内容，对其应税项目向税务机关申报缴纳城镇土地使用税的一种行为。

在城市、县城、建制镇、工矿区范围内使用土地的单位和个人需要依照税收法律、法规、规章和其他相关规定的要求，在规定的纳税期限之内，向税务机关进行纳税申报，并缴纳城镇土地使用税。土地使用税按年计算，并实行分期缴纳方式。具体的缴纳期限由各省、自治区和直辖市人民政府确定。

税务机关在确定报送资料齐全、符合法定形式，并且填写内容完整的情况下，需要在受理后及时办结。

纳税人或者扣缴义务人可以直接到税务机关去办理纳税申报，也可以采取邮寄、数据电文或者通过网络系统办理申报和报送等方式。但采用电子方式办理纳税申报的纳税人，需要按照税务机关规定的期限和要求对有关资料进行保存，并且定期将书面材料报送给主管税务机关。

2019 年国家税务总局出台了《关于修订城镇土地使用税和房产税申报单的公告》其中将城镇土地使用税和房产税的纳税申报表、减免税明细申报表、税源明细表进行合并。因此在申报城镇土地使用税需要报送的材料中主要包括《城镇土地使用税房产税纳税申报表》《城镇使用税减免税明细申报表》《城镇土地使用税税源明细表》，同时还需要提供土地使用权或购房合同、发票等能够证明土地使用权属的材料。

11.2.2 土地使用税的税收筹划实操

2006 年 12 月 25 日，财政部和国家税务总局联合发布了《关于房产税城镇土地使用税有关政策的通知》(以下简称《通知》)，其中提到关于经营采摘、观光农业的单位和个人免征城镇土地使用税的问题。

《通知》规定在城镇土地使用税征收范围内经营采摘、观光农业的单位和个人，其直接用于采摘、观光的种植、养殖、饲养的土地，根据《中华人民共和国城镇土地使用税暂行条例》第六条中“直接用于农、林、牧、渔业的生产用地”的规定，免征城镇土地使用税。此规定自 2007 年 1 月 1 日起正式执行。

这也就是说相关纳税人可以利用经营采摘和观光农业等方式来进行税收筹划，从而享受免征城镇土地使用税的优惠。这是利用税收优惠进行税收筹划的一个方面，同时还有一些其他利用税收优惠进行税收筹划的方法。

税法规定经过批准开山填海整治的土地和改造过的废弃土地，从使用月份起可以免缴城镇土地使用税 5 年到 10 年。这也就是说纳税人可以利用改造废弃土地的方式进行税收筹划，通过充分利用城市、县城、建制镇和工矿区的废弃土地或者利用开山填海的土地，纳税人可以享受到一定期限内的免税政策优惠。

此外，如果纳税人能够准确核算用地，就可以充分享受到针对土地使用税而设定的优惠条款。比如说，一个纳税人将农、林、牧、渔业生产用地和农副产品加工场地与自己的生活办公用地分离，就能够适用生产用地的免税条款。

除了利用税收的优惠政策来进行税收筹划外，纳税人还可以利用土地级别的不同来进行税收筹划。在前面的章节之中，我们已经提到了我国土地使用税实行幅度税额，因此大城市、中等城市、小城市、县城、建制镇和工矿

区的税额都是各不相同的。

即使是处于同一个地区，因为不同地段的经济繁荣程度不同，土地使用税的税额规定也会有着明显的不同。因此纳税人在进行投资的时候就可以选择不同级别的土地进行税收筹划。

举个例子来说：现在一家企业想要在国内建设一个生产基地，由于公司总部在北京，所以最初的建设方案是在北京郊区建设一处生产基地，总面积大概有10000平方米左右。计算下来，公司最终每年需要缴纳的城镇土地使用税是12万元。

但是实际上，这家公司还有一个更好的选择，那就是选择一些沿海城市建设生产基地。首先是可以利用沿海城市发达的海运进行对外贸易，其次从税收筹划角度考虑也十分合适。一些沿海城市的城镇土地使用税税率很低，这样每年下来就可以为企业节省不少税收方面的支出。

11.3 土地增值税新规定

为了更好地做好营改增之后土地增值税征收管理的工作，根据《中华人民共和国土地增值税暂行条例》及其《中华人民共和国土地增值税暂行条例实施细则》、《财政部国家税务总局关于营改增后契税、房产税、土地增值税、个人所得税计税依据问题的通知》（财税〔2016〕43号）等规定，国家税务总局在2016年11月10日发布了《关于营改增后土地增值税若干征管规定的公告》（以下简称《公告》）。

《公告》就当前土地增值税中存在的征管问题进行了明确规定，具体内容如下：

一、《公告》明确了营改增之后土地增值税应税收入的确认问题。营改增之后，纳税人转让房地产的土地增值税应税收入不包括增值税。适用增值税一般计税方法的纳税人，其转让房地产的土地增值税应税收入不含增值税销项税额。适用简易计税方法的纳税人，其转让房地产的土地增值税应税收入不含增值税应纳税额。

如果是房地产开发企业采取预收款方式销售自行开发的房地产项目的，可以按照"土地增值税预征的计征依据 = 预收款—应预缴增值税税款"的方法来计算土地增值税预计计征的金额。

二、《公告》明确了营改增后视同销售房地产的土地增值税应税收入确认问题。

纳税人将开发产品用于职工福利、奖励、对外投资、分配给股东或投资人、抵偿债务、换取其他单位和个人的非货币性资产等，发生所有权转移时应视同销售房地产，其收入应按照《国家税务总局关于房地产开发企业土地增值税清算管理有关问题的通知》（国税发〔2006〕187 号）第三条规定执行。而纳税人安置回迁户，其拆迁安置用房应税收入和扣除项目的确认，应按照《国家税务总局关于土地增值税清算有关问题的通知》（国税函〔2010〕220 号）第六条规定执行。

三、《公告》明确了与转让房地产有关的税金扣除问题。

首先，在营改增之后，计算土地增值税增值额的扣除项目中，“与转让房地产有关的税金”不包括增值税。

其次，营改增之后，房地产开发企业实际缴纳的城市维护建设税和教育费附加，只要是能够按照清算项目准确计算的，都允许据实扣除。凡是不能按照清算项目准确计算的，则需要按照这一清算项目预缴增值税时实际缴纳的维护城市建设税和教育税附加扣除。

对于其他转让房地产行为的维护城市建设税和教育费附加的扣除也要比照上面的规定执行。

四、《公告》明确了营改增前后土地增值税清算的计算问题。

对于房地产开发企业在营改增之后进行房地产开发项目土地增值税的清算，可以按照下面的方法来确定相应的金额：

一是按照“土地增值税应税收入 = 营改增前转让房地产取得的收入 + 营改增后转让房地产取得的不含增值税收入”来进行计算。

二是按照“与转让房地产有关的税金 = 营改增前实际缴纳的营业税、城建税、教育费附加 + 营改增后允许扣除的城建税、教育费附加”的方式来进行计算。

五、《公告》明确了营改增后建筑安装工程费支出的发票确认问题。

在营改增之后，土地增值税纳税人接受建筑安装服务取得的增值税发票，应该按照《国家税务总局关于全面推开营业税改征增值税试点有关税收征收管理事项的公告》（国家税务总局公告 2016 年第 23 号）规定，在发票的备注栏注明建筑服务发生地县（市、区）名称及项目名称，否则不得计入土地增值税扣除项目金额。

六、《公告》明确了旧房转让时的扣除计算问题。

在营改增之后，纳税人转让旧房及建筑物，不能取得评估价格，但能提供购房发票的，根据《中华人民共和国土地增值税暂行条例》第六条第一、三项规定的扣除项目的金额按照下列方法计算：

（1）提供的购房凭据为营改增后取得的增值税普通发票的，按照发票所载价税合计金额从购买年度起至转让年度止每年加计 5% 计算。

（2）提供的购房凭据为营改增前取得的营业税发票的，按照发票所载金额（不扣减营业税）并从购买年度起至转让年度止每年加计 5% 计算。

（3）提供的购房发票为营改增后取得的增值税专用发票的，按照发票所载不含增值税金额加上不允许抵扣的增值税进项税额之和，并从购买年度起至转让年度止每年加计 5% 计算。

11.4 土地增值税的基本概念

11.4.1 土地增值税的征税范围

土地增值税是指转让国有土地使用权、地上的建筑物及其附着物并取得收入的单位和个人，以转让所取得的收入的增值额为计税依据。

土地增值税的征税范围主要包括以下几点内容：

首先，转让的是国有土地使用权，也就是说转让的土地使用权只能是国有土地的使用权，不包括集体土地和耕地。

其次，地上建筑物及其附属物。地上的建筑物也就是指建立在土地上的一切建筑物，既包括地上的各种设施，也包括地下的附属设施。比如地上的车间厂房、医院商店，地下的管道密室等，而附属物则是指附着在土地上的不能移动的一些物品，如果经过移动就会遭到损坏。主要包括地上的种植物、养殖物和其他一些物品。

最后，转让之后取得收入。这里所说的收入包括转让房产的全部价款和相关的经济收益。另外，纳税人转让国有土地使用权、地上的建筑物及其附着物必须是有偿转让行为才计算土地增值税，继承和赠予方式无偿转让房地产的行为不包括在其中。

具体来看，土地增值税的征税范围的确定还需要注意以下一些细节：

（1）对于以房地产进行投资和联营的，对于投资、联营企业将上述规定中的房地产再进行转让的，应该征收土地增值税。

（2）对于合作建房的，如果建成的房子自己留用，那么将暂时免征土地增值税。但如果建成之后转让给别人的，就应该征收土地增值税。

（3）对于企业兼并转让的房地产，在企业兼并之中，对于被兼并企业将房地产转让到兼并企业之中的情形，暂免征收土地增值税。

（4）涉及上述房地产的交换属于土地增值税的征税范围。其中对于那些个人之间互换自己居住用房的，报经当地税务机关核实之后，就可以免征土地增值税。

（5）对于房地产的抵押，在抵押期间不征收土地增值税，但在抵押期满之后，对于用房地产抵债而发生的房地产权属转让的，应该列入土地增值税的征税范围之中。

最后，对于房地产的出租、重新评估和代建房行为都不属于土地增值税的征税范围。

具体来说，土地增值税的征税范围可见下表：

征税范围	出售土地使用权
不征税范围	取得土地使用权后进行房屋开发并出售的
	单位之间房屋交换
	存量房买卖
	以房抵债
	合作建房后并销售
	被投资方将投资获得的房产转让的

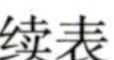

续表

免税范围	房产继承
	房产赠予
	房产出租
	房地产评估增值
	房地产的代建房行为
	个人互换自有居住用房
	被兼并企业将房产转入兼并企业
	合作建房

11.4.2 土地增值税的清算

土地增值税的清算主要是指纳税人在符合土地增值税清算条件之后，按照税收法律法规以及土地增值税有关政策的规定，来计算房地产开发项目应该缴纳的土地增值税税额，从而结清该房地产项目应该缴纳的土地增值税税款的行为。

土地增值税主要以国家有关部门审批的房地产开发项目为单位进行清算，对于分期开发的项目，主要以分期项目为清算单位。如果开发项目之中既包含普通住宅，又包含非普通住宅，就应该分别计算增值额。

对于房地产开发项目全部竣工、完成销售的纳税人，整体转让未竣工决算房地产开发项目的纳税人，以及直接转让土地使用权的纳税人都应该进行土地增值税的清算。

对于已经竣工验收的房地产开发项目，已经转让的房地产建筑面积占整个项目可售建筑面积的比例在 85% 以上，或者这一比例虽然没有超过 85%，但剩余的可售建筑面积已经出租或自用的，主管税务机关可以要求纳税人进行土地增值税的清算。

对于取得销售或预售许可证满三年但仍然没有销售完毕的，或者是纳税人申请注销税务登记但没有办理土地增值税清算手续的，主管税务机关可以要求纳税人进行土地增值税的清算。

11.4.3 土地增值税清算中的具体问题

根据《中华人民共和国土地增值税暂行条例》及其《实施细则》的规定，国家税务局对土地增值税清算工作中的一些问题进行了明确。

一是明确了关于土地增值税清算时收入的问题。

在土地增值税清算过程中，已经全额开具商品房销售发票的，要按照发票所载金额确认收入。还没有开具发票或者还没有全额开具发票的，需要以交易双方签订的销售合同所记载的售房金额及其他收益来确认收入。对于销售合同所载商品房面积与有关部门实际测量的面积不一致的，在清算之前已经发生补、退房款的，应该在计算土地增值税时进行相应调整。

二是明确了房地产开发企业没有支付的质量保证金，其扣除项目金额的确定问题。

房地产开发企业在工程竣工验收之后，根据合同的约定，扣留建筑安装施工企业一定比例的工程款，作为开发项目的质量保证金。当在计算土地增值税时，建筑安装施工企业就质量保证金对房地产开发企业开具发票的，按发票所载金额予以扣除。没有开具发票的，扣留的质保金不得计算扣除。

三是明确了房地产开发费用的扣除问题。

首先，财务费用中的利息支出，只要能够按转让房地产项目计算分摊并提供金融机构证明的，就允许据实扣除，但最高不能超过按照商业银行同类同期贷款利率计算的金额。对于其他房地产开发费用，在按照“取得土地使用权所支付的金额”与“房地产开发成本”金额之和的5%以内计算扣除。

其次，凡是不能按照转让房地产项目计算分摊利息支出或者不能够提供金融机构证明的，房地产开发费用在按“取得土地使用权所支付的金额”与“房地产开发成本”金额之和的10%以内计算扣除。

同时，全部使用自有资金，没有利息支出的，按照上面的方法扣除。具体的使用比例要按照省级人民政府之前规定的比例执行。

对于房地产开发企业既向金融机构借款，又有其他借款的，其房地产开发费用计算扣除的时候就不能按照上面的方法执行。对于土地增值税清算时已经

计入房地产开发成本的利息支出，应该调整到财务费用中计算扣除。

四是明确了房地产企业逾期开发缴纳的土地闲置费的扣除问题。

要求对于房地产开发企业逾期开发缴纳的土地闲置费不得扣除。

五是明确了房地产开发企业取得土地使用权时支付的契税的扣除问题。

对于房地产开发企业为了取得土地使用权所支付的契税，应该视同“按国家统一规定缴纳的有关费用”，计入“取得土地使用权所支付的金额”中扣除。

六是明确了关于拆迁安置土地增值税的计算问题。

对于房地产企业自行开发建造的本项目房地产安置回迁户的情况，安置用房视同销售处理，按《国家税务总局关于房地产开发企业土地增值税清算管理有关问题的通知》（国税发〔2006〕187 号）第三条第一项规定确认收入，同时将此确认为房地产开发项目的拆迁补偿费。房地产开发企业支付给回迁户的补差价款，计入拆迁补偿费。回迁户支付给房地产开发企业的补差价款，应抵减本项目拆迁补偿费。

对于开发企业采取异地安置，异地安置的房屋属于自行开发建造的，房屋价值按国税发〔2006〕187 号第三条第一项的规定计算，计入本项目的拆迁补偿费；异地安置的房屋属于购入的，以实际支付的购房支出计入拆迁补偿费。

对于采用货币安置拆迁的，房地产开发企业凭借合法有效的凭据计入拆迁补偿费。

七是明确了关于转让旧房准予扣除项目的加计问题。

《财政部国家税务总局关于土地增值税若干问题的通知》（财税〔2006〕21 号）第二条第一款规定“纳税人转让旧房及建筑物，凡不能取得评估价格，但能提供购房发票的，经当地税务部门确认，《条例》第六条第（一）（三）项规定的扣除项目的金额，可按发票所载金额并从购买年度起至转让年度止每年加计 5% 计算”。计算扣除项目时“每年”按购房发票所载日期起至售房发票开具之日止，每满 12 个月计 1 年。超过 1 年，未满 12 个月但超过 6 个月的，可以视同为 1 年。

八是明确了土地增值税清算后应该补缴的土地增值税加收滞纳金问题。

当纳税人按照规定预缴土地增值税之后，清算补缴的土地增值税，如果在主管税务机关规定的期限内补缴的，不加收滞纳金。

11.5 土地增值税的合理避税技巧与实操

11.5.1 土地增值税的申报流程

税务官说："土地增值税的合理避税技巧：通过控制增值额进行税收筹划；利用房地产转移方式和税收优惠政策进行税收筹划。"

土地增值税的申报主要是指纳税人依照税收法律法规和相关规定确定的申报期限、申报内容，对其应税项目向税务机关申报缴纳土地增值税的一种行为。

转让国有土地使用权、地上建筑物及其附着物并且取得收入的单位和个人需要依照税收法律、法规、规章和其他有关规定，从转让房地产合同签订之日起 7 日之内，向税务机关进行纳税申报。

地方税务机关在确定报送资料齐全、符合法定形式，并且填写的内容完整的情况下，需要在受理后由省税务机关确定办理时限。

纳税人或者扣缴义务人可以直接到税务机关去办理纳税申报，或者报送代扣代缴、代收代缴税款报告表。同时，也可以采取邮寄、数据电文或者其他方式办理上述申报和报送事项。

从事房地产开发与建设的纳税人、从事新建房及配套设施开发的纳税人需要提供《土地增值税项目登记表》《土地增值税纳税申报表（一）（从事房地产开发的纳税人预征适用）》相关资料。

非从事房地产开发的纳税人需要提供《土地增值税纳税申报表（三）（非从事房地产开发的纳税人适用）》《土地增值税纳税申报表（七）（非从事房地产开发的纳税人核定征收适用）》，以及房屋及建筑物产权、土地使用权证书，

土地转让、房产买卖合同和房地产评估报告及其他与转让房地产有关的资料。

享受土地增值税优惠的纳税人则还需要提供减免土地增值税的证明材料。

11.5.2 通过控制增值额进行税收筹划

根据我国税法的相关规定，土地增值税的税率是以增值率为基础的超率累进税率。当房地产企业开发的房产对外销售时如果增值率不超过 20%，那么企业需要缴纳的土地增值税实际税负将会为 0。

如果房地产企业开发的房产对外销售时增值率达到了 50%，那么土地增值税的税负就将会达到销售额的 10%。如果房地产企业开发的房产对外销售时的增值率继续提高，那么相应的其所需要承担的土地增值税税负也将会继续增高。当房地产企业开发的房产对外销售时的增值率达到了 300% 时，那么其土地增值税税负将会达到销售额的 36.25%。

在土地增值税税收筹划中，如果能够合理控制或者降低增值额，那么就可以避免企业因为增值率升高而适用较高档次的税率。当然控制或降低增值额的方法必须要在法律允许的范围之内。

因为增值额是纳税人转让房地产所取得的收入减去规定扣除项目金额后的余额，所以控制增值额可以从控制收入和控制成本两方面入手进行税收筹划。

一、通过确定适当的转让房地产收入进行税务筹划

如果普通住宅项目，在增值率刚好超过 20% 的临界点时，房地产企业可以采用适当地降低售价的方式来让增值率下降到 20% 以下。这样根据相关税法规定就可以享受免征土地增值税的优惠，这正是通过控制收入来进行税收筹划的方法。

如果增值率达到其他等级的临界点，也可以采用这种方式来达到降低增值率的目的。最终降低企业所需要缴纳的土地增值税，当然，在进行这种税收筹划的过程中，一定不能违反法律法规的相关规定。

另外，如果采用适当降低房地产销售价格的方法，还能够在一定程度上促进房地产销售，从而节约贷款利息，最终还有可能会获得更高的实际利润。

二、通过适当地增加房地产开发成本来进行税务筹划

利用成本费用进行土地增值税的税务筹划就是要最大限度地扩大成本费用比例来降低增值额。在2006年12月28日国家税务总局发布了《关于房地产开发企业土地增值税清算管理有关问题的通知》中提到了“房地产开发企业销售已装修的房屋，其装修费用可以计入房地产开发成本”。这也就是说企业可以将原来的毛坯房进行装修之后再销售，从而扩大成本费用，最终达到税务筹划的目的。

11.5.3 利用房地产转移方式和税收优惠政策进行税收筹划

土地增值税是指转让国有土地使用权、地上的建筑物及其附着物并取得收入的单位和个人，以转让所取得的收入包括货币收入、实物收入和其他收入减去法定扣除项目金额后的增值额为计税依据向国家缴纳的一种税。

在前面章节中，我们提到的土地增值税的征税范围可以用三个标准来进行衡定：

第一个标准是仅对转让国有土地使用权和地上建筑物及其附着物的行为征收。

第二个标准是仅对产权发生转让的行为进行征税。

第三个标准是仅对转让房地产并且取得收入的行为进行征税。

这也就是说，纳税人可以通过避免符合上述三个衡定标准来避免缴纳土地增值税。比如说，房地产所有人将房产、土地使用权租赁给承租人来使用，由承租人来向出租人支付租金，但是由于产权并没有发生转让，所以不需要缴纳土地增值税。

除了上述税务筹划方法之外，纳税人还可以利用相应的税收优惠政策来进行税务筹划。当纳税人在进行普通标准住宅开发的同时，如果还在进行其他房地产的开发，那么在计算增值额的时候就需要分别去计算。

如果纳税人没有分别核算或者是不能够准确核算二者的增值额的话，那么纳税人所建造的普通标准住宅就没有办法去享受相应的免税优惠。所以说，尽量分开核算不同房产的增值额是十分必要的。

纳税人可以利用相关的税收优惠政策进行税收筹划，同时将普通标准住宅的增值额控制在扣除项目金额的20%之内，这样就能够享受到免缴土地增值税的优惠政策。

第 12 章

房地产相关税

12.1 房地产相关税

提到房地产相关税，很多人总是误解为房产税，其实房地产税既可以从广义上理解为一个综合概念，是指与房地产经济运动过程有关的所有相关税种；也可以从狭义上理解，也就是大家比较关注的《房地产税法》中的房地产税，一般是指现行的房产税和城镇土地使用税的概称。

本节所述的房地产相关税主要是从广义的角度上来讲，包括房地产增值税，企业所得税、个人所得税、房产税、印花税、土地增值税、契税和耕地占用税等。

房产税：以房屋为征税对象，按房屋计税余值或房产的出租收入为计税依据，向产权所有人征收的一种财产税。

房地产增值税：针对企业出售和个人转让房地产的税收。

城镇土地使用税：以土地为征税对象，以实际占用的土地面积为计税依据。

土地增值税：以土地和地上建筑物为征税对象。以增值额为计税依据。

耕地占用税：以纳税人实际占用的耕地面积计税，按照规定税额一次性征收。

契税：以转移土地、房屋使用权的行为为征税对象。以成交价格为计税

依据。

印花税：是对因房地产买卖、房地产产权变动、转移等而对书立的或领受的房地产凭证的单位和个人征收的一种税赋。

12.2 房地产税纳税细则

12.2.1 房产税

过去的2017年，我们常常听到“房子是用来住的不是用来炒的”，于是房地产税的改革成为大家的期盼，而房产税又是房地产税中与普通民众最息息相关的，未来它将如何征收，成为大家关注的重点，它的出台真的就能遏制住不断上涨的房价吗？且拭目以待。

一、房产税纳税义务人

上一节我们已经介绍过房产税是以房屋为征税对象，它的纳税义务人是产权所有人。其中：

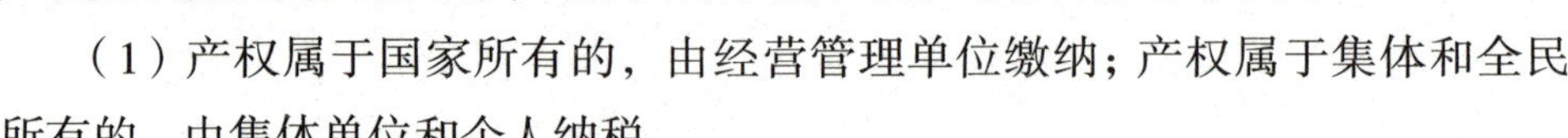

（1）产权属于国家所有的，由经营管理单位缴纳；产权属于集体和全民所有的，由集体单位和个人纳税。

（2）产权出典的，由承典人缴纳。

（3）产权所有人、承典人不在房产所在地的，由房产代管人或使用人缴纳。

（4）产权未确定及租典纠纷未解决的，由房产代管人或者使用人纳税。

（5）无租使用其他房产的问题。纳税单位和个人无租使用房产管理部门、免税单位及纳税单位的房产，应由使用人代为缴纳房产税。

（6）产权属于集体所有制的，由实际使用人纳税。

外商投资企业和外国企业、外籍个人、海外华侨、港澳台同胞所拥有的房产不征收房产税。

二、征税范围房产税

房产税在城市、县城、建制镇和工矿区征收，具体征税范围必须由各省、自治区、直辖市人民政府确定。

（1）城市是指经国务院批准设立的市，城市的征收范围包括市区、郊区和市辖县县城，但不包括农村。

（2）县城是指未设立建制镇的县人民政府所在地。

（3）建制镇是指经省、自治区、直辖市人民政府批准设立的建镇，其征收范围主要指镇人民政府所在地，不包括所辖的行政村。

（4）工矿区是指工商业比较发达，人口集中，符合国务院规定的建制镇标准，但尚未设立镇建制的大中型工矿企业所在地。

三、房产税计税依据及税率

房产税的计税依据通常是房产的价值，房产的价值有三种表现形式：

（1）房产的原值，即房屋的造价；

（2）房产的净值，即房屋的原值扣除折旧后的价值；

（3）房产的市价，即买卖房屋的市场价格。

房产税采用从价计税，计税依据分别为按计税余值计税和按租金收入计税两种：

（1）按照房产余值征税的，称为从价计征，其计税依据是依照房产原值一次性减除 10% ~ 30% 后的余值来计算缴纳。

房产原值：应包括与房屋不可分割的各种附属设备或一般不单独计算价值的配套设施。主要有暖气、卫生、通风等，纳税人对原有房屋进行改建、扩建的，要相应增加房屋的原值。

（2）按租金收入计征的，称为从租计征，其计税依据是房产租金收入。

房产租金收入：房屋产权所有人出租房产使用权所得的报酬，包括货币收入和实物收入。对于以劳务或者其他形式作为报酬抵付房租收入的，应当根据当地同类房产的租金水平，确定一个标准租金额来计征。

房产税税率采用比例税率。按照房产余值计征的，年税率为 1.2%；按房产租金收入计征的，年税率为 12%。

自 2008 年 3 月 1 日起对于个人出租住房的、不区分用途，按照 4% 的税率征收房产税。

四、房产税应纳税额的计算

（1）以房产余值为计税依据的：

应纳税额 = 房产余值 ×（1– 扣除比例）× 税率（1.2%）。

（2）以房产租金收入为计税依据的：

应纳税额 = 房产租金收入 × 税率（12%）。

五、房产税的纳税时间和期限

（1）纳税人将原有房产用于生产经营，从生产经营之月起，缴纳房产税；

（2）纳税人自行新建房屋用于生产经营，从建成之次月起，缴纳房产税；

（3）纳税人委托施工企业建设的房屋，从办理验收手续之次月起，缴纳房产税；

（4）纳税人购置新建商品房，自房屋交付使用之次月起，缴纳房产税；

（5）纳税人购置存量房，自办理房屋权属转移、变更登记手续，房地产权属登记机关签发房屋权属证书之次月起，缴纳房产税；

（6）纳税人出租、出借房产，自交付出租、出借房产之次月起，缴纳房产税；

（7）房地产开发企业自用、出租、出借该企业建造的商品房，自房屋使用或交付之次月起，缴纳房产税。

纳税期限：房产税实行按年计算、分期缴纳的征收方法，具体纳税期限由省、自治区、直辖市人民政府确定。

六、房产税的纳税地点

房产税在房产所在地缴纳。房产不在同一地方的纳税人，应按房产的坐落地分别向房产所在地的税务机关纳税。

12.2.2 城镇土地使用税

城镇土地使用税是指国家在城市、县城、建制镇、工矿区范围内，对使用土地的单位和个人，以其实际占用的土地面积为计税依据，按照规定的税额计算征收的一种税。它只对占用的土地征税，征税的对象是土地，征税的

范围也是有所限定的，并且实行的是差别幅度税额。

一、城镇土地使用税的纳税义务人

（1）拥有土地使用权的单位和个人是纳税人；

（2）拥有土地使用权的单位和个人不在土地所在地的，其土地的实际使用人和代管人为纳税人；

（3）土地使用权未确定的或权属纠纷未解决的，其实际使用人为纳税人；

（4）土地使用权共有的，共有各方都是纳税人，由共有各方分别纳税。

二、城镇土地使用税的征税范围：城市、县城、建制镇和工矿区的国家所有、集体所有的土地。（从 2007 年 7 月 1 日起，外商投资企业、外国企业和在华机构的用地也要征收城镇土地使用税）

三、城镇土地使用税的计税依据是实际占用的土地面积

（1）凡由省、自治区、直辖市人民政府确定的单位组织测定土地面积的，以测定的面积为准；

（2）尚未组织测量，但纳税人持有政府部门核发的土地使用证书的，以证书确认的土地面积为准；

（3）尚未核发出土地使用证书的，应由纳税人申报土地面积，据以纳税，待核发土地使用证以后再作调整。

注意：税务机关不能核定纳税人实际使用的土地面积。

四、税率采用的是定额税率，即有幅度的差别税额

按大、中、小城市和县城、建制镇、工矿区分别规定每平方米城镇土地使用税年应纳税额。城镇土地使用税每平方米年税额标准具体规定如下：

（1）大城市 15 ~ 30 元；

（2）中等城市 1.2 ~ 24 元；

（3）小城市 0.9 ~ 18 元；

（4）县城、建制镇、工矿区 0.6 ~ 12 元。

五、应纳税额的计算

应纳城镇土地使用税额 = 应税土地的实际占用面积 × 适用单位税额。

12.2.3 房地产印花税

房地产印花税是指因房地产买卖、房地产产权变动、转移等对书立的或领受的房地产凭证的单位和个人征收的一种税赋。

房地产印花税的征税凭证主要包括：具有房地产买卖合同性质的凭证；房地产产权转让书据；房地产权利许可证明；房地产经营账簿；经财政部确定征税的其他凭证。

房地产印花税的纳税人：是在我国境内书立、领受应税房地产凭证的单位和个人以及在国外书立、受我国法律保护、在我国境内适用的应税房地产凭证的单位和个人。

房地产印花税的计税依据：是该种行为的所负载的资金量或实物量，其中房地产产权转移书据印花税的计税依据是书据所载金额；房地产权利证书（包括房屋产权证和土地使用证）印花税的计税依据则是按件计收；房屋租赁合同印花税的计税依据是租赁金额；房产购销合同的计税依据是购销金额。

房地产印花税的税率主要有比例税率和定额税率两种：

1. 比例税率，适用于房地产产权转移书据，税率为 0.05%，同时适用于房屋租赁合同，税率为 1%，房产购销合同，税率为 0.03%。

2. 定额税率，适用于房地产权利证书，包括房屋产权证和土地使用证，税率为每件 5 元。

房地产印花税的纳税期限：因为房地产印花税实行“三自”缴纳办法，即纳税人按照应税凭证的类别和适用的税目税率自行计算应纳税额、自行购花、自行贴花。纳税人在书据的立据时和证照的领受时，自行贴花。

对有些凭证一次贴花数额较大或贴花次数频繁的，经税务机关批准，可采用汇贴、汇缴办法纳税，汇缴期限由税务机关根据应纳税额的大小予以指定，但最长不超过一个月。

第 13 章

车船税和车辆购置税

13.1 车船税新规定和车辆购置税新规定

13.1.1 车船税新规定

车船税，即以车船为征税对象，同时向拥有车船的单位或个人征收的一种税目。由于车船税是地方税务的一种，因此各地方的车船税都不尽相同。

此外，车船税实行的是定额税率。定额税率又被称作固定税额，是税率的一种特殊形式。定额税率计算简便，适宜于从量计征的税种。

根据 2018 年的车船税新规定，各类车辆的税额上限都将上涨。其中，大型客车每年税额标准将为 480 元至 660 元，中型客车为 420 元至 660 元，小型客车为 360 元至 660 元，微型客车为 60 元至 480 元。

举个例子，小张买了一台普通的家庭轿车，从2017年7月1日后，他每年都需要缴纳360元，比之前足足多缴了一倍，他之前买的普通家庭轿车仅需缴纳180元。同时，新税法还对征税对象作了调整。原来享有“免税特权”的各类公车，也将同私车一起，按照同一标准缴纳税款。

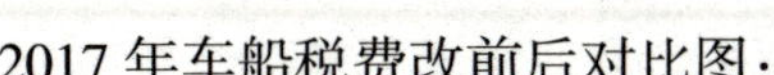

2017 年车船税费改前后对比图：

<table>
<tr><th colspan="2">排量</th><th>年基准税额（元）</th><th>备注</th><th>二次改费后（元）</th><th>涨幅前后对比（元）</th></tr>
<tr><td colspan="2">1.0 升（含）以下的</td><td>180</td><td rowspan="7">核定载客人数9人（含）以下</td><td>360</td><td>180</td></tr>
<tr><td colspan="2">1.0 升以上至 1.6 升（含）的</td><td>300</td><td>540</td><td>240</td></tr>
<tr><td colspan="2">1.6 升以上至 2.0 升（含）的</td><td>360</td><td>660</td><td>300</td></tr>
<tr><td colspan="2">2.0 升以上至 2.5 升（含）的</td><td>720</td><td>1200</td><td>480</td></tr>
<tr><td colspan="2">2.5 升以上至 3.0 升（含）的</td><td>1800</td><td>2400</td><td>600</td></tr>
<tr><td colspan="2">3.0 升以上至 4.0 升（含）的</td><td>3000</td><td>3600</td><td>600</td></tr>
<tr><td colspan="2">4.0 升以上的</td><td>4500</td><td>5400</td><td>900</td></tr>
<tr><td rowspan="2">客车</td><td>核定载客人数 10 ～ 19 人</td><td>480</td><td rowspan="2">包括电车</td><td>420 ～ 660</td><td></td></tr>
<tr><td>核定载客人数 20 人（含）以上</td><td>540</td><td>480 ～ 660</td><td></td></tr>
</table>

车船税新规定实施后，交强险的具体浮动规则如下：

适用于 6 座以下非运营车辆的：

（1）本年度未发生有责交通事故，次年保费下降 10%，即 9 折；

（2）连续两年未发生有责交通事故，次年保费下降 20%，即 8 折；

（3）连续三年及三年以上未发生有责交通事故，次年保费下降 30%，即 7 折；

（4）本年度发生一次有责交通事故且无人员伤亡，次年保费不变；

（5）本年度发生两次或两次以上有责交通事故且无人员伤亡，次年保费上浮 10%，即 1.1 倍；

（6）本年度发生过有责交通事故且出现人员伤亡，次年保费上浮 30%，即 1.3 倍。

同时，车辆的交强险最高上浮为 30%，也就是 950 元的 1.3 倍，即每年需缴纳 1235 元，而车型的基本保费不做变更。

现行法条并未对车船税的相关规定进行修改，2020 年车船税的变动主要是优惠政策方面的改动。

第一，国家重新发布的《关于享受车船税减免优惠的节约能源使用新能源汽车车型目录（第十批）、汽车生产企业名称变更名单的公告》，公告中重新整理了车船税减免的新能源车辆车型以及相关汽车生产企业名称变更名单。纳税人有需要缴纳车船税的需要进行名单对比，确定汽车具体型号。

第二，针对疫情期间的车船税税收减免。为了预防新型冠状病毒传播，各省政府均出台了一系列车船税减免政策，例如四川省政府免征参与疫情防控的医疗卫生机构和物流企业车辆 2020 年度车船税；福建省发布了相关名单，对于在名单之中的纳税人已缴纳 2020 年度车船税的，原则上在下一年度应缴车船税中抵减；如车辆因报废、转让等特殊原因，下一年度无须再缴纳车船税或所缴车船税不足抵减的，可向税务部门申请退还多缴税款。企业在进行缴纳税款时应当关注相关税法政策，及时调整自己的税收结构。

13.1.2 车辆购置税新规定

2018 年底第十三届全国人民代表大会常务委员会第七次会议通过了《中华人民共和国车辆购置税法》，该法于 2019 年 7 月 1 日起开始施行。

与旧法相比，本次规定中车辆购置税税率并没有发生变化，仍然是按照 10% 的税率进行征收。

该税种的征收范围也无较多变化，只是对摩托车的征收范围有所缩减。与之前相比，摩托车排气量不超过一百五十毫升的将不再征收车辆购置税。

除此之外，计税价格与旧法相比有较多变化。

对于购买自用应税车辆的纳税人，在之前的车辆购置税征收中，其计税价格是包含支付给销售方的全部价款和价外费用作为计税依据。

新规中则对此进行了调整，对于纳税人购买自用应税车辆实际支付给销售者的全部价款，依据纳税人购买应税车辆时相关凭证载明的价格确定，不包括增值税税款。我们可以直观地看到，新税法中车辆购置中的价外费用已经不作为计税依据，也就是说自 2019 年开始，纳税人购买应税车辆的，可以

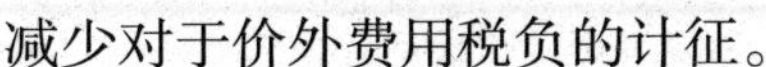

减少对于价外费用税负的计征。

同样，对于自产自用车辆的计税价格也有较多变化。按照旧法，纳税人自产自用车辆的应该以税务机关核定的“最低计税价格”为计税依据。

新法中则规定：“纳税人自产自用应税车辆的计税价格，按照纳税人生产的同类应税车辆的销售价格确定，不包括增值税税款”，这意味着新法执行之后，车辆购置税中自产自用应税车辆的最低计税价格将被同类价格取代。

除此之外，自 2019 年 6 月开始，我国将扩大车辆购置税电子完税信息办理车辆注册登记业务试点范围，并于 2019 年 7 月 1 日起在全国范围内实施应用车辆购置税电子完税信息办理车辆注册登记业务。这项规定意味着纸质车辆购置税完税证明将退出历史舞台。

13.2 车船税的基本概念

13.2.1 车船税是什么

车船税就是车船使用税。车船使用税是指国家对于行驶在公共道路上的车辆，以及航行于国内河流、湖泊或领海口岸的船舶，按照其种类（如机动车辆、非机动车辆、载人汽车、载货汽车等）、吨位和规定的税额计算，向人们收取的一种使用行为税。

根据税法相关条例，车主在进行车险的投保时，必须将车船使用税缴纳清楚。车船使用税可以通过保险公司代缴，也就是说，车主不需要去国家税务部门，就可以完成车船税缴纳。

各地的车船税缴纳标准不一致，不同的车辆种类也有不同的缴费标准。车主需要根据自己的车辆种类，如货车、小轿车、大客车等缴纳车船税款。

车船税是按年征收的税款，换言之，纳税人可在规定的申报纳税期限内，将全年的税款一次性缴清。对购置的新车船，购置当年的应纳税额自纳税义务发生的当月起按月计算。其计算公式为：

应纳税额＝（年应纳税额 ÷12）× 应纳税月份数。

值得强调的是，国家为了减轻纳税人的损失，特别做了如下规定：

如果纳税人已缴纳了车船使用税的车船被盗抢、报废或灭失，纳税人可

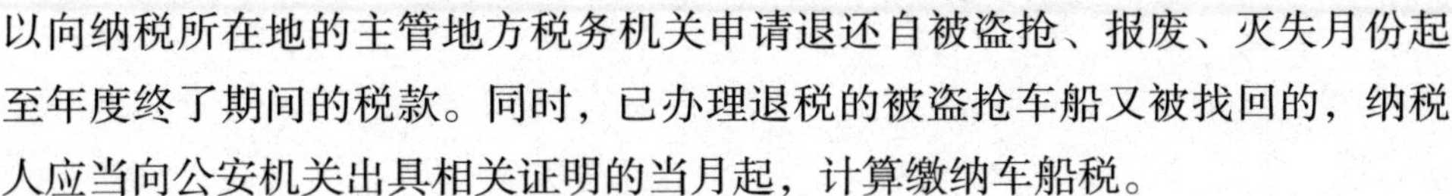

以向纳税所在地的主管地方税务机关申请退还自被盗抢、报废、灭失月份起至年度终了期间的税款。同时，已办理退税的被盗抢车船又被找回的，纳税人应当向公安机关出具相关证明的当月起，计算缴纳车船税。

13.2.2 车船税的征税范围

车船税的征收范围，是指除规定减免的车船外，纳税人依法应当在我国车船管理部门登记的车船。其征税范围具体如下：

（一）车辆

车辆，包括机动车辆和非机动车辆。

机动车辆是指依靠燃油、电力等能源作为动力运行的车辆，如汽车、拖拉机、无轨电车等；非机动车辆是指依靠人力、畜力运行的车辆，如三轮车、自行车、畜力驾驶车等。

（二）船舶

船舶，包括机动船舶和非机动船舶。

机动船舶是指依靠燃料等能源作为动力而运行的船舶，如客轮、气垫船等；非机动船舶是指依靠人力或其他力量运行的船舶，如木船、帆船、舢板等。

13.3 车船税的缴纳和申报

13.3.1 车船税纳税期限

车船税纳税义务发生时间，为取得车船所有权或者管理权的当月：

（1）核发证书的当月。车船税的纳税义务发生时间为车船管理部门核发的车船登记证书或者行驶证书所记载日期的当月。

（2）购置发票的当月。没有登记办理手续的，以车船购置发票所记载的开具时间的当月，作为车船税的纳税义务发生时间。

（3）税务机关核定日期。没有登记也不能提供发票的，由主管地方税务机关核定纳税义务发生时间。

车船税按年申报缴纳，具体申报纳税期限，由省级人民政府确定。

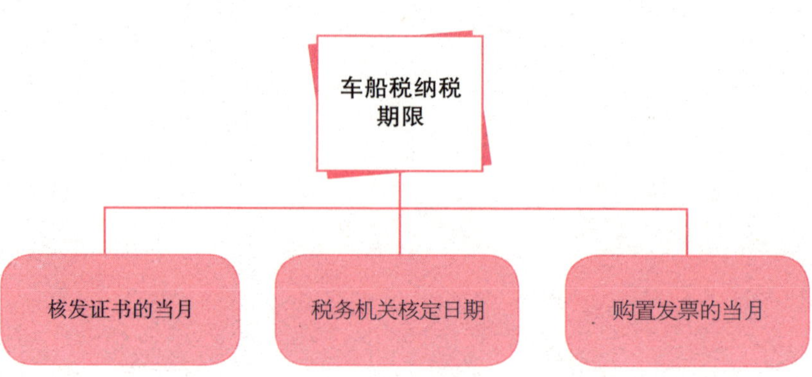

13.3.2 车船税纳税地点及申报方式

车船税的纳税地点为车船的登记地，或车船税扣缴义务人所在地。依法不需要办理登记的车船，车船税的纳税地点为车船的所有人或者管理人所在地。

车船税的纳税申报缴纳是按年申报，分月计算的。纳税人可以一次性缴纳，其具体申报纳税期限，由省、自治区及直辖市的人民政府规定。

13.4 车辆购置税的基本概念

13.4.1 车辆购置税的纳税对象和征税范围

车辆购置税的纳税人是指在我国境内购置应税车辆的单位和个人。具体来说，其纳税对象的行为包括以下几种情况：

（1）购买使用行为。包括购买使用国产应税车辆和购买使用进口应税车辆。

（2）进口使用行为。指纳税人直接进口使用应税车辆的行为。

（3）受赠使用行为。

（4）自产自用使用行为。

（5）获奖使用行为。

（6）其他使用行为。如通过拍卖、抵债、走私、罚没等方式取得并自用的应税车辆。

车辆购置税的征税范围，则是以列举的车辆作为征税对象，未列举的不纳税。其征税范围包括汽车、摩托车、电车、挂车、农用运输车，具体规定如下：为了体现税法的统一性、固定性、强制性和法律的严肃性特征，车辆的购置税征收范围的调整由国务院决定。其他任何部门、单位和个人，都无权擅自扩大或缩小车辆购置税的征税范围。

13.4.2 车辆购置税的税率与计税依据

车辆购置税实行统一比例税率，税率为 10%。

其中，车辆购置税以应税车辆为课税对象，考虑到我国车辆市场的供求矛盾、差异变化、计量单位不规范以及征收车辆购置附加费的做法，实行从价定率、价外征收的方法进行应纳税额计算。应税车辆的价格即计税价格就成为车辆购置税的计税依据。

但是，由于应税车辆的购置来源不同，应税行为的发生不同，计税价格的组成也就不一样。

（1）购买自用应税车辆计税依据的确定

纳税人购买自用的应税车辆的计税依据一律为纳税人购买应税车辆而支付给销售方的全部价款。简单来说，购买自用应税车辆的计税依据，是购买该车辆的计税价格，而计税价格的组成为纳税人购买应税车辆而支付给销售者的全部价款（不包括增值税款）。其价格计算公式如下：

计税价格 = 含增值税的销售价格 ÷（1+ 增值税税率或征税率）。

购买的应税自用车辆包括购买自用的国产应税车辆和购买自用的进口应税车辆，比如从国内汽车市场、汽车贸易公司购买自用的进口应税车辆。

（2）进口自用应税车辆的计税依据的确定

纳税人进口自用的应税车辆以组成计税价格为计税依据。组成计税价格的计算公式如下：

组成计税价格 = 关税完税价格 + 关税 + 消费税

进口自用的应税车辆，是指纳税人直接从境外进口或委托代理进口自用的应税车辆，即非贸易方式进口自用的应税车辆。而且进口自用的应税车辆的计税依据，应当根据纳税人提供的经海关审查确认的有关完税证明资料确定。

（3）其他自用应税车辆计税依据的确定

现行政策规定，纳税人自产、受赠、获奖及通过其他方式取得并自用的应税车辆的计税依据。

对于纳税人自产自用应税车辆的，应税车辆的计税价格应该按照纳税人生产的同类应税车辆的销售价格确定，不包括增值税税款。

对于纳税人以受赠、获奖或者其他方式取得自用应税车辆的计税价格，应税车辆的计税价格应该按照购置应税车辆时相关凭证载明的价格确定，不包括增值税税款。

但是对于纳税人申报的应税车辆计税价格明显偏低，又无正当理由的，应当由税务机关依照《中华人民共和国税收征收管理法》的规定核定其应纳税额。

13.5 车辆购置税的应纳税额计算与申报技巧

13.5.1 购买自用应税车辆的应纳税额计算

小林从某汽车4S店购入了一台小汽车供自己使用。小林支付了含增值税款在内的款项共226000元，还支付了代收临时牌照费550元，代收保险费1000元，支付购买工具件和零配件的价款为3000元，车辆装饰费1300元。那么，小林应纳的车辆购置税如下：

（1）计税依据 =226000 ÷（1+13%）=200000（元）。

（2）应纳税额 =200000 × 10%=20000（元）。

购买自用应税车辆，在计算车辆购置税的应纳税额时，应当注意以下费用的计税规定：

（1）购买者随购买车辆支付的工具件和零部件价款应当作为购车价款的一部分，并入计税依据中征收车辆购置税。

（2）代收款项应当区别征税。凡使用代收单位（受托方）票据收取的款项，应当视作代收单位价外收费，购买者支付的价外费款，应并入计税依据中一并征税；凡使用委托方票据收取，受托方只能履行代收义务和收取代收手续费的款项，应当按照其他税收政策规定征税。

（3）销售单位开给购买者的各种发票金额中包含增值税税款，因此，计算车辆购置税时，应换算为不含增值税的计税价格。

（4）销售单位开展优质销售活动所开票收取的有关费用，应当属于经营性收入，企业在代理过程中按照规定支付给有关部门的费用，企业应作经营性支出列支核算，其收取的各项费用并在一张发票上难以划分的，应作为价外收入计算征税。

13.5.2 进口自用应税车辆的应纳税额计算

老刘开了家外贸进出口公司，专门从国外进口车辆。2018年7月份，老刘从国外进口了10台2.0升排量宝马小轿车。公司报关进出口。

经报关的海关对有关报关资料的审查，确定关税完税价格为每辆400000元，按海关关税政策规定，每辆车征收了100000元，并且按照消费税、增值税有关规定，分别代征了每辆小轿车的进口消费税13850元，以及增值税95218.1元。由于联系业务需要，老刘将一辆宝马车留在公司使用。

此时，老刘应纳的车辆购置税如下：

（1）计税依据 =400000 元 +100000 元 + 消费税 13850 元 =513850（元）；

（2）应纳税额 =526345.8 元 ×10%=52631.58（元）。

由此可知，纳税人进口自用的应税车辆应纳税额的计算公式如下：

应纳税额 =（关税完税价格 + 关税 + 消费税 13850 元）× 税率。

13.5.3 其他自用应税车辆的应纳税额计算

小李开了家客车制造厂，他把自产的一台客车用于本厂的后勤服务。该厂在办理车辆上牌落籍前，出具该车的发票，注明金额为65000元，小李按照此金额，向主管税务机关申报纳税。其车辆购置税计算方式如下：

应纳税额=65000元×10%=6500（元）。

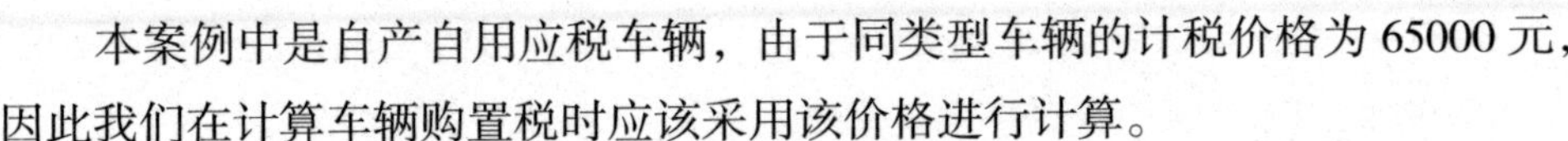

本案例中是自产自用应税车辆，由于同类型车辆的计税价格为 65000 元，因此我们在计算车辆购置税时应该采用该价格进行计算。

对于纳税人自产自用应税车辆的，应税车辆的计税价格应该按照纳税人生产的同类应税车辆的销售价格确定，不包括增值税税款。计算公式如下：

应纳税额 = 纳税人生产的同类应税车辆的销售价格（不含增值税）× 适用税率

如果纳税人获得车辆的方式为受赠等其他方式，在计算车辆购置税时，应当按照购置应税车辆时相关凭证载明的不包括增值税税款价格确定。计算公式如下：

应纳税额 = 购置应税车辆时相关凭证载明的价格（不含增值税）× 适用税率

13.5.4 特殊情况下自用应税车辆的应纳税额计算

我们先来看对减税、免税条件下车辆应纳税额的计算。

对减税、免税条件下的车辆，纳税人应当按照 2020 年新规定，在办理车辆过户手续前，或者办理变更车辆登记注册手续前，向税务机关缴纳车辆购置税。其公式如下：

应纳税额 = 同类型新车销售价格 ×[1-（已使用年限 ÷ 规定使用年限）]× 100% × 税率。

对于不能提供购车发票和有关购车证明资料的，检查地税务机关应当按照同类型的应税车辆的价格征税

应纳税额 = 购置应税车辆时相关凭证载明的价格 × 税率。

就拿小王来说，他在单位举办的抽奖活动中，抽中了一台小汽车。单位为他提供的机动车销售统一发票上注明，其价税合计金额为80000元。

那么，小王抽到的这台小汽车，其应纳税额计算方法如下：

按照机动车销售统一发票注明不含税的价格：

80000÷1.13=70796.46（元）；

13.5.5 车辆购置税的申报缴纳

2020年，我国依旧实行车辆购置税一车一申报制度。纳税人在办理纳税申报时，应当如实填写《车辆购置税纳税申报表》，同时提供车主身份证明、车辆合格证明、车辆价格证明以及税务机关要求提供的其他资料的原件和复印件。

我们先来看纳税环节：

车辆购置税的征税环节既是使用环节，也是最终环节。具体来说，纳税人应当在公安机关等车辆管理机构办理车辆登记注册手续前，缴纳车辆购置税。

在购买二手车时，购买者应当向原车主索要《车辆购置税完税证明》。购买已办理车辆购置税完税手续的二手车，购买者应当到税务机关重新办理申报交税或免税手续。没有按照规定办理的，按征管法的规定进行处理。

我们再来看纳税地点：

纳税人在购置车辆时，应当向车辆登记地的主管税务机关申报纳税；购置不需办理车辆登记手续的应税车辆，应当向纳税人所在地的主管税务机关申报纳税。车辆登记注册地，指的是车辆的上牌落籍地或落户地。

最后，我们来看纳税期限：

车辆购置税纳税分类	纳税期限
纳税人购买自用的应税车辆	从购买之日起，60日内申报纳税
进口自用的应税车辆	从进口之日起，60日内申报纳税
通过其他方式取得自用应税车辆	从取得之日起，60日内申报纳税

纳税人购买自用的应税车辆，从购买之日起，60日内申报纳税，进口自用

的应税车辆，应当从进口之日起，60 日内申报纳税。自产、受赠、获奖以及通过其他方式取得自用应税车辆的，应当从取得之日起，60 日内申报纳税。

注意，这里的“购买之日”，指的是纳税人购车发票上标注的销售日期；而“进口之日”，指的是纳税人获得《海关进口增值税专用缴款书》或其他凭证的开具日期的当天；“取得之日”指的是合同、法律文书或其他有效凭证生效或开具日期。

第14章 印花税和契税

14.1 印花税新规定
和契税新规定
14.2 印花税的基本概念
14.3 印花税的合理避税技巧与实操
14.4 契税的基本概念
14.5 契税的合理避税技巧与实操

14.1 印花税新规定和契税新规定

14.1.1 印花税新规定

2018 年，我国为了进一步规范印花税管理，也为了让纳税人更加便利地进行纳税行为，特别修改了宪法，制定了关于印花税的新规定。

此项规定，适用于除证券交易外的印花税税源管理、税款征收、减免税和退税管理、风险管理等事项，其他管理事项都需要按照相关规定执行。

当然，新规定中的印花税管理，依然需要坚持依法治税原则，按照法定权限与程序，严格执行相关法律法规和税收政策，坚决维护税法的权威性和严肃性，从而切实保护纳税人的合法权益。

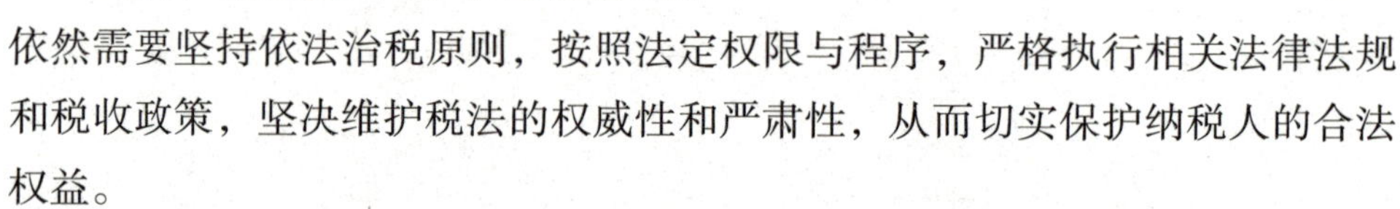

我国的税务机关也根据相关条例及法律法规的要求，对纳税服务进行优化，减轻纳税人的办税负担，同时加强税务机关部门的协调合作，提高印花税的征管质效，实现信息管税。

纳税人应当如实提供、妥善保存印花税应纳税凭证等相关纳税资料，并且统一设置、登记和保管《印花税应纳税凭证登记簿》。此外，纳税人还应当及时、准确、完整地记录应纳税凭证的书立、领受情况。

《印花税应纳税凭证登记簿》的内容包括：应纳税凭证种类、应纳税凭证编号、凭证书立各方（或领受人）名称、书立（领受）时间、应纳税凭证金额、件数等。

应纳税凭证保存期限，需按照相关的规定执行。

此外，税务机关可与银行、保险、工商、房地产管理等有关部门建立定期信息交换制度，利用相关信息加强印花税税源管理。

税务机关应当通过多种渠道和方式广泛宣传印花税政策，强化纳税指导，提高纳税人的纳税意识和税法遵从度。

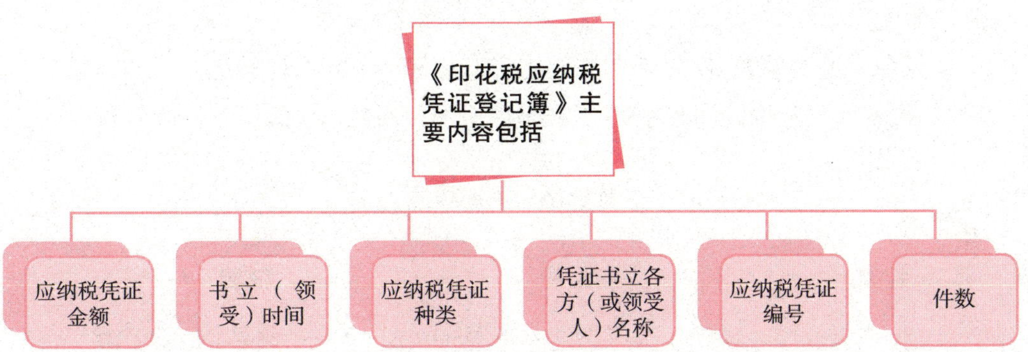

2020 年，印花税暂时没有大幅度变化，但是国家税务局出台了有关印花税的一系列优惠措施，以切实减少企业税负水平。

首先对于易地扶贫项目的相关印花税进行了减免，这类优惠政策实行主要是根据国家 2018 年 135 号文件关于易地扶贫搬迁税收优惠政策引申而来，今年将此政策的优惠时间延长至 2020 年 12 月 31 日。主要条例有以下几种：

第一，对于易地扶贫搬迁项目实施主体购置安置房源的，免征印花税。

第二，对于项目实施主体购买商品住房、回购保障性住房作为安置住房房源的，免征契税、印花税。

第三，对于安置住房建设和分配过程中应由项目实施主体、项目单位缴纳的印花税，予以免征。

第四，对易地扶贫搬迁项目实施主体取得用于建设安置住房的土地的，免征印花税。

根据国家支持小微企业融资的优惠政策以及中小企业规划标准的相关通知，国家对小微企业的借款合同印花税征收也进行了减免。

政策规定，对于符合《中小企业划型标准规定》的小型企业和微型企业与金融机构签订的借款合同免征印花税。该政策实施自 2018 年 1 月 1 日起至 2020 年 12 月 31 日止。

14.1.2 契税新规定

根据我国财政部、国家税务总局及住房城乡建设部发布通知，我国在2018年调整了房地产交易环节契税、营业税优惠政策。

根据契税的新规定：对于个人购买家庭唯一住房，面积为90平方米及以下的，减按1%的税率征收契税；面积为90平方米以上的，减按1.5%的税率征收契税。

对个人购买家庭第二套改善性住房，面积为90平方米及以下的，减按1%的税率征收契税；面积为90平方米以上的，减按2%的税率征收契税。

契税新规定纳税表

套数	面积	税费
第一套房	90平方米及以下	减按1%征收契税
	90平方米以上	减按1.5%征收契税
第二套房	90平方米及以下	减按1%征收契税
	90平方米以上	减按2%征收契税

契税新规定还特别提出：北京市、上海市、广州市、深圳市，暂不实施个人购买家庭第二套改善性住房契税优惠政策和营业税优惠政策，而这四座城市的个人住房转让营业税，仍然按照之前政策执行。

值得注意的是，与之前的契税相比，新规定不再区分普通和非普通住宅。

同时，144平方米不再是新政区分普通和非普通住宅的界限。在过去，一旦交易房屋面积大于144平方米，就要按3%征收契税。而今后，契税只有统一的规定，即购买90平方米以上首套房的按网签价的1.5%征收契税。

以来自信阳的小高和小陆为例。在之前执行的旧契税政策下，小高购买了自己的第一套住房，而且是90平方米以下的普通住宅，其契税为1%；小陆家里条件不错，给他买了一套130平方米的住宅，于是他按旧契税90平方米到144平方米为1.5%的税率纳税。周一上午，俩人相约一同去税务局纳税。

小高羡慕地说：“你家房子真大！”

小陆摆摆手：“我表哥的房子更大，有150平呢，但人家得按照3%纳税，缴的税可多了。”

2018年，小高和小陆都购置了个人的第二套房子，俩人在税务局碰面了。小陆先感慨道：“以前，144平方米以上的房子，税率都是3%，而第二套房子不管面积多少都按3%收取税率。现在好了，第一套房子的契税新政策是直接用面积标准划分，90平方米以下的，一律1%，90平方米以上的，一律1.5%。”

对于契税的新规定，小高也感慨万千。

从民生角度看，降低购房契税有利于大户型的销售，

中国社科院城市与竞争力研究中心主任倪鹏飞表示，“这次调整是房地产‘去库存’和稳定市场众多举措的重要组成部分，可以带动刚性需求、刺激改善性需求，还可以促进二手房市场活跃”。

契税新规定同之前的信贷、住房公积金调整等政策一同出台，此轮调整体现了持续性，将从整体上刺激需求，同时也对住房市场保持持续增长，以及“去库存”有着积极深远的影响。

就拿北京的房地产市场来说。从整体来看，北京房地产市场的库存并不严重，但存在结构性的问题。比如一些高端住宅和商业物业的库存压力较大。对于此次契税修改，降低购房契税，更有利于提高大户型的销售。

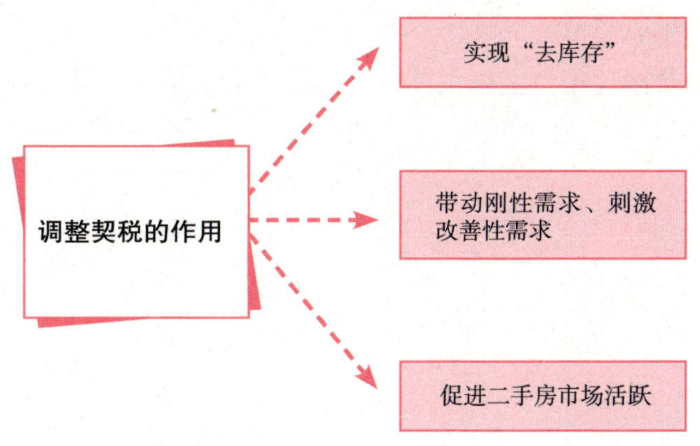

以小东在北京东六环附近，购买第一套150平方米的大户型住房为例。如果按照每平方米4万元来计算，该房的总价为600万元。如果在契税新规定之前购买，则小东应该缴纳的契税为3%，大概为18万；如果在契税新规定之后购买，则需缴纳的契税标准降低至1.5%，实际缴纳为9万元，共减少契税为9万元。

当然，国家契税新规定对于改善型或购买第二套房的群体也给予了减税政策。对于面积超过 90 平方米的住房，从过去 3% 的契税调整到了 2%，这也使得购置大户型的改善型用户获得利好。

通过此次契税调整，可以看出政策的两个导向：一是鼓励购房者积极购置大户型住房；二是鼓励购房者积极换房，这同时将有助于消化非一线城市的库存，有利于盘活非一线城市市场流通与销售环节。

契税的相关法律条文在 2020 年也没有较大变化，其主要的变更点还是在税收优惠政策上。

直至 2025 年 12 月 31 日，对于为社区提供养老、托育、家政等服务的机构，其承受房屋、土地用于提供社区养老、托育、家政服务的，免征契税。

2020 年，国家发布对于易地扶贫项目相关的一系列优惠政策，其中也包括契税减免。具体内容如下：

截至 2020 年 12 月 31 日，对于易地扶贫搬迁贫困人口按规定取得的安置住房，免征契税。

易地扶贫搬迁项目实施主体购买商品住房或者回购保障性住房作为安置住房房源的，免征契税。

对易地扶贫搬迁项目实施主体取得用于建设安置住房的土地，免征契税。

14.2 印花税的基本概念

14.2.1 印花税如何申报

凡属印花税的纳税申报单位，都应该按季进行申报。各单位需要在每季度结束后的 10 日之内，向所在地的地方税务局报送印花税纳税申报表，或报送监督代售报告表。

我们来看一下印花税的申报期限，以及纳税期限是如何规定的。

首先，印花税的申报时间，在每季度结束后的 10 日之内，向地方税务局申报。其中，对于只办理税务注册登记的机关、团体、部队、学校等印花税纳税单位，可以在次年的一月底之前，到当地税务机关申报上年税款。

印花税的纳税期限，是在印花税应税凭证书立、领受时贴花完税的。

14.2.2 印花税的缴纳方法

印花税的实行，是由纳税人根据规定自行计算应纳税额，并且一次性购买贴足印花税票的缴纳办法。

缴纳印花税有三种方法：

（1）自行贴足印花税票的纳税法。纳税人发生应税行为，应自行计算应纳税额，自行购买印花税票，自行一次性贴足印花税票并加以注销或划销，纳税义务才算全部履行完毕。对于已贴花的凭证，修改后所载金额增加的，其增加部分应当补贴印花税票，但多贴印花税票者，不得申请退税或者抵用。

（2）汇贴或汇缴税法此种方法一般适用于应纳税额较大，或者贴足印花税票次数频繁的纳税人。当一份应纳税额凭证超过500元时，应向税务机关申请填写缴款书或者完税凭证，这种方法叫作“汇贴”。如果同一种类应税凭证需要频繁贴花的，纳税人可以自行决定是否采用按期汇总缴纳印花税，这种方法叫作“汇缴”。

获准汇总缴纳印花税的纳税人，应持有税务机关发给的汇缴许可证。汇总缴纳的期限为1个月。

凡汇总缴纳印花税的凭证，应编号并装订成册，并将已入库缴款书的一联黏附于册上，盖章注销，保存备查。

（3）委托代征法税务机关委托，由发放或者办理应纳税凭证的单位代为征收印花税税款。

14.2.3 印花税的征税对象

印花税，是指纳税人在经济活动中领取凭证征收的一种税。那么，在什么情况下，纳税人需要缴纳印花税呢？印花税的征税对象条例列举征税的凭证，未列举的不征税。列举征税的凭证共五大类：

一、十类合同，即：

（1）购销合同，包括供应、预购、采购、购销结合及协作、调剂、补偿、易货等合同。

（2）加工承揽合同，包括加工、定做、修缮、修理、印刷、广告、测绘、测试等合同。

（3）建设工程勘察设计合同，包括勘察、设计合同。

（4）建筑安装工程承包合同，包括建筑、安装工程承包合同。

（5）财产租赁合同，包括房屋、船舶、飞机、机动车辆、机械、器具、设备等。

（6）货物运输合同，包括民用航空运输、铁路运输、海上运输、内河运输、公路运输和联运合同。

（7）仓储保管合同，包括仓储、保管合同。

（8）借款合同，包括银行及其他金融组织和借款人所签订的借款合同，其中，不包括银行同业拆借所签订的借款合同。

（9）财产保险合同，包括财产、责任、保证、信用等。

（10）技术合同，包括技术开发、转让、咨询、服务等。

二、产权转移书据，包括财产所有权和版权、商标专用权、专利权、专有技术使用权、土地使用权出让合同、商品房销售合同等转移书据。

三、营业账簿，包括单位和个人从事生产经营活动所设立的各种账册。

四、权利、许可证照，包括房屋产权证、工商营业执照、商标注册证、专利证、土地使用证。其中不包括农村集体土地承包经营权证。

五、经财政部确定征税的其他凭证。

14.2.4 印花税税率

印花税实行的是比例税率与定额税率相结合的税收征收比例。

在印花税的 13 个税目中，适用印花税比例税率的有：各类合同以及具有合同性质的凭证、产权转移书据、营业账簿中记载资金的账簿。对于“权利、许可证照”和“营业账簿”税目下的其他账簿，适用定额税率，每件缴纳税额为 5 元。其相关税率见下表：

印花税税目税率表

	税目	范围	税率	纳税人	说明
1	购销合同	包括供应、预购、采购、购销、结合及协作、调剂等合同	按购销金额 0.3‰贴花	立合同人	

续表

	税目	范围	税率	纳税人	说明
2	加工承揽合同	包括加工、定做、修缮、修理、印刷、广告、测绘、测试等合同	按加工或承揽收入0.5‰贴花	立合同人	
3	建设工程勘察设计合同	包括勘察、设计合同	按收取费用0.5‰贴花	立合同人	
4	建筑安装工程承包合同	包括建筑、安装工程承包合同	按承包金额0.3‰贴花	立合同人	
5	财产租赁合同	包括房屋、船舶、飞机、机动车辆、机械、器具、设备等合同	按租赁金额1‰贴花。税额不足1元，按1元贴花	立合同人	
6	货物运输合同	包括民用航空运输、铁路运输、海上运输、联运合同	按运输费用0.5‰贴花	立合同人	单据作为合同使用的，按合同贴花
7	仓储保管合同	包括仓储、保管合同	按仓储保管费用1‰贴花	立合同人	仓单或栈单作为合同使用的，按合同贴花

续表

	税目	范围	税率	纳税人	说明
8	借款合同	银行及其他金融组织和借款人	按借款金额 0.05‰贴花	立合同人	单据作为合同使用的，按合同贴花
9	财产保险合同	包括财产、责任、保证、信用等保险合同	按保险费收入 1‰贴花	立合同人	单据作为合同使用的，按合同贴花
10	技术合同	包括技术开发、转让、咨询、服务等合同	按所载金额 0.3‰贴花	立合同人	
11	产权转移书据	包括财产所有权和版权、商标专用权、专利权、专有技术使用权、土地使用权出让合同、商品房销售合同等转移书据	按所载金额 0.5‰贴花	立据人	
12	营业账簿	生产、经营用账册	记载资金的账簿，按实收资本和资本公积的合计金额 0.5 ‰ 贴花；其他账簿按件计税 5 元 / 件	立账簿人	
13	权利、许可证照	包括政府部门发给的房屋产权证、工商营业执照、商标注册证、专利证、土地使用证	按件贴花 5 元 / 件	领受人	

对于纳税人以电子形式签订的各类应税凭证也应按照相关规定缴纳印花税。具体的税率如下：

印花税税率表

税目	比例税率	税目	比例税率
1. 财产租赁合同	1‰	5. 货物运输合同	0.5‰
2. 仓储保管合同	1‰	6. 产权转移书据	0.5‰
3. 加工承揽合同	0.5‰	7. 营业账簿中记载资金的账簿	0.5‰
4. 建设工程勘察设计合同	0.5‰	8. 购销合同	0.3‰
税目	**比例税率**	**税目**	**比例税率**
9. 建筑安装工程承包合同	0.3‰	1. 权利许可证照	5 元
10. 技术合同	0.3‰	2. 营业账簿中的其他账簿	5 元
11. 借款合同	0.05‰		
12. 财产保险合同	1‰		

14.3 印花税的合理避税技巧与实操

14.3.1 印花税的合理避税技巧

下列凭证可以免征印花税：

（1）已经缴纳印花税的凭证的副本、抄本，但是视同正本使用者除外；

（2）财产所有人将财产赠给政府、抚养孤老伤残人员的社会福利单位、学校所立的书据；

（3）国家指定的收购部门与村民委员会、农民个人书立的农副产品收购合同；

（4）无息、贴息贷款合同；

（5）外国政府、国际金融组织向中国政府、国家金融机构提供优惠贷款所书立的合同；

（6）企业因改制而签订的产权转移书据；

（7）农民专业合作社与本社成员签订的农业产品和农业生产资料购销合同；

（8）个人出租、承租住房签订的租赁合同，廉租住房、经济适用住房经营管理单位与廉租住房、经济适用住房有关的凭证，廉租住房承租人、经济适用住房购买人与廉租住房、经济适用住房有关的凭证。

下列项目可以暂免征收印花税：

（1）农林作物、牧业畜类保险合同；

（2）书、报、刊发行单位之间，发行单位与订阅单位、个人之间书立的凭证；

（3）投资者买卖证券投资基金单位；

（4）经国务院和省级人民政府决定或者批准进行政企脱钩、对企业（集团）进行改组和改变管理体制、变更企业隶属关系，国有企业改制、盘活国有企业资产，发生的国有股权无偿划转行为；

（5）个人销售、购买住房。

14.3.2 印花税如何利用分开核算进行避税筹划？

老丁开了一家防盗门制造有限公司，并跟同乡的小徐所开的工程开发有限公司，签订了一份防盗门加工承揽合同。

在合同中规定：老丁的防盗门制造有限公司，受小徐工程开发有限公司委托，负责加工总价值为380万元的防盗门。加工防盗门所需要的200万元原材料费，由老丁的公司提供。之后，老丁的防盗门制造有限公司，一共收取了380万元的加工费及原材料费。申报印花税时，老丁的防盗门制造有限公司一共缴纳了1900元的印花税款。

这时，小徐向老丁提建议道："您为啥不把加工费和原材料费分开核算呢？如此筹划会更省税款啊。"老丁一听，赶紧打开了国家税务局文件《国家税务局关于印花税若干具体问题的规定》。

其中，有一条是这样规定的：

（1）加工承揽合同的计税依据为加工或承揽收入。如由委托方提供原材料金额的，可不并入计税依据，但受托方提供辅助材料的金额，则应并入计税金额。

（2）加工承揽合同规定由受托方提供原材料的，若合同中分别记载加工费金额和原材料金额，应分别计税：加工费金额按加工承揽合同运用0.5‰税率计税，原材料金额按购销合同适用0.3‰税率计税，并按两项税额相加的金额贴花；若合同中未分别记载两项金额，而只有混合的总金额，则从高适用税率，应按全部金额依照加工承揽合同，适用0.5‰税率计税贴花。

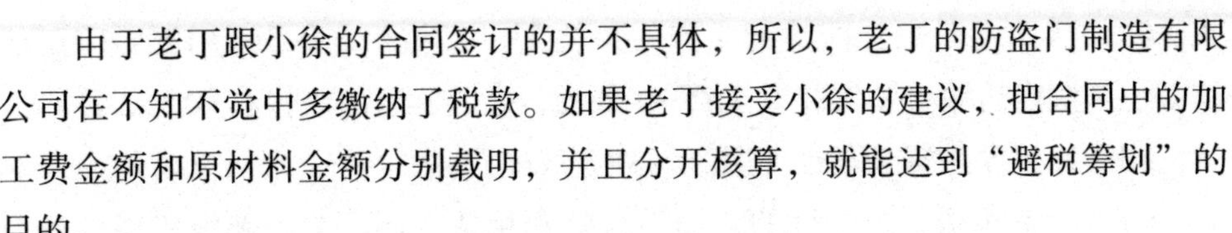

由于老丁跟小徐的合同签订的并不具体，所以，老丁的防盗门制造有限公司在不知不觉中多缴纳了税款。如果老丁接受小徐的建议，把合同中的加工费金额和原材料金额分别载明，并且分开核算，就能达到“避税筹划”的目的。

具体计算方式如下：

原材料金额 200 万元按购销合同适用 0.3‰税率计税，则：

应纳印花税 =2000000 元 ×0.3‰ =600（元）；

加工费金额 180 万元按加工承揽合同运用 0.5‰税率计税，则：

应纳印花税 =1800000 元 ×0.5‰ =900（元）；

通过在合同中将加工费与原材料金额分别载明并分开核算，两者合计应纳印花税 1500 元，比原缴的 1900 元，少缴 400 元。

由于印花税是一种税率极小且税额相对较少的税种。因此，不少企业的会计人员及财务人员都对印花税不太重视，从而经常忽略了对印花税的筹划工作。

但是，在企业的日常经营中，肯定会频繁地签订各种各样的合同和合约，而且有些合同的工程款金额都是十分巨大的。所以，印花税的筹划不仅相当必要，而且相当重要。

14.3.3 印花税如何选择租赁方式进行避税筹划

张弛的机械股份有限公司为了进行技术改造，打算更新一条自动化的生产流水线。张弛经过一番打探，发现同市的某家融资公司可以为自己提供公司所需要的生产线。

根据张弛公司的具体要求，这家融资公司的设备来源可以从两个方面考虑：

（1）从国外进口，这条生产线的价值为 1200 万元，其中包含境内外运输费和保险费、安装调试费及税金共计 300 万元，还包含与该生产线有关的境外借款的 30 万元利息；

（2）从国内购买，同类的生产线价格加上增值税，一共为 1228.5 万元，其中包含境内运输费和安装调试费 30 万元，也包含国内借款利息 22.5 万元。

同时，这家融资公司也能通过两种方式经营：

（1）融资租赁。与张弛的公司签订融资租赁合同，明确融资租赁价款为 1800 万元，租赁期为 8 年，张弛的公司每年年初，向自己支付租金 225 万元，合同期满付清租金后，该生产线自动转让给张弛的公司，转让价款为 15 万元（残值）。

（2）经营租赁。与张弛的公司签订租期为 8 年的经营租赁合同，其租金总额为 1530 万元，张弛的公司每年年初向自己支付租金 191.25 万元，等到租赁期满，这家融资公司可以收回设备。

假定收回的设备可以变现的净值为 300 万元，金融保险业营业税税率为 5%，城建税税率为 7%，教育费附加为 3%。那么，作为一家专业的融资租赁企业，这家融资公司需要从两个方面进行筹划：

方案一，从事融资租赁业务，按营业税“金融保险业”中的“融资租赁”税目征收营业税。

（1）选择从境外购买

应纳营业税 =[（1800+15）–（1200+300+30）] 万元 ×5%=14.25（万元）

应纳城建税及教育费附加 =14.25 万元 ×（7%+3%）=1.425（万元）

按照现行税法规定，对银行及其他金融组织的融资租赁业务签订的融资租赁合同，应按借款合同征收印花税，对其他企业的融资租赁业务不征收印花税。所以这家融资公司获利是：1800 万元 +15 万元 –1530 万元 –14.25 万元 –1.425 万元 –0.09 万元 =269.235（万元）

（2）选择从境内购买

应纳营业税 =[（1800+15）–（1228.5+30+22.5）] 万元 ×5%=26.7（万元）

应纳城建税及教育费附加 =26.7 万元 ×（7%+3%）=2.67（万元）

所以，这家融资公司获利是：1800 万元 +15 万元 –1281 万元 –26.7 万元 –2.67 万元 –0.09 万元 =504.54（万元）。因此，虽然境外购买设备的实际成本抵扣的营业额更多，可以少缴一部分营业税，但选择从国内购买设备的综合收益更高，权衡之下应选择从国内购买设备。

方案二，从事经营租赁，按其营业额缴纳营业税，不得抵扣成本费

用支出。

应纳营业税 =1530 万元 ×5%=76.5（万元）

应纳城建税及教育费附加 =76.5 万元 ×（7%+3%）=7.65（万元）

由于租赁合同的印花税率为千分之一，所以：

应纳印花税 =1530 万元 ×1‰ =1.53（万元）。

这家新融资公司获利是：1530 万元 +300 万元 −1281 万元 −76.5 万元 −7.65 万元 −1.53 万元 =463.32（万元）。

通过比较，这家融资公司采用融资租赁方式比从国内购买设备税负更低，综合收益更高。

14.4 契税的基本概念

14.4.1 什么是契税

契税，指的是房屋所有权在发生变更时，当事人可以按照当时所订立的契约，按房价的一定比例，向新业主征求的一次性税收。

只有在纳税人缴清了契税款时，税收机关才会出具纳税的相关凭证，证明该房产确实是已税房。如果纳税人没有按照要求缴纳契税，房地产登记部门是没有办法发放产权证书的。

很多人第一次买房都不知道什么时候缴纳契税。那么，契税到底应该什么时候缴纳呢？

根据目前主流操作，期房的房屋契税缴纳时间为：房屋竣工验收合格，交付使用，办理房产证的时候去审批缴纳契税。

流程依次为：交首付、办理贷款、贷款审批、审批合格、交房验收、缴纳契税、办理产权过户。

那么，如果纳税人逾期缴纳房屋契税又有什么后果呢？

根据《中华人民共和国税收征收管理法》第三十二条规定：

纳税人未按照规定期限缴纳税款的，扣缴义务人未按照规定期限解缴税款的，税务机关除责令限期缴纳外，从滞纳税款之日起，按日加收滞纳税款万分之五的滞纳金。

也就是说，纳税人如果逾期缴纳，不但拿不到房产证，还要被处以罚金警告。

根据国家税务总局规定：

对个人购买家庭首套住房，面积为 90 平方米及以下的，按 1% 的税率征收契税；面积为 90 平方米以上的，按 1.5% 的税率征收契税。

对个人购买家庭第二套改善性住房，面积为 90 平方米及以下的，减按 1% 的税率征收契税；面积为 90 平方米以上的，减按 2% 的税率征收契税。

征税范围	纳税人	税率（%）	备注
国有土地使用权出让；土地使用权转让，包括出售、赠予和交换；房屋买卖、房屋赠予、房屋交换	境内转移土地、房屋权属，承受的单位和个人	3	财政部、国家税务总局、住房城乡建设部《关于调整房地产交易环节契税、营业税优惠政策的通知》（财税〔2016〕23 号）文件规定，自 2016 年 2 月 22 日起，对个人购买家庭唯一住房（家庭成员范围包括购房人、配偶以及未成年子女，下同），面积为 90 平方米及以下的，减按 1% 的税率征收契税；面积为 90 平方米以上的，减按 1.5% 的税率征收契税。对个人购买家庭第二套改善性住房（家庭第二套改善性住房是指已拥有一套住房的家庭，购买的家庭第二套住房），面积为 90 平方米及以下的，减按 1% 的税率征收契税；面积为 90 平方米以上的，减按 2% 的税率征收契税

举例来说：

小卢购置了自己的第一套房子，房子为80平方米。小卢购买房子时，每平方米的房价为15000元，总价为120万元。按照1%的税率，需要缴纳12000元的契税：总价120万元×1%=12000（元）。

由于小卢在单位努力工作，绩效很高，没过多久，小卢又购置了自己的第二套房子。按照2%的税率，小卢需要缴纳24000元的契税。

小卢工作很忙，于是想知道开发商能不能替自己代办契税，他给开发商打了电话，对方告知他：

如果开发商在交付房屋时，要求购房人缴纳契税，要先看双方合同中是否明确约定购房人必须先缴纳契税再拿钥匙，如果约定，购房人应当按约定将契税交与开发商代收。按照规定，购房者也可自行委托房地产开发企业或其他单位代为办理契税申报、缴纳事宜，但不免除纳税人的纳税义务。

也就是说，如果开发商在代办契税的过程中出现了逾期申报，那滞纳金需要由纳税人，也就是小卢本人承担。此外，如果开发商在代为申报契税之前，出现携款失踪或破产倒闭等情况，购房者就需要另外向税务机关申报缴纳。

如果小卢和开发商在合同中没有明确约定，小卢就必须先缴纳契税，开发商无权要求小卢先缴纳契税，税务机关收取契税，是在办理产权证、过户时由购买方缴纳的。

小卢打算自己去缴纳契税，在缴纳完毕后，他突然发现开发商卖给自己的房子不但采光差，而且防水都没有做好，隔音效果也很差。于是小卢打算把房子退掉，由于小卢尚未办理房屋权属变更登记，于是，小卢如数拿回了自己的契税款。

生活中，购房者在房屋购买后，因各种原因退房的案例很多，按照《财政部、国家税务总局关于购房人办理退房有关契税问题的通知》规定：

对已缴纳契税的购房单位和个人，在未办理房屋权属变更登记前退房的，退还已纳契税；在办理房屋权属变更登记后退房的，不予退还已纳契税。

值得注意的是，这几年的房地产市场飞速发展，开发商违规代收业主契税的情况层出不穷，甚至有不少滞留、挪用，甚至卷款潜逃的案件时有发生。

因此，购房者在选择开发商的时候，还需要谨慎而行。

14.4.2 契税的征税对象与征税范围

契税的纳税义务人是承受土地使用权、房屋所有权的单位和个人，具体包括企业单位、事业单位、国家机关、军事单位、社会团体及其他组织和个人。

契税的征收范围是：

（1）国有土地使用权出让；

（2）土地使用权转让，包括出售、赠予和交换，不包括农村集体土地承包经营权的转移；

（3）房屋买卖；

（4）房屋赠予；

（5）房屋交换；

（6）承受国有土地使用权支付的土地出让金。

14.4.3 契税的计税依据

2020 年，我国的契税实行 3% ~ 5% 的幅度税率。实行幅度税率是考虑到我国经济发展的不平衡，各地经济差别较大的实际情况。

由于契税属于地税的一种，因此，各省、自治区和直辖市的人民政府，可以根据本地区的实际情况，在 3% ~ 5% 的幅度税率规定范围内决定契税的收取金额。

契税的计税依据为不动产的价格：

国有土地使用权出让、土地使用权出售、房屋买卖，以成交价格为计税或“税”依据。

成交价格指的是土地、房屋权属转移合同所确定的价格。其中包括承受者应当交付的货币、实物、无形资产亦或是其他经济利益。

土地、房屋赠予的部分，应当经由征收机关，参照评估价格或市场价格后进行核定。以竞价方式取得土地、房屋权属的，其计税依据为竞价的成交价格。

土地使用权交换、房屋交换、土地使用权与房屋所有权之间相互交换，为所交换的土地使用权、房屋的价格的差额，由多支付货币、实物、无形资产或者其他经济利益的一方缴纳税款。交换价格相等的，免征契税。

拆迁安置房按照差额征税，对成交价格超过拆迁补偿款的部分征税。以划拨方式取得土地使用权，经批准转让房地产时，由房地产转让者补缴契税。

计税依据为补缴的土地使用权出让费用或者土地收益。

14.4.4 契税的纳税流程

契税的纳税义务发生时间为纳税人签订土地、房屋权属转移合同的当天，或取得其他具有土地、房屋权属转移合同性质凭证的当天。

纳税人应当自纳税义务发生之日起 10 日内，向当地的契税征收机关申报纳税，提供土地、房屋权属转移有关资料，征收机关进行必要的审查后核定应纳税额、纳税期限等，纳税人应在征收机关规定的期限内纳税，超过纳税期限的征收机关要加收滞纳金。

完税后，征收机关向纳税人开具契税完税证明。

14.5 契税的合理避税技巧与实操

14.5.1 契税的减免政策

契税优惠的一般规定：

（1）国家机关、事业单位、社会团体、军事单位承受土地、房屋直接用于办公、教学、医疗、科研和军事设施的，免征契税。

（2）城镇职工按规定第一次购买公有住房，经县级以上人民政府批准，在国家规定标准面积以内的，免征契税。对个人购买普通住房，且该住房属于家庭（成员范围包括购房人、配偶以及未成年子女）唯一住房的，减半征收契税。对个人购买 90 平方米及以下普通住房，且该住房属于家庭唯一住房的，减按 1% 税率征收契税。

（3）因不可抗力灭失住房而重新购买住房的，准予减征或免征契税。

（4）土地、房屋被县级以上人民政府征用、占用后，重新承受土地、房屋权属的，由省级人民政府确定是否减免。

（5）承受荒山、荒沟、荒丘、荒滩土地使用权，并用于农、林、牧、渔业生产的，免征契税。

（6）经外交部确认，依照我国有关法律规定以及我国缔结或参加的双边和多边条约或协定，应当予以免税的外国驻华使馆、领事馆、联合国驻华机构及其外交代表、领事官员和其他外交人员承受土地、房屋权属。

契税优惠的特殊规定：

（1）企业公司制改造。非公司制企业，整体改建为有限责任公司或股份有限公司，或者有限责任公司整体改建为股份有限公司的，对改建后的公司承受原企业土地、房屋权属，免征契税；

非公司制国有独资企业或国有独资有限责任公司，以其部分资产与他人组建新公司，且该国有独资企业（公司）在新设公司中所占股份超过 50% 的，对新设公司承受该国有独资企业（公司）的土地房屋权属，免征契税。

（2）企业股权重组。在股权转让中，单位、个人承受企业股权，企业土地、房屋权属不发生转移，不征收契税。

国有、集体企业实施"企业股份合作制改造"，由职工买断企业产权，或向其职工转让部分产权，或者通过其职工投资增值扩股，将原企业改造为股份合作制企业的，对改造后的股份合作制企业承受原企业的土地、房屋权属，免征契税。

对国有控股公司以部分资产投资组建新公司，且该国有控股公司占新公司股份 85% 以上的，对新公司承受该国有控股公司土地、房屋权属免征契税。

上述所称国有控股公司，是指国家出资额占有限责任公司资本总额 50% 以上，或国有股份占股份有限公司股本总额 50% 以上的国有控股公司。以出让方式承受原国有控股公司土地使用权的，不属于本规定的范围。

（3）企业合并。两个或两个以上公司，依照法律、合约规定，合并为一个公司，且原投资主体存续的，对合并后的公司承受原合并各方的土地、房屋权属，免征契税。

（4）企业分立。企业依照法律规定、合同约定分设为两个或两个以上投资主体相同的企业，对派生方、新设方承受原企业土地、房屋权属，不征收契税。

（5）企业出售。国有、集体企业出售，被出售企业法人予以注销，并且买受人按照《劳动法》等国家有关法律、法规政策妥善安置原企业全部职工，其中与原企业 30% 以上职工签订服务年限不少于三年的劳动用工合同的，对其承受所购企业的土地、房屋权属，减半征收契税；与原企业全部职工签订服务年限不少于三年的劳动用工合同的，免征契税。

（6）企业注销、破产。企业依照有关法律、法规的规定实施注销、破产后，债权人（包括注销、破产企业职工）承受注销、破产企业土地、房屋权属以抵偿债务的，免征契税；

对非债权人承受注销、破产企业土地、房屋权属，凡按照《劳动法》等国家有关法律、法规政策妥善安置原企业全部职工，其中与原企业 30% 以上职工签订服务年限不少于三年的劳动用工合同的，对其承受所购置企业的土地、房屋权属，减半征收契税；

与原企业全部职工签订服务年限不少于三年的劳动用工合同的，免征契税。

（7）房屋的附属设施对于承受与房屋相关的附属设施（包括停车位、汽车库、自行车库、顶层阁楼以及储藏室，下同）所有权或土地使用权的行为，征收契税；对于不涉及土地使用权和房屋所有权转移变动的，不征收契税。

（8）继承土地、房屋权属法定继承人（包括配偶、子女、父母、兄弟姐妹、祖父母、外祖父母）继承土地、房屋权属，不征收契税。非法定继承人根据遗嘱承受死者生前的土地、房屋权属，属于赠予行为，应征收契税。

（9）事业单位按照国家有关规定改制为企业的过程中，投资主体没有发生变化的，对改制后的企业承受原事业单位土地、房屋权属，免征契税。

投资主体发生变化的，改制后的企业按照《中华人民共和国劳动法》等有关法律法规妥善安置原事业单位全部职工，其中与原事业单位全部职工签订服务年限不少于三年劳动用工合同的，对其承受原事业单位的土地、房屋权属，免征契税；

与原事业单位 30% 以上职工签订服务年限不少于三年劳动用工合同的，对其承受原事业单位的土地、房屋权属，减半征收契税。

（10）事业单位改制过程中，改制后的企业以出让或国家作价出资（入股）方式取得原国有划拨土地使用权的，不属于本通知规定的契税减免税范围，应按规定缴纳契税。

（11）婚姻关系存续期间，房屋、土地权属原归夫妻一方所有，变更为夫妻双方共有的，免征契税。

（12）其他经国务院批准实施债权转股权的企业，对债券转股权后新设立的公司承受原企业的土地、房屋权属，免征契税。政府主管部门对国有资产进行行政性调整和划转过程中发生的土地、房屋权属转移，不征收契税。

企业改制重组过程中，同一投资主体内部所属企业之间土地、房屋权属的无偿划转，不征收契税。对拆迁居民因拆迁重新购置住房的，对购房成交价格中相当于拆迁补偿款的部分免征契税，成交价格超过拆迁补偿款的，对超过部分征收契税。

公司制企业在重组过程中，以名下土地、房屋对其全资子公司进行增资，属同一投资主体内部资产划转，对全资子公司承受母公司土地、房屋权属的行为，不征收契税。

14.5.2 契税的避税筹划空间

契税是企业的一项大税，学会合理的避税技巧，寻找合理的避税筹划空间，就能为企业留存更多资金。下面，具体讲解一下契税的避税筹划空间：

一、对企业合并、分立、改组的契税筹划

现阶段，企业改组改制的情况层出不穷，对此，税法专门做出了特殊规定。如果企业能充分了解并利用这些规定进行筹划，就可以节省不少税收资金。

比如，在企业合并中，新设方或者存续方承受被解散方土地、房屋权属，如合并前各方为相同投资主体，则不征契税，其余征收契税；企业分立中，对派生方、新设方承受原企业土地、房屋权属的，不征契税；以增资扩股进行股权重组，对以土地、房屋权属作价入股或作为出资投入企业的要征收契税，而以股权转让进行重组，单位、个人承受企业股权，企业的土地、房屋权属不发生转移，则不征契税。

二、利用房屋交换进行筹划

契税暂行条例规定，土地使用权交换、房屋交换，以所交换土地使用权、房屋价格的差额为计税依据。

可见，进行房屋交换所纳契税显然远远低于普通的房屋购置，所以纳税人可以将原来不属于交换的行为，通过合法的途径变为交换行为，减轻税负。

更进一步说，如果双方当事人进行交换的价格相等，由于价差为零，任何一方都不用缴纳契税，所以当纳税人交换土地使用权或房屋所有权的时候，如果能想办法保持双方的价格差额较小甚至没有，就可达到避税目的。

三、充分利用税收优惠进行筹划

如利用“个人购买普通住房且属于家庭唯一住房的，暂减半征收契税”规定。

小陈和小明各自拥有一套价值 200 万元的房子。小明想收购小陈的房子，同时，小陈也看上了小明家的房屋，想把自家房屋出售后，买下小明的房屋。另外，小杨看上了小明的另一套房子，有意收购。此时，税率为 5%。如果不进行筹划，小明购买小陈的住房，应缴纳契税为：200 万元 ×5%=10（万元）。

同样，小明向小杨出售自己的住宅，小杨也应该缴纳契税 10 万元。但是如果小明利用房屋交换的方法进行筹划，先和小陈交换房屋，再由小陈将房屋出售给小杨，同样可以达到前述的买卖结果。

因为小明和小陈交换房屋所有权为等价交换，没有价格差额，不用缴纳契税，只需小陈将房屋出售给小杨时，由小杨缴纳契税 10 万元。这样，小明通过筹划节约了 10 万元。

14.5.3 购买房屋时如何合理避税

国家为了配合现有的住房制度改革，有效地启动房地产市场，同时积极培养新的经济增长点，特意对个人买卖住房进行了一系列税收政策的调整。纳税者在购买自用住房时，如果认真学习并利用这些新政策，就能达到节省税款的目的。

从国家调整房地产市场若干政策执行后，所涉及的个人购买住房应缴纳的契税也做了相应的调整，具体而言可以分为以下几种情况：

（1）对个人购买普通住房，且该住房属于家庭（成员范围包括购房人、配偶以及未成年子女）唯一住房的，减半征收契税。

（2）对个人购买 90 平方米及以下普通住房，且该住房属于家庭唯一住房的，减按 1% 税率征收契税。个人在购买自用住宅时，应注意运用这些政策，尽量减少自己的应缴税款。当然购买的住房应以适用为主，不能一味地追求避税。在住房的各方面条件均符合自己要求的情况下，比较各套房屋的应纳税款，从而选择最合适的住房。

除了上述的税收优惠外，纳税人还可以利用下列税收优惠减少税收：

（1）城镇职工按规定第一次购买的公有住房，免征契税。此项规定只限于第一次购买，并且为在国家规定的标准面积内购买的公有住房。

（2）因不可抗力灭失住房而重新购买住房的，酌情减征或者免征。

（3）土地、房屋被县级以上人民政府征用、占用后，重新承受土地、房屋权属的，由省级人民政府确定是否减免。

（4）《财政部国家税务总局关于公有制单位职工首次购买住房征契税的通知》文件规定，对各类公有制单位未解决职工住房而采取集资建房方式建成的普通住房或由单位购买的普通商品住房，经当地县以上人民政府房改部门批准，按照国家房改政策出售给本单位职工的，如属于职工首次购买住房，均比照《中华人民共和国契税暂行条例》第六条第三款“城镇职工按规定第一次购买公有住房的，免征”的规定，免征契税。

14.5.4 等价交换房屋时如何合理避税

根据《契税暂行条例》第四条，土地使用权交换、房屋交换，以所交换土地使用权、房屋价格的差额为计税依据。根据《中华人民共和国契税暂行条例实施细则》（以下简称《契税暂行条例实施细则》）第十条规定：

土地使用权交换，交换价格不相等的，由多付货币、实物、无形资产或者其他经济利益的一方缴纳税款。土地使用权与房屋所有权之间相互交换，按照上述规则缴纳契税。从这些规定可以看出，当双方当事人进行等价交换时，任何一方都不用缴纳契税，因为价差为零，纳税人可以借此政策进行筹划。

（1）购买房屋。在购买住房时，不一定只盯在新房子上，其实房屋交换也是一种买房子的方式，而且，这种方式可以减少购买方的契税。

小罗有一套60平方米的住房，他想着自己要结婚了，打算把这套房子卖出去，同时购入一套120平方米的新房子；同事小李也是城镇职工，但没有住房，他打算购买一套60平方米左右的房屋居住。二人商量了一下，打算通过合作节省契税。

那么，二人该如何操作呢？根据小罗的律师朋友筹划，其具体避税方式为：

小李通过自己的名义，先买下120平方米的房子，这套房子根据2018年的新规定，可以减半征收契税。然后，小罗和小李再通过房屋交换，只需就其价差缴纳契税即可。

小罗的房子含装修一共是60万元，而小李购买的新房子价格为90万元。二人只需缴纳契税（90−60）万元×4%=1.2万元。如果不进行筹划，则应缴纳契税90万元×4%=3.6万元。通过筹划，可以节省契税2.4万元。

（2）交换房屋。当纳税人交换土地使用权或房屋所有权时，如果能想出办法保持双方的价格差额较小甚至没有，这时以价格为计税依据计算出来的应纳契税就会较少甚至没有，所以这种筹划的核心便是尽量缩小两者的价差。

小胖和小白是同学，他们同时看上了对方的房屋，于是打算交换各自房屋所有权。小胖的房屋，其市场价格大约为100万元，小白的房屋价格大约为80万元。

如果不进行避税筹划，小白应该缴纳一定数额的契税，其计算如下：

应纳税额=（100−80）万元×4%=0.8（万元）。

其实，在两位当事人进行房屋交换之前，可以将乙的房屋按照甲的意思进行改造，增加房屋乙的市场价值，最好达到两者基本接近，这样便可以免去契税。

具体可以筹划为：小白通过装修、装潢等手段，让自己的房屋增值到100万元，或者小胖把自己房屋中的一小部分单独出售，让部分从整体中分开，只就其主要部分进行交换。

在房屋的交换过程中，还有一些小技巧，如果能够运用的话，也能够省下不少税款。

比如，有小A、小B、小C三个人都是同事，小A和小C都有一套价值500万元的房屋，小B想购买小A的房屋，小A想购买小C的房屋后，再出售自己的房屋。

如果不进行避税筹划，小A购买小C的住房，应缴纳契税计算如下：

应纳税额=500万元×5%=25（万元）

同样，小A向小B出售其住所，小B也同样要缴纳契税25万元。

如果三方进行一下调整，先由小A和小C交换房屋，再由小C将房屋出售给小B，这同样满足三方的要求，但却能够省去契税25万元。

因为小A和小C之间为等价交换，不需缴纳契税。整个过程中，只是在小C将房屋出售给小B时，小B应缴纳契税。

小周计划把一套自己居住5年的旧房屋进行出售，同时再买进一套面积较大的新房。经过多方了解，小周得知个人在住房买卖过程中，需要缴纳印花税等税费，其中税负较重的要数契税。

根据《契税暂行条例》规定，契税一般按购房价款的3% ~ 5%缴纳，具体税率由各省、自治区、直辖市政府在此幅度内确定。

同时，税法还特别规定：

（1）从2000年11月29日起，城镇职工按规定第一次购买公有住房，免征契税。

（2）相互交换房屋，以房屋的价格差价征契税，交换价格相等时，免征契税。因此，纳税人若充分利用上述两项税收优惠政策，合理利用换房这一方式可节约契税，即由享受“第一次购买公有住房免征契税”政策的人购买自己想买的房屋，然后再用自己的住房和那人交换。这样，买房时就可免征契税，交换时按房屋差价缴纳契税，从而降低契税税负。

但这样操作必须具备两个基本前提：

找到熟悉可靠，而且符合“第一次购买公有住房条件”的换房对象；自己想买的房屋也属于公有住房，而且换房对象也有资格购买。

这些情况多是在同一单位统一调整住房、集资建房时发生。

小周进行筹划时恰好具备以上前提条件。现在，小周居住的房屋是已购买产权的公有住房，已居住5年，面积约80平方米，价值30万元左右。他现在想买的住房也属于单位公有新住房，面积120平方米，价值约60万元。

如果小周直接购买该新房，因其不属于第一次购买，不能享受免征契税的优惠，需要缴纳契税3万元（当地契税税率为5%）。小周了解到他单位小钱也有资格购买面积120平方米的新房，但因为积蓄少，有心而无力。

于是，小周找到小钱，向他提出了一个方案：以小钱的名义购买新房，资金由小周提供。新房买下来后，双方再交换。小周的住房按30万元计算，小钱把手上的20万元存款付给小周，不足的10万元，就算是小钱向小周的借款，且免收利息。

通过这样的安排，小周可以得到自己中意的住房，小钱也能解决购房资金不足的问题。最重要的是，小周只需要在双方交换住房时，按照房屋价款的30万元差价，缴纳契税1.5万元即可，比自己直接购买新房还要节约1.5万元的税金。

小钱接受了该方案，同时进一步提出，他和杨某交换房屋后，需要对旧房进行装修，如果在交换前装修，可以增加房屋的价值，进一步缩小旧房和新房的差价，小周缴纳的契税将更少。

假设装修费用10万元，原旧房的价值增加到40万元，小周仅需按差价20万元缴纳契税1万元，可节省税金2万元。

在本例中，小周巧妙运用了税收优惠政策减轻了税负。

当然，小周虽然在上述交换方式上比较有利。但某些情况下，还是要按照相反的方式操作。因为纳税人在操作时，应当做到具体问题具体分析，注意相关政策规定，谨防操作不当引起其他税费增加。

14.5.5 企业合并分立和股权重组时如何合理避税

在发展社会主义市场经济的过程中，企业之间的合并、分立及股权重组的情况，也是时有发生的。在面对这些情况时，纳税人都会犯这样一个错误：在某些大的税种方面绞尽脑汁，想方设法地进行避税筹划，但对小的税种却不够重视。其实，有许多税种都是可以同时进行筹划的，契税就属于这种情况。

在企业合并中，通常分为吸收合并和新设合并。

吸收合并，指的是一个企业存续，而其他的企业解散的企业合并形式；新设合并是指设立一个新的企业，而原有的各方企业均解散的企业合并形式。

不论是吸收合并还是新设合并，契税税法都有这样的规定：

在企业合并中，新设方或者存续方承受被解散方的土地、房屋权属，如果合并前各方为相同投资主体的，不征收契税。

而在企业分立中，可以分成存续分立和新设分立。存续分立是指企业在分立时，原企业存续，而将其一部分分出并派生设立为一个或者数个新企业的分立行为；新设分立是指原企业解散，分立出的各方分别设立为新企业的分立行为。

按照契税的税法规定，不管是派生方还是新设方，在承受原有企业的土地、房屋权属的，都不征收契税。

在股权重组中，可以分成股权转让和增资扩股两种形式。股权转让是指企业的股东将其持有的股份或者出资，部分或全部转让给他人的行为；增资扩股是指公司向社会公众或者特定单位、个人募集资金、发行股票的行为。

由于在股权转让中，单位和个人只是承受了股权，而企业的土地、房屋权属没有发生转移，所以按契税法规定，不征收契税。

但有一点需要注意，在企业增资扩股的行为中，承受人是以土地、房屋权属作价入股，或者作为出资投入企业的，此时，土地、房屋权属发生了转移，所以按契税法规定，承受人需要缴纳契税。

根据契税法的以上规定，纳税人又该如何利用企业改组和改制进行避税筹划呢？作为纳税人，最主要的就是在行为发生前，就能对将要发生的税收行为进行筹划。

小郭的公司在 2 月份进行改组改制，并需要 500 万元的房地产进行生产经营活动。小赵的公司恰好有 500 万元的房地产闲置，而且有出售的意向。

在这种情况下，小郭的公司通过 500 万元的资金，把小赵公司的房地产收购了。选择企业合并的方式，就会涉及契税的缴纳与否。先不考虑企业合并中的其他问题，单说不同行为方式的契税负担。

如果小郭的公司从小赵的公司购进 500 万元的房地产，设契税税率为 5%，则：

小郭公司应纳契税=500万元×5%=25（万元）。

如果双方采取合并的方式，不论是吸收合并还是新设合并，由于在合并以后，小赵的企业仍然承受原来的房地产权。所以，合并后的公司不需要缴纳契税，仅此一项就可节税25万元。

合并后的公司叫兴顺企业。次年8月，兴顺企业进行股权重组。一方面，转让了公司股权500万元（对应的房地产权属不发生转移）；另一方面，进行增资扩股。

小曹的企业以房地产作价300万元入股兴顺企业，持有兴顺企业的300万元股权。

那么，此时应当怎样进行契税的税务处理呢？兴顺企业转让股权的行为，由于房地产的权属不发生转移，所以不缴纳契税。小曹的企业以房地产作价入股，房地产的权属发生了转移，兴顺企业作为承受人应纳契税。则：

兴顺企业应纳契税=300万元×5%=15（万元）。

如果兴顺企业为了节约契税，则可以采取企业合并的方式。

需要说明的是，上述的避税措施虽然有效，但是还要考虑企业合并中的其他问题，如被兼并企业的盈亏状况、资产负债情况、富余职工的安置等。

第 15 章

其他税

15.1 城镇土地使用税

15.1.1 城镇土地使用税的征税对象

城镇土地使用税的纳税人，为在城市、县城、建制镇、工矿区范围内使用土地的国有企业、集体企业、私营企业、股份制企业、其他企业、行政单位、事业单位、军事单位、社会团体、其他单位、个体经营者和其他个人。

城镇土地使用税的征税范围为城市、县城、建制镇、工矿区。其中：

（1）城市的征税范围包括市区和郊区。

（2）县城的征税范围为县人民政府所在地的城镇。

（3）建制镇的征税范围是镇人民政府所在地。

（4）工矿区为工商业比较发达，人口比较集中，符合建制镇标准，但是尚未设镇的大中型工矿企业所在地。应税土地包括规定的征税范围内属于国家所有和集体所有的土地。城镇土地使用税一般由土地使用权拥有者缴纳。

拥有土地使用权的纳税人不在土地所在地的，由代管人或者实际使用人纳税。土地使用权尚未确定或者权属纠纷没有解决的，由实际使用人和代管人纳税。土地使用权共有的，由共有各方按照其实际使用土地的面积分别纳税。

15.1.2 城镇土地使用税的合理避税技巧

懂得进行合理避税的企业，能为自己减轻很大的税负，其意义也是不可估量的。企业的合理避税行为，不但给企业减轻了沉重的税负，还节约了大量的资金，这也在无形中增强了企业的市场竞争力。

众所周知，企业经营的根本目标，就是谋求利润的最大化。如果其他条件不变的话，利润越大，企业就越有可能积累更多的剩余资金。有了这笔资金，才能进行技术改造，扩大再生产或进行其他方面的投资。下面，我们就来看一下城镇土地使用税应当如何进行避税。

关于城镇土地使用税的优惠措施如下：

（1）国家机关、人民团体、军队自用的土地，免缴城镇土地使用税。

（2）由国家财政部门拨付事业经费的单位自用的土地，免缴城镇土地使用税。

（3）宗教寺庙、公园、名胜古迹自用的土地，免缴城镇土地使用税。

（4）市政街道、广场、绿化地带等公共用地，免缴城镇土地使用税。

（5）直接用于农、林、牧、渔业的生产用地，免缴城镇土地使用税。

（6）经批准开山填海整治的土地和改造的废弃土地，从使用的月份起免缴城镇土地使用税 5 ~ 10 年。

（7）对非营利性医疗机构、疾病控制机构和妇幼保健机构等卫生机构自用的土地，免征城镇土地使用税。

（8）企业办的学校、医院、托儿所、幼儿园，其用地能与企业其他用地明确区分的，免征城镇土地使用税。

（9）免税单位无偿使用纳税单位的土地（如公安、海关等单位使用铁路、民航等单位的土地），免征城镇土地使用税。纳税单位无偿使用免税单位的土地，纳税单位应照章缴纳城镇土地使用税。纳税单位与免税单位共有使用权土地上的多层建筑，对纳税单位可按其占用的建筑面积占建筑总面积的比例计征城镇土地使用税。

（10）对行使国家行政管理职能的中国人民银行总行（含国家外汇管理局）所属分支机构自用的土地，免征城镇土地使用税。

（11）为了体现国家的产业政策，支持重点产业的发展，对石油、电力、煤炭等能源用地，民用港口、铁路等交通用地和水利设施用地，三线调整企业、盐业、采石场、邮电等一些特殊用地划分了征免税界限和给予政策性减免税照顾。

（12）省、自治区、直辖市地方税务局确定减免城镇土地使用税的其他优惠。

15.1.3 城镇土地使用税的具体操作

城镇土地使用税，是国家在城市、县城、建制镇和工矿区范围内，对拥有土地使用权的单位以及个人，以实际占用土地单位面积为计税标准，按照规定税额征收的一种税。其具体操作如下：

一、征税范围和纳税人。城镇土地使用税的征税范围为城市、县城、建制镇和工矿区。其中，城市是指经国务院批准设立的市，其征税范围包括市区和郊区。

县城，指的是县人民政府所在地，其征税范围为县人民政府所在地的城镇。

建制镇，指的是经省、自治区、直辖市人民政府批准设立的，符合国务院规定的镇建制标准的镇，其征税范围为镇人民政府所在地。

工矿区，指的是工商业比较发达、人口比较集中的大中型企业所在地。工矿区的设立必须经省、自治区、直辖市人民政府批准。

由于城市、县城、建制镇和工矿区属于不同的地方，其自然条件，以及经济的繁荣程度自然各不相同，税法很难对全国城镇的具体征税范围做出统一规定。

因此，国家税务总局在《关于土地使用税若干具体问题的解释和暂行规定》中规定："城市、县城、建制镇、工矿区的具体征税范围，由各省、自治区、直辖市人民政府划定。"凡在城市、县城、建制镇、工矿区范围内使用土地的单位和个人，为城镇土地使用税的纳税义务人。

由于在现实经济生活中，每个地方使用土地的情况也十分复杂，为了确保将土地使用税及时、足额地征收上来，税法根据用地者的不同情况，对纳税人有如下具体规定：

（1）城镇土地使用税由拥有土地使用权的单位或个人缴纳。

（2）土地使用权未确定或权属纠纷未解决的，由实际使用人和代管人纳税。

（3）土地使用权共有的，由共有各方分别纳税。

二、适用税额。即城镇土地使用税实行分级幅度税额。每平方米土地年税额规定如下：

（1）大城市 1.5 元至 30 元。

（2）中等城市 1.2 元至 24 元。

（3）小城市 0.9 元至 18 元。

（4）县城、建制镇、工矿区 0.6 元至 12 元。

上述大、中、小城市是以公安部门登记在册的非农业正式户口为依据，按照国务院颁发的《城市规划条例》规定的标准划分的。

其中，市区及郊区非农业人口在 50 万人以上的，称为大城市；市区及郊区非农业人口在 20 万到 50 万人的，称为中等城市；市区及郊区非农业人口在 20 万人以下的，称为小城市。

根据《城镇土地使用税暂行条例》规定，省、自治区、直辖市人民政府应当在法定税额幅度内，根据市政建设状况、经济繁荣程度等条件，确定所辖地区的适用税额幅度。市、县人民政府应当根据实际情况，将本地区土地划分若干等级，在省、自治区、直辖市人民政府确定的税额幅度内，制定适用税额标准，报省、自治区、直辖市人民政府批准执行。

经省、自治区、直辖市人民政府批准，经济落后地区的土地使用税适用税额标准可以适当降低，但降低额不得低于《城镇土地使用税暂行条例》规定的最低税额的 30%。经济发达地区土地使用税额标准可以适当提高，但须报经财政部批准。

三、应纳税额的计算

（1）计税依据。城镇土地使用税以纳税人实际占用的土地面积为计税依据。纳税人实际占用的土地面积，是指由省、自治区、直辖市人民政府确定的单位组织测定的土地面积。尚未组织测量，但纳税人持有政府部门核发的土地使用证书，以证书确认的土地面积为准；尚未核发土地使用证书的，应由纳税人据实申报土地面积。

（2）应纳税额的计算方法。城镇土地使用税的应纳税额依据纳税人实际占用的土地面积和适用税额计算。计算公式为：

应纳税额 = 计税土地面积 × 适用税额。

土地使用权由多方共有的，由共有各方按照各自实际使用的土地面积占总面积的比例，分别计算缴纳土地使用税。

15.2 烟叶税

15.2.1 什么是烟叶税

在我国的所有税种中，烟叶税可以说是毫不起眼的一个税种，因为它只占全部税收收入比重的千分之一。不过，在一场税种法律层级由暂行条例上升为法律的过程中，烟叶税却冲在最前面。

我们先来看一下烟叶税的纳税人。烟叶税的纳税人很广泛，在中华人民共和国境内，所有收购烟叶的单位都是烟叶税的纳税人。

且烟叶税法共计 10 条，总体上是按照"税负平移"原则，由烟叶税暂行条例平移上升为法律，保持了现行税制框架，税率保持 20% 不变。

在中华人民共和国境内，烟叶税的税法规定，依照《中华人民共和国烟草专卖法》的规定收购烟叶的单位为烟叶税的纳税人，应当遵照此法规定进行烟叶税的缴纳。同时，纳税人应当向烟叶收购地的主管税务机关申报缴纳烟叶税。

此外，烟叶税法还规定，烟叶税的计税依据是纳税人收购烟叶实际支付的价款总额。应纳税额需按纳税人所收购的烟叶，其实际支付的价款总额乘以税率计算，即：

应纳税额 = 纳税人收购烟叶的实际支付款 × 税率。

财政部条法司副司长周劲松表示，当初在起草和审议的过程中，税务局不但请来了立法部门和专家等权威提前介入，进行了前期的指导，还在群众中公开征求意见。这些方式都为今后的立法，特别是今后的税收立法树立了很好的榜样。

烟叶税法明确，本法自 2018 年 7 月 1 日起施行。2006 年 4 月 28 日国务院公布的《中华人民共和国烟叶税暂行条例》同时废止。

15.2.2 烟叶税的计税方式

之前已经提到过，烟叶税计算公式为：

应纳税额 = 纳税人收购烟叶的实际支付款 × 税率。

在我国，烟叶税实行比例税率，税率为 20%，另外收购金额包括纳税人支付给烟叶销售者的烟叶收购价款以及烟叶收购的价外补贴，价外补贴一般按收购价款 10% 计入。

购进烟叶，还可以计算增值税进项税额。自 2017 年 7 月 1 日起，《财政部、税务总局关于简并增值税税率有关政策的通知》（财税〔2017〕37 号）规定：以取得（开具）农产品销售发票或收购发票注明的农产品买价以 11% 的扣除率计算进项税额。

2018年5月，增值税的一般纳税人肖某，其烟草公司向烟农收购晾晒烟叶，增值税普通发票注明收购价格10万元。货款从银行支付。同时，支付了价外补贴。此时，肖某的收购金额和应纳税额分别为：

收购金额=收购价款×（1+10%）=10万元×（1+10%）=11（万元）

应缴纳烟叶税额=烟叶收购金额×税率=11万元×20%=2.2（万元）

由此可见，我国的烟叶税并不算低。

据统计，我国 15 岁以上的烟民大约有 3 亿 2 千万，而每年死于吸烟相关疾病的人数也有一百万左右。“世界上公认的最具有成本效应的控烟措施是提高烟草的税收和价格，这也是世界卫生组织推荐的最为有效的单项的控烟策略。”

重税之下，卷烟的价格一定会迎来新一轮上涨，虽然这对吸烟人士来说，并不算一个好消息，但相对来讲，这对整个社会进行全面戒烟，都能起到一定的积极作用。

事实上，我国上调烟草税率的初衷也正在于此，寓禁于征，以税控烟。

15.3 船舶吨税

15.3.1 什么是船舶吨税

船舶吨税，又被称为“吨税”，是指海关对外国籍船舶航行进出本国港口时，按照船舶的净吨位所征收的税。

征收此税的原因，主要是因为外国的船舶在我国港口行驶，使用了港口设施和助航设备，如灯塔、航标等，故应支付一定的费用。在其他国家，有的也把船舶吨税称作“灯塔税”。

外商租用的中国籍船舶、中外合营企业等，如果使用了中国籍船舶，或者我国租用航行国外兼营沿海贸易的外国籍船舶的，都应当按规定，将船舶吨税缴清。对于经特准行驶于我国未设海关港口的应纳吨税的船舶，则由当地税务局代征。

船舶吨税在修改前后的异同见表格。

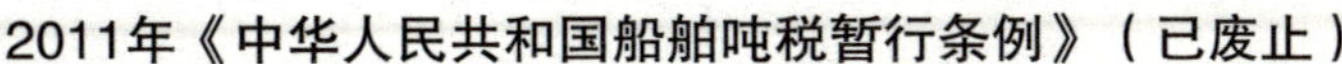

税目	税率（元 / 净吨）						备注
（按船舶净吨位划分）	普通税率			优惠税率			
	1 年	90 日	30 日	1 年	90 日	30 日	
不超过 2000 净吨	12.6	4.2	2.1	9.0	3.0	1.5	拖船和非机动驳船分别按相同净吨位船舶税率的 50% 计征税款
超过 2000 净吨，但不超过 10000 净吨	24.0	8.0	4.0	17.4	5.8	2.9	
超过 10000 净吨，但不超过 50000 净吨	27.6	9.2	4.6	19.8	6.6	3.3	
超过 50000 净吨	31.8	10.6	5.3	22.8	7.6	3.8	

吨税税目税率表（现行）

税目	税率（元 / 净吨）						备注
（按船舶净吨位划分）	普通税率			优惠税率			
	1 年	90 日	30 日	1 年	90 日	30 日	
不超过 2000 净吨	12.6	4.2	2.1	9.0	3.0	1.5	拖船和非机动驳船分别按相同净吨位船舶税率的 50% 计征税款
超过 2000 净吨，但不超过 10000 净吨	24.0	8.0	4.0	17.4	5.8	2.9	

续表

税目	税率（元 / 净吨）						备注
（按船舶净吨位划分）	普通税率			优惠税率			
	1 年	90 日	30 日	1 年	90 日	30 日	
超过 10000 净吨，但不超过 50000 净吨	27.6	9.2	4.6	19.8	6.6	3.3	
超过 50000 净吨	31.8	10.6	5.3	22.8	7.6	3.8	

15.3.2 车船税和船舶吨税的区别

很多外行人都会把车船税和船舶吨税搞混。那么，这两种税究竟有什么区别呢?

首先，二者之间的最大区别就在于车船税和船舶吨税的针对对象不一样，车船税只针对国内汽车和船舶，而船舶吨税是针对进出中国港口的国际航行船舶。

其次，车船税指的是对在我国境内应依法办理登记的车辆、船舶，根据其种类，按照规定的计税依据和年税额标准计算征收的一种财产税。从 2007 年 7 月 1 日开始，有车族需要在投保交强险时缴纳车船税。

最后，船舶吨税是海关代收的一种税，专门针对进出中国港口的国际航行船舶。船舶吨税的征收税款，主要是用于港口建设维护及海上干线公用航标的建设维护。

以上就是车船税与船舶吨税的区别。

15.4 耕地占用税

15.4.1 耕地占用税的纳税特点

耕地占用税是一种出于特定目的、对特定的土地资源课征的税种。和其他税种比起来，耕地占用税具有比较鲜明的特点，其特点主要表现在以下四个方面：

一、兼具资源税与特定行为税的性质

耕地占用税是以占用农用耕地建房，或者从事其他非农用建设的行为作为征税对象的，其用途是通过税收的形式，约束纳税人占用耕地的行为、促进土地资源的合理运用为课征目的。耕地占用税除了具有资源占用税的属性外，还具有明显的特定行为税的特点。

二、采用地区差别税率

耕地占用税采用了地区差别税率，需要根据各地区的实际情况，具体问题具体分析，分别制定差别税额，以适应中国地域辽阔、各地区之间耕地质量差别较大、人均占有耕地面积相差悬殊的具体情况。因此，耕地占用税具有因地制宜的特点。

三、在占用耕地环节一次性课征

耕地占用税在纳税人获准占用耕地的环节进行征收。除了对获准占用耕地后，超过两年都未使用的纳税人，须加征耕地占用税外，此后不再对其征收耕地占用税。因此，耕地占用税具有一次性征收的特点，较之大部分税种更加简单快捷。

四、税收收入专用于耕地开发与改良

耕地占用税的收入，按规定应当用在建立发展农业专项基金上，主要用于开展宜耕土地开发，以及改良现有耕地的方面。因此，耕地占用税具有“取之于地、用之于地”的补偿性特点。

15.4.2 耕地占用税的纳税对象和纳税范围

负有缴纳耕地占用税义务的单位和个人，包括在我国境内占用耕地建房，或者从事其他非农业建设的单位和个人，具体可分为以下三类：

（1）企业、行政单位、事业单位；

（2）乡镇集体企业、事业单位；

（3）农村居民和其他公民。

各省、自治区、直辖市耕地占用税平均税额	
地区	每平方米平均税额（单位：元）
上海	45
北京	40
天津	35
江苏、浙江、福建、广东	30
辽宁、湖北、湖南	25
河北、安徽、江西、山东、河南、重庆、四川	22.5
广西、海南、贵州、云南、山西	20
山西、吉林、黑龙江	17.5
内蒙古、西藏、甘肃、青海、宁夏、新疆	12.5

耕地占用税的征税范围很广，包括纳税人人为建房，或从事其他非农业建设而占用的国家所有及集体所有的耕地。

所谓"耕地"，指的是种植农业作物的土地，包括菜地和园地。其中，园地包括花圃、苗圃、茶园、果园、桑园和其他种植经济林木的土地。

纳税人占用鱼塘或其他农用土地建房，以及从事其他非农业建设的，也视同占用耕地，必须依法征收耕地占用税。

对于占用已开发从事种植、养殖的滩涂、草场、水面和林地等从事非农业建设的纳税人，则经由省、自治区、直辖市本着有利于保护土地资源和生态平衡的原则，结合具体情况确定是否征收耕地占用税。

此外，在占用之前三年内属于上述范围的耕地或农用土地，也视为耕地。

耕地占用税的计税依据是以纳税人占用耕地的面积，通常以平方米为计量单位。

同时，耕地占用税以纳税人实际占用的耕地面积为计税依据，以每平方米土地为计税单位，按适用的定额税率计税。其计算公式为：

应纳税额 = 实际占用耕地面积（平方米）× 适用定额税率。

15.4.3 耕地占用税的税收优惠

税收优惠，是指国家运用税收政策在税收法律、行政法规中规定对某一部分特定企业和课税对象给予减轻或免除税收负担的一种措施。税法规定的企业所得税的税收优惠方式包括免税、减税、加计扣除、加速折旧、减计收入、税额抵免等。

为了配合国家在一定时期的政治、经济和社会发展总目标，政府利用税收制度，按预定目的，在税收方面相应采取的激励和照顾措施，以减轻某些纳税人应履行的纳税义务来补贴纳税人的某些活动或相应的纳税人，是国家干预经济的重要手段之一。

下面，我们就来详细解读国家对耕地占用税的优惠措施具体有哪些。

一、军用设施占用应税土地免征耕地占用税及范围。

免税的军事设施，具体范围包括：

（1）地上、地下的军事指挥、作战工程；

（2）军用机场、港口、码头；

（3）营区、训练场、试验场；

（4）军用洞库、仓库；

（5）军用通信、侦察、导航、观测台站和测量、导航、助航标志；

（6）军用公路、铁路专用线，军用通讯、输电线路，军用输油、输水管道；

（7）其他直接用于军事用途的设施。

二、学校占用应税土地免征耕地占用税及范围。

免税的学校，具体范围包括县级以上人民政府教育行政部门批准成立的大学、中学、小学、学历性职业教育学校以及特殊教育学校。

学校内经营性场所和教职工住房占用应税的，按照当地适用税额缴纳耕地占用税。

由国务院人力资源社会保障行政部门，省、自治区、直辖市人民政府或其人力资源社会保障行政部门批准成立的技工院校。

三、幼儿园占用应税土地免征耕地占用税及范围。

免税的幼儿园，具体范围限于县级以上人民政府教育行政部门登记注册或者备案的幼儿园内专门用于幼儿保育、教育的场所。

四、养老院占用应税土地免征耕地占用税及范围。

免税的养老院，具体范围限于经批准设立的养老机构内专门为老年人提供生活照顾的场所。

五、医院占用应税土地免征耕地占用税及范围。

免税的医院，具体范围限于县级以上人民政府卫生行政部门批准设立的医院内专门用于提供医护服务的场所及其配套设施。

医院内职工住房占用应税土地的，按照当地适用税额缴纳耕地占用税。

六、农村居民占用应税土地新建住宅，按照当地适用税额减半征收耕地占用税。

农村居民占用应税土地新建住宅，是指农村居民经批准在户口所在地按照规定标准占用应税土地建设自用住宅。

农村居民经批准搬迁，原宅基地恢复耕种，新建住宅占用应税土地超过原宅基地面积的，对超过部分按照当地适用税额减半征收耕地占用税。

七、铁路线路占用应税土地减按每平方米 2 元的税额标准征耕地占用税及范围。

减税的铁路线路，具体范围限于铁路路基、桥梁、涵洞、隧道及其按照规定两侧留地。

专用铁路和铁路专用线占用应税土地的，按照当地适用税额缴纳耕地占用税。

八、公路线路占用应税土地减按每平方米 2 元的税额标准征收耕地占用税及范围。

减税的公路线路，具体范围限于经批准建设的国道、省道、县道、乡道和属于农村公路的村道的主体工程以及两侧边沟或者截水沟。

专用公路和城区内机动车道占用耕地的，按照当地适用税额缴纳耕地占用税。

九、飞机场跑道、停机坪占用应税土地减按每平方米 2 元的税额标准征收耕地占用税及范围。

减税的飞机场跑道、停机坪，具体范围限于经批准建设的民用机场专门用于民用航空器起降、滑行、停放的场所。

十、港口占用应税土地减按每平方米 2 元的税额标准征耕地占用税及范围。

减税的港口，具体范围限于经批准建设的港口内供船舶进出、停靠以及旅客上下、货物装卸的场所。

十一、航道占用应税土地减按每平方米 2 元的税额征收耕地占用税及范围。

减税的航道，具体范围限于在江、河、湖泊、港湾等水域内供船舶安全航行的通道。

十二、《中华人民共和国耕地占用税暂行条例》（以下简称《条例》）《中华人民共和国耕地占用税暂行条例实施细则》（以下简称《细则》）规定的其他减免事项及范围。

根据实际需要，国务院财政、税务主管部门商国务院有关部门并报国务院批准后，可以对前款规定（编者注：前款规定即“铁路线路、公路线路、飞机场跑道、停机坪、港口、航道占用耕地，减按每平方米 2 元的税额征收耕地占用税”）的情形免征或者减征耕地占用税。

《条例》第九条：农村烈士家属、残疾军人、鳏寡孤独以及革命老根据地、少数民族聚居区和边远贫困山区生活困难的农村居民，在规定用地标准以内新建住宅缴纳耕地占用税确有困难的，经所在地乡（镇）人民政府审核，报经县级人民政府批准后，可以免征或者减征耕地占用税。

《条例》第十条：减税的农村居民占用耕地新建住宅，是指农村居民经批准在户口所在地按照规定标准占用耕地建设自用住宅。

《细则》第十八条：农村烈士家属，包括农村烈士的父母、配偶和子女。

《细则》第十九条：革命老根据地、少数民族聚居区和边远贫困山区生活困难的农村居民，其标准按照各省、自治区、直辖市人民政府有关规定执行。

以上就是我国对耕地占用税的税收优惠政策。

税收是国家财政收入的主要来源。国家依靠税收进行调控，以满足社会公共需求和公共商品的需要。而税收优惠政策是国家利用税收调节经济的具体手段，国家通过税收优惠政策，可以扶持某些特殊地区、产业、企业和产品的发展，促进产业结构的调整和社会经济的协调发展。

纳税是每个企业的义务，也是每个公民的义务。在满足国家税收时，在不触及法律的情况下，合理避税也是相当重要的。企业合理避税能为自身减轻税负，让企业的领导层更加完善，还在客观上促进了国家税收制度的健全和完善。

图书在版编目（CIP）数据

税务新规详解及税务实操大全 / 王桦宇主编 . — 北京：台海出版社，2018.8（2020.8 重印）

ISBN 978-7-5168-2046-9

Ⅰ . ①税… Ⅱ . ①王… Ⅲ . ①税收管理 – 基本知识 Ⅳ . ① F810.423

中国版本图书馆 CIP 数据核字（2018）第 198922 号

税务新规详解及税务实操大全

主　　编：王桦宇

责任编辑：高惠娟　赵旭雯　　装帧设计：仙　境

版式设计：姚梓良　　责任印制：蔡　旭

出版发行：台海出版社

地　　址：北京市东城区景山东街20号　邮政编码：100009

电　　话：010—64041652（发行，邮购）

传　　真：010—84045799（总编室）

网　　址：www.taimeng.org.cn/thcbs/default.htm

E - mail：thcbs@126.com

经　　销：全国各地新华书店

印　　刷：天津旭非印刷有限公司

本书如有破损、缺页、装订错误，请与本社联系调换

开　　本：710mm × 1000mm　1/16

字　　数：370千字　　印　张：21

版　　次：2018年10月第1版　　印　次：2020年8月第5次印刷

书　　号：ISBN 978-7-5168-2046-9

定　　价：78.00元